輝ける讃岐人《びと》 3

～柴野栗山、玉楮象谷、二宮忠八、浮田幸吉、平賀源内、笠置シヅ子、尾上松之助～

公益財団法人
山陽放送学術文化・スポーツ振興財団

発刊のごあいさつ

公益財団法人山陽放送学術文化・スポーツ振興財団 理事長　越宗 孝昌

温暖少雨、気候温和の香川県。往来の激しい瀬戸内海の主要航路に面していることや近畿の大和政権、内海対岸の吉備勢力の影響もあって、独自の文化を育み、新しい時代を牽引する多くの先人を輩出してきました。

真言宗を開き、文人で書家・芸術家。後世に多大な影響を与えている空海をはじめ、医学・殖産・文化などマルチに活躍した平賀源内、実測による地図作成から天体観測、鉄砲火器類までを高い技術力をもって研究開発した久米通賢、そして日本の経済界のリーダーで、香川県を独立に導いた中野武営らの活躍は特筆すべき史実です。しかし残念なことに、これら香川県ゆかりの先人たちが日本の新時代を拓いてきたことは意外に知られていません。

本書は、この史実をより多くの県民に知っていただくため、公益財団法人山陽放送学術文化・スポーツ振興財団が昨年4月から毎月1回、高松・岡山両市で交互に開催してきた「リレー・シンポ『輝ける讃岐人《びと》』」の第7回「江戸文化に輝いた二人―柴野栗山・玉楮象谷―」、第8回「鳥になった男たち―浮田幸吉・二宮忠八―」、第9回「万能の異才　平賀源内」、第10回「郷土が生んだスターたち―笠置シヅ子・尾上松之助―」の内容を基に構成したものです。

シンポジウムでは、講師の先生方が史料と史料の間に分け入って導いた新たな知見のほか、時代と格闘してきた先人たちの信念や勇気、開拓性、実行性、そして今後の研究課題までもが浮き彫りにされました。またご清聴いただいた皆さまからも「先人の功績や思想を学び直したい」という声が多く寄せられています。これらのことから、これまでの「蘭学」「福祉」「殖産」に続く先人シンポジウムの記録集として本書を刊行。「郷土の文化遺産」として継承することにいたしました。

最後になりましたが、シンポジウムの開催とその出版にひとかたならぬご協力を賜りました皆さまに深く感謝申し上げます。

２０２３年６月

目次

江戸文化に輝いた二人　柴野栗山　玉楮象谷

２０２２年10月16日(日)●香川県立ミュージアム

鳥になった男たち　二宮忠八　浮田幸吉

２０２２年11月13日(日)●能楽堂ホール「tenjin ９」

万能の異才　平賀源内

2022年12月4日(日)●香川県立ミュージアム

郷土が生んだスターたち　笠置シヅ子　尾上松之助

２０２２年12月11日(日)●能楽堂ホール「tenjin ９」

江戸文化に輝いた二人

柴野栗山　玉楮象谷

柴野栗山　（しばの・りつざん　１７３６〜１８０７）
讃岐国牟礼村（現高松市牟礼町）の農家に生まれた柴野栗山。18歳で江戸に出て昌平黌などで朱子学を学ぶ。栗山の才能は天下に知られるところとなり、１７８８（天明８）年、寛政の改革を進める老中松平定信に招かれて幕府儒官となる。栗山は武士の思想を統制するため、朱子学以外の講義を禁止する「寛政異学の禁」を実行。学制改革を行って幕府改革に大きく貢献した。また漢詩人としても優れ、我が国の漢詩文が明治に至るまで未曽有の活況を呈したのは栗山の功績でもある。「寛政の三博士の一人」。

玉楮象谷　（たまかじ・ぞうこく　１８０６〜１８６９）
鞘塗師の子として讃岐国高松藩に生まれた玉楮象谷。父の下で漆塗りと彫刻を学ぶ。20代より京都の東本願寺などで中国伝来の漆器を見て技法や意匠の習得に努めた。当時は蒔絵が主流であったが、象谷は堆朱、存清、キンマなど中国やタイの技法に学んで、独自の彫りの技術、鮮やかな色彩のある讃岐漆芸を創始した。その技術は高く評価され、１８３５（天保６）年、九代藩主松平頼恕《よりひろ》から名字帯刀を許され、十代頼胤《よりたね》の参勤交代の進物品として将軍や大名へ贈られ、全国に名声をとどろかせた。「讃岐漆芸の祖」。

講演1

近代日本学問の祖 柴野栗山

全国漢文教育学会評議員
田山泰三（たやま　たいぞう）
全国漢文教育学会評議員。大学で日本漢詩文を専攻。卒論テーマは「柴野栗山と江戸漢詩」。郷土の文学者の業績顕彰や郷土史研究をライフワークとし、放送大学非常勤講師を務める一方、テレビの全国ネット番組にも出演している。
著書に『香川を詠んだ歌人たち』『カラヤンと中野武営』など。編著に『倉田貞美著作集』など。

田山泰三と申します。専門は日本漢詩文。今まで柴野栗山の研究をしておりました。よろしくお願いいたします。今回高松藩の生んだ賢人柴野栗山の紹介ができますこと嬉しく思います。

さて皆様ご存じの通り、高松というところは資源がある地域ではございません。江戸時代後期には塩や砂糖といった生産物ができてくるわけですが、江戸時代の初め、高松藩になったときには、目新しい資源というものが存在しないまま、松平さんが赴任して来られたというふうになります。ですから高松藩は、人材を育てることを重視いたしました。高松市が明治以降も教育都市として発展した理由はここにあります。高松藩教育の原点は高松藩初代藩主松平頼重《よりしげ》（1622～95、写真1）に求められます。水戸藩の好学の風土が頼重とともに高松にもたらされました。頼重は1642年、12万石の領主として高松に入封。水不足が起っていた1644（正保元）年には城下に上水道を敷設しました。頼重は城下辻丸井のわき水（亀井戸）を水源として、地中に埋めた土管や木樋、竹樋などを用いて侍屋敷や町方へ配水しました。本格的上水道の江戸玉川上水より早い時期の敷設です。

写真1：松平頼重木像

松平頼恭と「高松ルネッサンス」

頼重から数えまして五代目の藩主に松平頼恭《よりたか》（1711～71）という方があらわれました。この方は高松藩のご出身ではなく、今の福島県郡山市を中心とする地域にあった陸奥守山藩というところでお生まれになり、縁あって高松松平家にご養子として入られました。

数年前に私は福島県郡山市出身の安積艮斎《あさかごんさい》（1791～1861）という漢学者の顕彰会に呼ばれ、郡山市に赴きました。安積艮斎は1791年、安積国造神社の神官の子として生まれましたが、江戸で佐藤一斎に学び、幕府昌平黌の教授になりました。学派の垣根をとりはらう自由思想家で、国防に通じ、アヘン戦争で清国が敗北したことに危機感をもって書いた『洋外紀略』（写真２）などを著しました。そして、小栗上野介、吉田松陰、高杉晋作、岩崎弥太郎、前島密らを育てたほか、アメリカのペリーやロシアのプチャーチンが持参した国書を翻訳し、初期の日米日露外交に貢献しました。安積艮斎は当初栗山に師事しようとしましたが、栗山が高齢のため弟子をとらないことを知って断念。林述斎や佐藤一斎に師事して学問を磨きました。そして、幕末期江戸に私塾を開塾。吉田松陰や岩崎弥太郎たちを導いたのです（写真３）。「安積艮斎の志は栗山にあり」ということで、顕彰会の方々が私を呼んでくださいました。

　そのとき、日中に時間がありますから、先生どこかにおいでになりませんかと言われ、守山陣屋に連れて行ってくださいと要望しました。すると向こうの方が不思議がりまして、「先生どうしてですか」と聞き返されました。地元の人もほとんど関心が無いようでした。それでも事情を話すと地元の郷土史家の方とも連絡をとって下さって、陸奥守山藩ゆかりの場所に連れて行ってくれました。

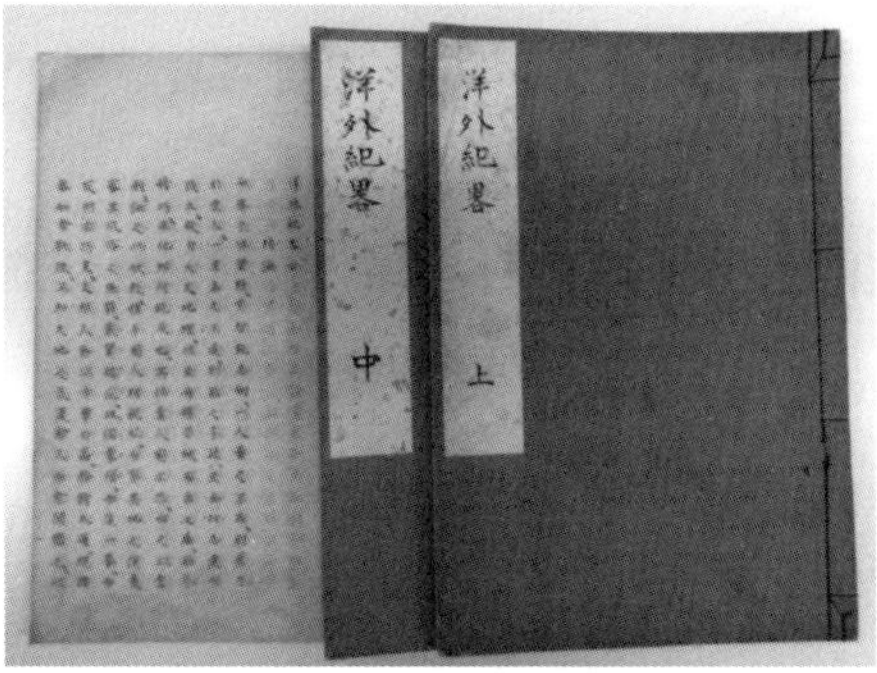

写真２：『洋外紀略』

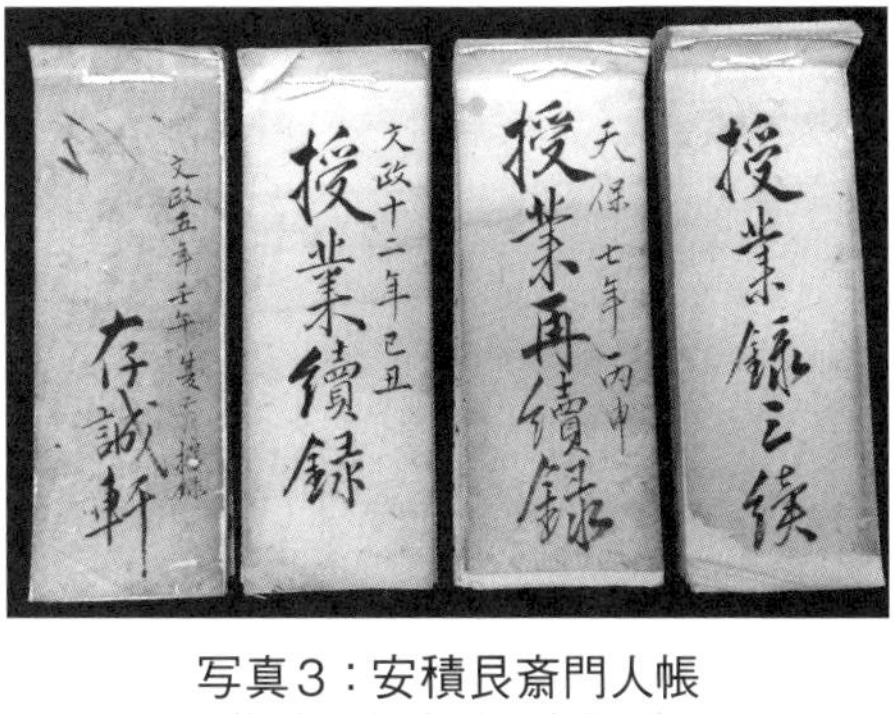

写真３：安積艮斎門人帳
（福島県指定重要文化財）

守山藩（写真４）は高松藩と同じく水戸藩の御連枝。しかし守山藩は小さい藩でお城はございません。陣屋でした。この陣屋も今は存在せず、陣屋跡というふうな案内を受けました。この守山藩に頼恭さんばかりでなく、兄頼寛（守山藩主、徳川家康の伝記『大三川志』を編纂）、弟定賢（陸奥白河藩初代藩主）といったすぐれた藩主があらわれています。頼恭が高松藩に来られて以降、高松の文化が飛躍的に向上します。私はこのことを「高松藩ルネッサンス」と勝手に呼んでおります。作者は不明ですが『衆鱗図』の作成、また多くの知識人や芸術家が高松にあらわれます。頼恭は藩内で砂糖栽培を研究させ、また塩田も開発いたしました。

高松藩塩田開発で重要な人物に梶原景山という人がおります。顕彰碑が屋島の塩釜神社の隣にあります。この梶原の「景」という名前でお気づきだと思いますが、源平合戦時の武将、梶原景時の子孫になるのだそうです。景時の子孫がなぜ高松に在住し、塩田開発にあたったのか、梶原景山から久米通賢（リレーシンポ「輝ける讃岐人」第3回）にいかに塩田の技術が伝わったかというのは、これから研究する価値があるのではないかと思います。さらに頼恭は平賀源内（リレーシンポ「輝ける讃岐人」第9回）に薬草園を経営させました。今の栗林公園内、梅園のあるあたりです。このお殿様の治世のもと、栗山は高松藩で育ちます。すなわち、非常に好学・文化

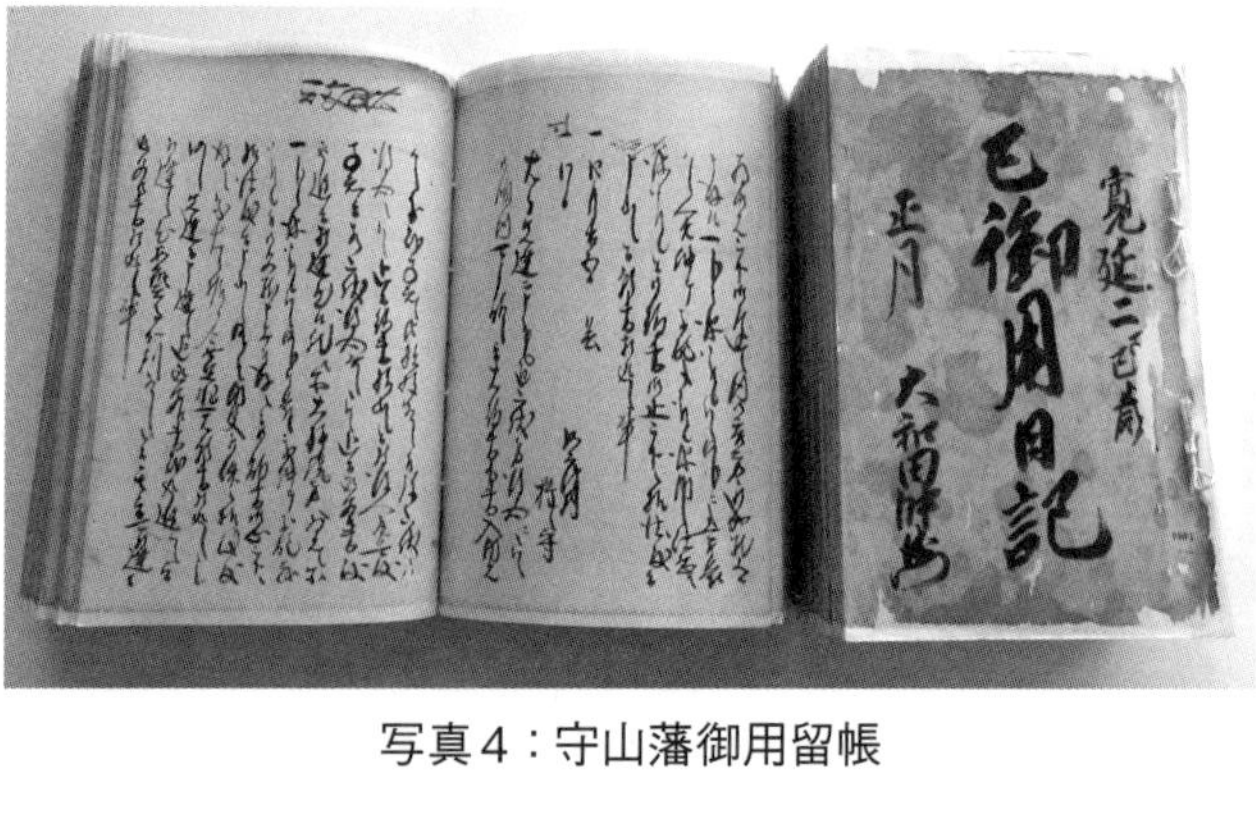

写真４：守山藩御用留帳

的な風土が満ち溢れた中で育っていったわけです。では高松藩に生まれました柴野栗山についてお話ししていきたいと思います。

柴野栗山（写真5）が生まれたのは、元文元年（1736年）です。今の高松市牟礼町で出生。旧宅跡に今は栗山記念館と栗山幼稚園が建っております。現在敷地内に「栗山先生宅址」と刻まれた石碑が建っております。

写真5：柴野栗山

「栗山」というお名前ですが、ご存じの通り八栗山（五剣山）がその由来でございます。他の説もあるのですが、おそらくこれが定説だろうと言われております。五剣山であります。ただ、ご承知の方もいらっしゃると思いますが、栗山先生がお生まれになる前に宝永の大地震（宝永四年十月四日　西暦一七〇七年十月二十八日）がありました。研究によりますと、宝永の大地震は、高松で震度6強、約2メートルの津波だそうです。

次は柴野栗山先生のお父様であります。この絵が竹林《ちくりん》園棋図《いきず》（写真6）といいまして、竹の林の中、ここで非常に優れた隠者と思しき人が碁もしくは将棋を楽しんでおります。ちょっと見にくいのですが、左側が柴野軌逵《きき》と申しまして柴野栗山の父親、右側が久保桑閑《そうかん》という人と伝わっています。この讃を書いたのが柴野碧海《へきかい》といいまして、後に栗山の養子に入って子どもになります。この久保桑閑が、実は高松藩において大きな文化的な働きをしております。一つは、ご存じの方がいらっしゃると思いますが、この久保家というのは古高松《ふるたかまつ》でございます。大変に栄えた家でございまして、桑閑はお医者さんです。そして、久保桑閑は高松藩の医師としては、おそらく初めて長崎へ遊学いたします。そのときに、書生として預かった平賀源内を長崎に連れて行っております。これは、大変な業績だと思うのです。つまり、源内を長崎に連れて行くことによって、源内に西洋への目を開かせたという考え方もできるのではないかと思います。

久保桑閑から数えて十代目、東京大学名誉教授で日本学士院二十四代目の院長をなさった久保正彰先生という方がいらっしゃいます（写真7）。ご専門は西洋古典学。ホメーロスやツキジデスといったギリシャの文学がご専門の先生です。学士院

写真7：久保正彰東京大学名誉教授

写真6：竹林圍棋図（部分）

表1：柴野栗山関連年譜

西暦	和暦	
1736年	元文元年	讃岐国三木郡牟礼村（現高松市牟礼町牟礼）で誕生
1748年	寛延元年	高松藩の儒学者後藤芝山に就いて儒学を習う
		牟礼から城下まで片道約2里を朝往暮還、毎日徒歩で通学した
1753年	宝暦3年	江戸に赴き湯島聖堂で学ぶ
1764年	14年	朝鮮通信使江戸入り。朝鮮から随行の儒者達と詩文の応酬
1765年	明和2年	京都に行き高橋図南から国学を学ぶ。皆川淇園と相識る
1767年	4年	阿波藩に儒学者として仕える。後に、藩主と江戸に赴く
1771年	8年	休を乞い江戸から京都に移る。富士谷成章の借家に住む
1774年	安永3年	地理学者長久保赤水が京都の栗山を訪ねる
1776年	5年	阿波藩主侍読に就任。江戸に行く
1780年	9年	再び休を乞い京都に移る。漢詩の結社「三白社」を組織
1787年	天明7年	老中松平定信より召幕の命➡栗山熟慮の末に応じ江戸へ
1788年	8年	『國鑑』編纂。松平定信主導の「寛政の改革」に貢献
		天明の大火で御所焼失。再建の時代考証に栗山が活躍
1790年	寛政2年	聖堂取締御用（湯島聖堂の最高責任者）
		幕府学問制度の最高責任者 ➡「寛政異学の禁」を発す
1791年	3年	尊号一件。光格天皇が父の典仁親王に太上天皇の尊号を
		贈ろうとしたが、幕府側の反対で不成立
1792年	4年	秋、御所聖賢障子図考のため京都に赴く。帰途近畿大和の
		古寺山陵を巡拝。大黒屋光太夫帰国
1797年	9年	聖堂取締を免ぜられ西丸奥儒者
		後の大学者頼山陽、栗山に初見参
1807年	文化4年	城崎温泉に湯治。「玄武洞」命名。➡ 12月死去　72歳

長時代に高松にもおいでいただき、「久保桑山とその時代」と題した展覧会を開催、講演もしていただきました。久保正彰先生のご先祖にあたる久保桑閑は、高松において誇るべき文化人であったことを紹介いたしました。

幼少期の栗山は牟礼におります。栗山は牟礼から、高松城下に塾をかまえていた後藤芝山《ごとうしざん》（1721〜82）という漢学者の塾まで、毎日二里以上の道を歩いて通いました。年少期に長い距離を歩いて通学することは大切で、後に東京大学総長に就任した南原繁先生も一時期、故郷の南野村（現東かがわ市）から旧制の大川中学（現三本松高校）まで二里以上の道を歩いて通学しました。

後藤芝山には漢文学習上の上で大きな功績がございます。漢文を読み下すため、漢字の脇などに書き入れる文字や符号、「後藤点」というものを考案いたしました（写真8）。この「後藤点」の理論が、現在の漢文教育理論に返り点や送り仮名などとして生かされております。

柴野栗山先生筋にあたる人としてもう一人、菊池黄山《きくちこうざん》（1697〜1776）という人の存

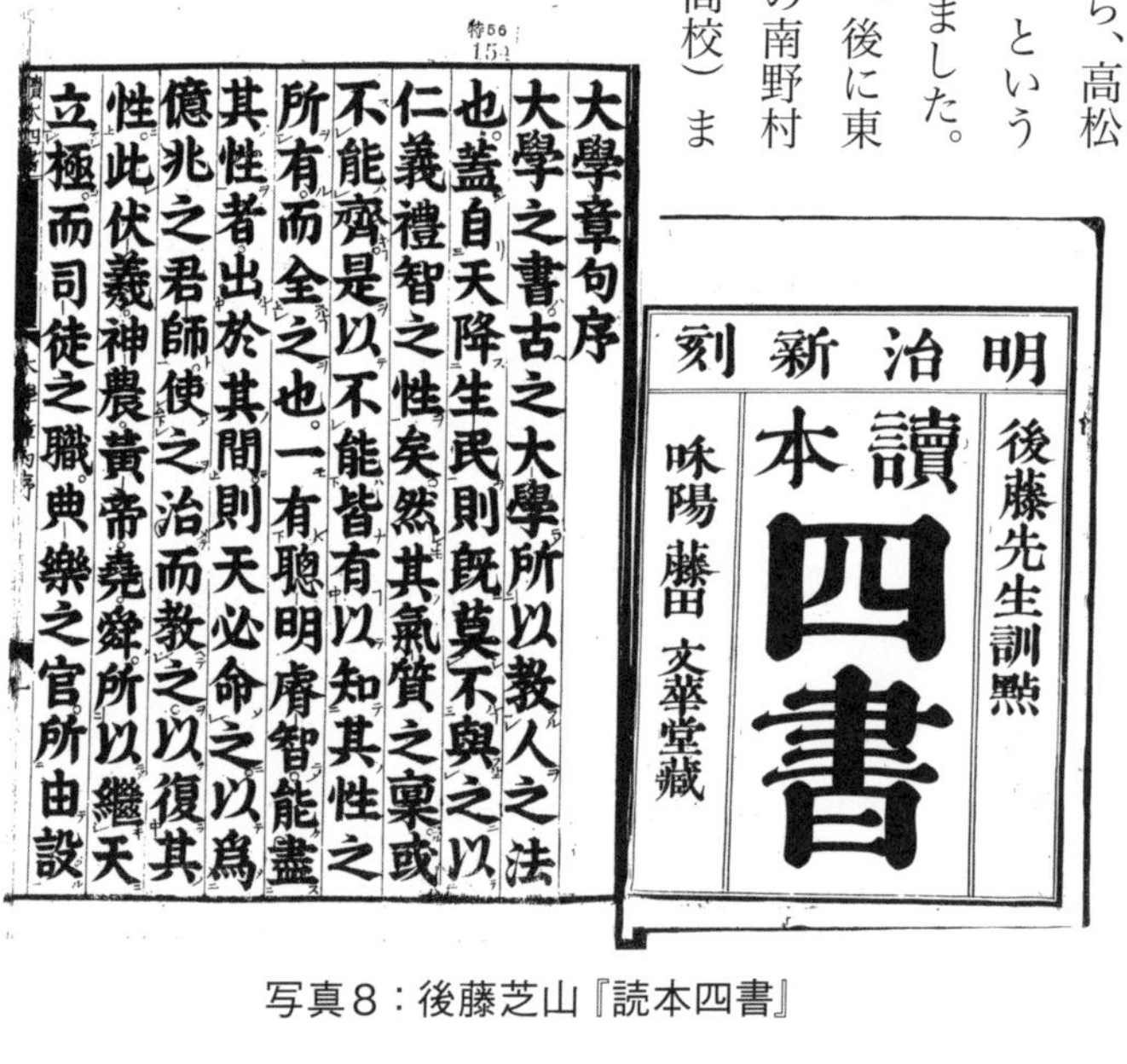
明治新刻
後藤先生訓點
讀本四書
味陽藩 文華堂藏

大學章句序
大學之書古之大學所以教人之法也蓋自天降生民則既莫不與之以仁義禮智之性矣然其氣質之稟或不能齊是以不能皆有以知其性之所有而全之也一有聰明睿智能盡其性者出於其間則天必命之以爲億兆之君師使之治而教之以復其性此伏羲神農黃帝堯舜所以繼天立極而司徒之職典樂之官所由設

写真8：後藤芝山『読本四書』

在が最近知られるようになりました。菊池黄山は幼少より学問を好み、早くから兄に従って論語・孝経を学びます。その後、京都に出て儒学と医術を学びます。そして1751（宝暦元）年、召されて高松藩校講道館の儒官となった人です。「菊池」というお名前で分かる通り、高松市出身の文豪菊池寛のご先祖様でございます。古高松に塾を構えまして、後藤芝山も柴野栗山も平賀源内も菊池黄山の私塾に習いに行っております。平賀源内に関しましては、菊池寛が後に半自叙伝の中で回想いたしまして、自分の家に黄山に宛てた源内の手紙が残っているというようなことを書いております。ただ、まだ資料が足りません。この菊池黄山については、これからも研究の成果が待たれるところです。

江戸で国際的な視野を広げる

さて、高松藩で幼くして秀才の誉れ高かった柴野栗山、高松藩儒の推薦を得て江戸で学ぶ機会を得るわけでございます。

栗山入学の江戸の学問所、もとは林家の私塾でした。1680（元禄3）年、五代将軍徳川綱吉が神田湯島に六千坪の土地を与え林家の「学問所」を移設。林家が設けた孔子廟もここに移りました。綱吉の親書による「大成殿」の扁額がかけられ、ここが「大成殿」と称されるようになり、「湯島」と

写真9：湯島聖堂

いう地名とあわせて「湯島聖堂」と呼ばれるようになりました（写真9）。

後の話ですが、１７９０（寛政2）年、幕府は栗山主導の「寛政異学の禁」の一環として林家の私塾であった「学問所」を林家から切り離し、「聖堂学規」や職制の制定などの整備を進めて、幕府の直轄機関としました。さらにこのあたりの地名を孔子の生誕地である「昌平郷」にちなみ「昌平坂」と命名し「昌平坂学問所」と呼ばれるようになりました。現在の東京大学をはじめとする近代の大学および文部科学行政機関はここに始まります。

栗山が江戸在住中に起きた出来事として１７６４（宝暦14）年、徳川家治が新しい将軍が決まったとき、朝鮮通信使の一行が江戸に入りました。栗山は通信使に同行した朝鮮の儒者たちと漢詩のやりとりをしております。これは栗山が国際的に視野を開いた最初の機会だと思いますので、興味深い話としてここで紹介いたします。

意外と知られていない話で、栗山は平賀源内（写真10）と面識がありました。源内は栗山より遥かに早く世に出ています。一方栗山先生は、まず江戸で学んだ後、京都に滞在いたします。京都

写真10：平賀源内

写真11：皆川淇園

写真12：高山彦九郎

滞在中に多くの人と交わりますが、京都の漢学者、皆川淇園《みながわきえん》（1735〜1807、写真11）とは終生友人として交わり続けます。また、他にも重要な人物が二人おりまして、一人は「寛政の三奇人」のひとりで尊皇の志士である高山彦九郎（1747〜93、写真12）。栗山を訪ねています。もう一人が長久保《ながくぼ》赤水《せきすい》（1717〜1801、写真13）という地理学者でございます。このような日本の地図（写真14）を作った人物です。

この地図の右下に栗山が赤水を紹介した文章があります。内容は「私は赤水にいろいろ意地悪な質問をした。何にも書かれていない地図を見せて、おい、ここはどこだというふうなことを尋ねた。ところが赤水は、ものの見事に全ての地誌的状況を答えた」ということが書かれております。

栗山は京都在住中に、国学思想や知識、さらには人脈も体得します。その後がちょっと面白いのですが、本来であれば、江戸遊学に恩義を感じ、栗山先生は高松に帰ってくるはずです。ところが、高松藩に帰れませんでした。どこへお勤めになったかというと、お隣の阿波藩なのです。

これが、いろいろな謎が謎を

写真13：長久保赤水

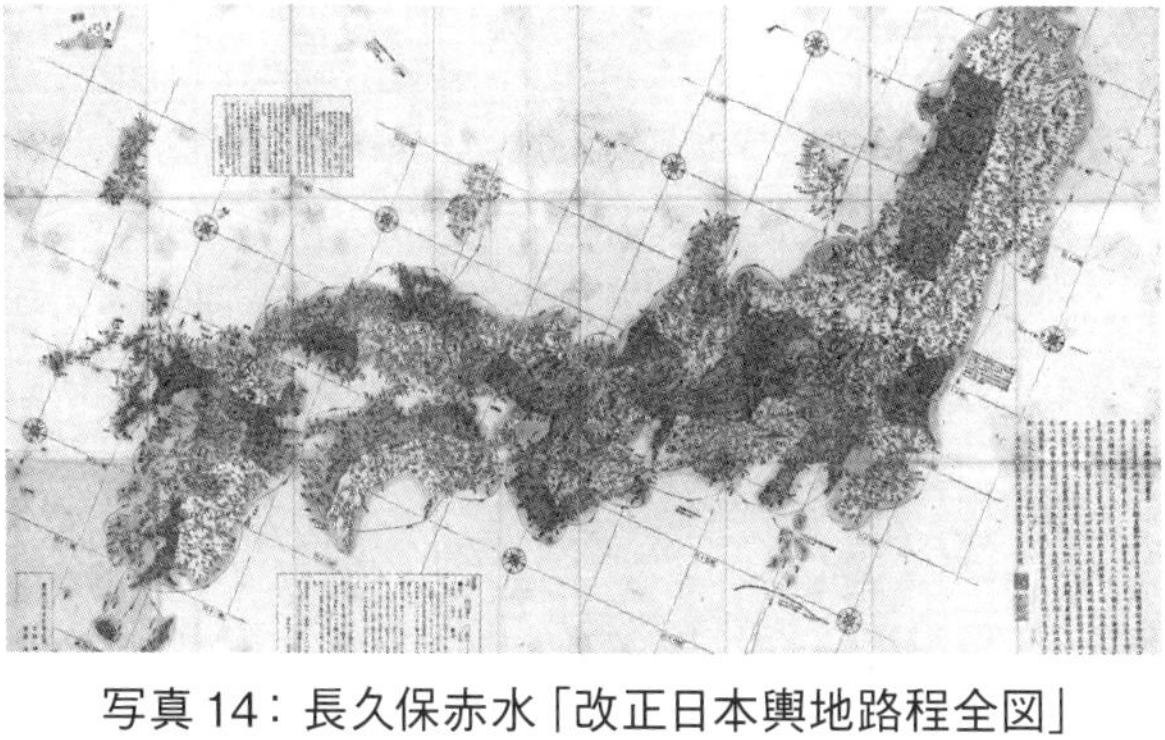

写真14：長久保赤水「改正日本輿地路程全図」
右下に栗山の漢文を掲載

呼ぶわけなんです。一番説明しやすい理由は、栗山があまりに勉強に秀で過ぎたがために、高松藩の儒者たちが嫉妬したのではないかと。それがために、高松藩に栗山が帰ってくることを事実上妨げ、栗山はお隣の阿波藩に士官せざるを得なかったのではないかという説が流布しておりまして、私もおそらくそうだろうと考えています。高松というところを最近話題になっている地政学に照らして考えますと、高松、ひいては讃岐の国は、前が海、後ろが山です。つまり、他の地域との交流をあまり持てない、持ちにくい場所でもあるわけなのです。そんな讃岐という地域の中で優劣を競い合う。すると、それに外れるような、いわば全国的、世界的な名声を有する人、それこそこの時代、高松藩は二人の人物を日本中に送り出しました。すなわち平賀源内と柴野栗山です。この二人は、ついに錦を飾って高松藩に帰ってくることがありませんでした。お分かりだと思います。このようなことも、言わば高松の人たちがこれから先に考えなければいけないことではないかと思ったりもいたします。

さて、阿波藩儒柴野栗山でありますが、甥の柴野碧海（1773〜1835）を養子に迎えます。碧海に子どもができませんでしたので、事実上柴野栗山の子孫は伝わりませんでした。

栗山の学問上の業績ですが、栗山には著作がありませ

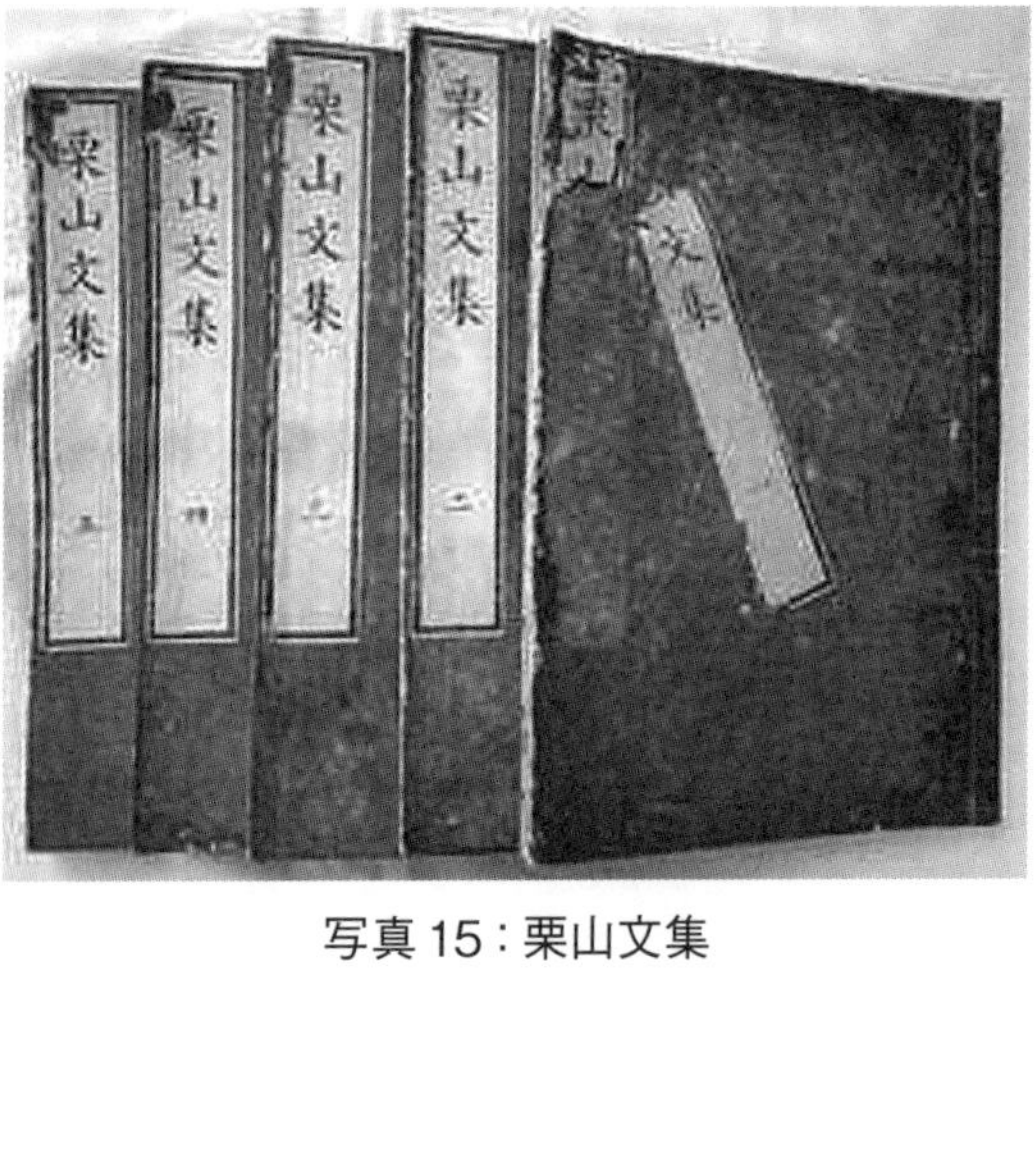

写真15：栗山文集

ん。『栗山文集』（写真15）だとか『栗山詩集』という文集が伝えられていますが、これらは、後世のお弟子さんが、栗山先生が生前に書いたものをまとめたものなのです。それがために、栗山先生の業績というのが、今一つ高くない存在に置かれていることは非常に残念でございます。

それでも栗山は素晴らしい。まず詩人栗山でございます。富士山を詠じた七言律詩、これも有名です。ご存じの方もいらっしゃると思いますが、

詠富士山

誰将東海水
濯出玉芙蓉
蟠地三州尽
挿天八葉重
雲霞蒸大麓
日月避中峯
獨立原無競
自為衆岳宗

富士山を詠ず　柴野栗山

誰か東海の水を将《も》って
濯《あら》い出だす玉芙蓉《ぎょくふよう》
地に蟠《わだかま》って三州《さんしゅう》盡《つ》き
天に插《さしはさ》んで八葉重なる
雲霞《うんか》大麓《たいろく》に蒸し
日月《じつげつ》中峰を避《さ》く
獨立《どくりつ》原《もと》競ふこと無く
自ずから衆岳《しゅうがく》の宗と爲る

詩吟をなさる方は、ほぼ間違いないというほど、この詩に関しては吟詠の素材としてお歌いになったのではないかと思います。あるいは、京都で詠まれた詩と伝わっている作品ですが、

月夜歩禁垣外
上苑西風送桂香
承明門外月如霜
何人今夜清涼殿
一曲霓裳奉御觴

月夜《げつや》禁垣外《きんえんがい》を歩《ほ》す　芝野栗山
上苑《じょうえん》の西風《せいふう》桂香《けいこう》を送り
承明門外《しょうめいもんがい》月霜《つきしも》のごとし
何人か今夜清涼殿
一曲の霓裳御觴《げいしょうぎょしょう》を奉ず

このような、いわば国学の素養も要求されるような詩を残しているわけでございます。先ほども申し上げましたが、栗山先生は生前、詩文集を作っておりません。栗山文集というのは全部、後世の人が作っております。

この栗山先生と同じぐらい、高松で江戸漢詩について大いに顕彰する必要がある人に、菊池五山（１７６９～１８４９）という人がおります。この菊池五山は、一時、栗山先生の門下に入っております。菊池五山は文化文政期（１８０４～30）に漢詩の批判家として活躍。画の谷文晁、書の亀田鵬斎とともに芸苑（文芸）の三絶と称された人です。この菊池五山が発行した本に、『五山堂詩話』（写真16）というものがあります。これが、実は非

写真16：菊池五山『五山堂詩話』

常に面白いのです。つまり、詩を作った人から、一編につきいくらかずつお金を徴収します。お金持ちや大名からは多額の費用を徴収し、一般町民からは、今ですと数千円の出品料といいますか、それでもって、詩壇ジャーナリズムをつくり、この『五山堂詩話』を発行した。実はこれは『文藝春秋』の発刊システムと非常によく似ております。すでにお話しいたしました通り、菊池五山係累の子孫として菊池寛という人がおります。このような菊池寛の『文藝春秋』は、実に栗山、菊池五山、そして菊池寛にも結びついていったというふうなことも言えるのではないかと思います。

栗山の本名彦輔から「寛政の三助」と

さて、阿波藩儒たる栗山に、幕府老中松平定信より招幕の命が下るわけであります。お前、幕府に来ないかと。なぜ、田舎藩儒の栗山に松平定信からお達しがあったのかということですが、まず、栗山が書いた『栗山上書』という作品が定信の目にとまった。これは政治上の提言

写真 17：岡田寒泉

写真 18：古賀精里

です。もう一つが、古高松出身で久保盅斎《ちゅうさい》という学者がおりましたが、この人が、栗山さんより先に江戸に招かれ、一橋家に仕えて、栗山の才能を幕府中枢の人たちに伝えていたと考えられます。

そして「寛政の三博士」と言われる3人、柴野栗山の本名が「彦輔」、岡田寒泉《かんせん》（1740〜1816、写真17）が通称「清助」、尾藤二洲（1745〜1814）が通称「良佐」といいまして、この三人を「寛政の三助」ということもあります。岡田寒泉の代わりに、古賀精里（1750〜1817、写真18）、通称「弥助」が加わることもあります。

そして、栗山が進めたのが「寛政異学の禁」です。この「禁」というのが、ちょっと言葉が悪いと思っています。表向きの意味は、「朱子学のみを講究し、異学すなわち朱子学以外の学問を禁止す」というお達しなのですが、これを分かりやすく言いますと、朱子学のテキストが、今風に言いますと定期試験の試験範囲になるわけです。優秀な得点を取得できた者が表彰され、出世できるというシステムができていたと思ってください。ですから、今に至る受験戦争の原点とい

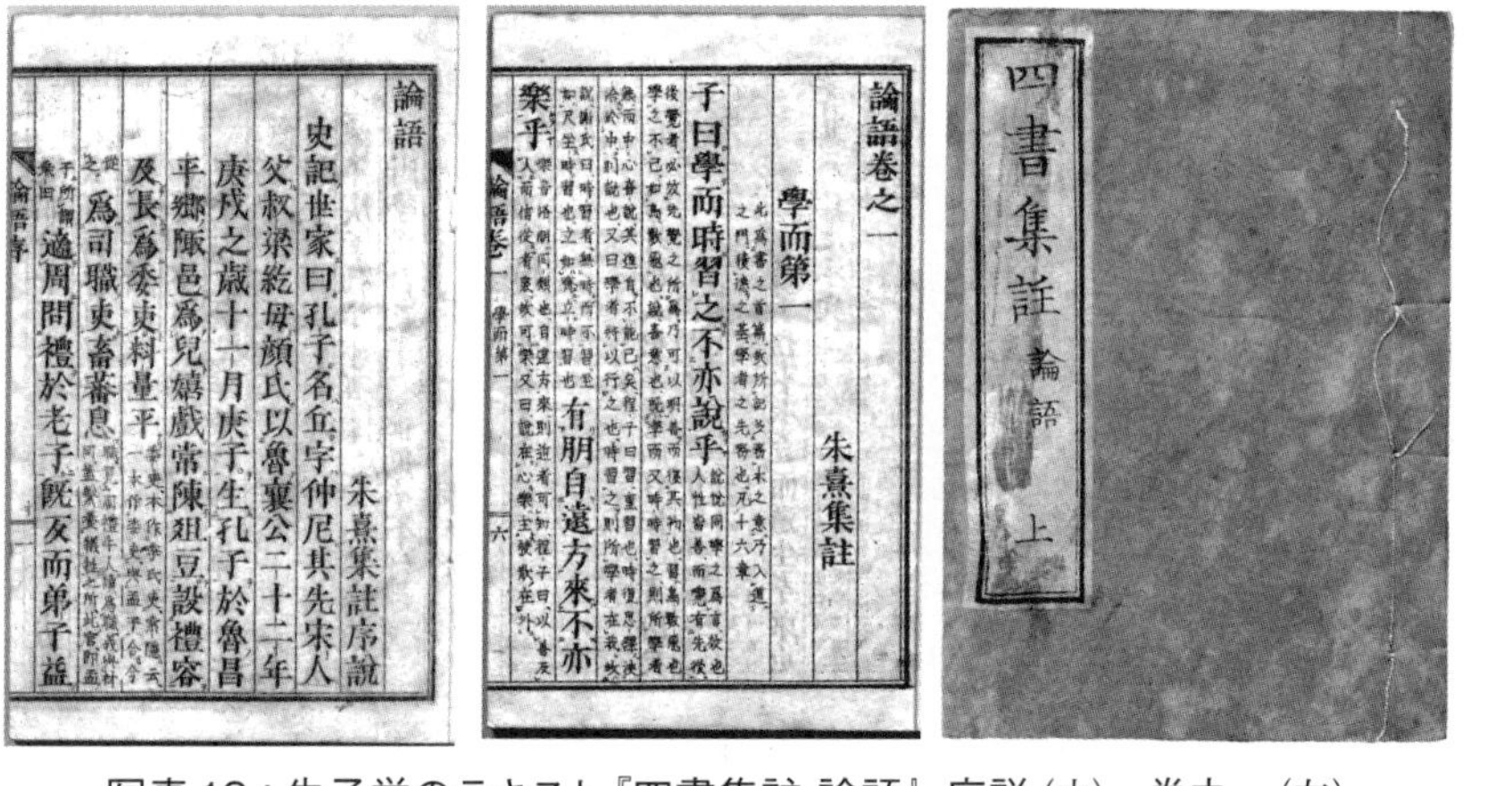

写真19：朱子学のテキスト『四書集註 論語』序説（中）、巻之一（左）

うのは、実に「寛政異学の禁」にあるといえます。朱子学のテキストはこういうものでこれを読んでみなさい、もっと言いますと暗唱までさせます。そのような『四書集註』（写真19）が出題のポイントとなります。栗山は、先ほどをお話しいたしましたように、聖堂取締役、校長先生のときに、教科書である「林家正本」の訓点を後藤点に改め、定期考査「素読吟味」も後藤点で行いました。

校長先生たる柴野栗山、学問所の空間を広げ学びやすくしました。と同時に、先ほどお話しいたしましたように、教科書を朱子学に揃えました。そして、昌平坂学問所で学んだ秀才が、諸藩の藩校で後進を導く。高松にも藩校講道館がございます。高松の講道館は、柔道の講道館と同じ字を書きます。ただし、柔道の講道館より高松の講道館の方が先にできております。しかも何の関係もありません。このように諸藩の藩校で後進を導くことで、朱子学が再び19世紀に日本中に広がっていく。そしてその学問の精神が、明治維新後に日本中に広がっていくということになります。

ちょっとここで話題を変えまして、面白い話を紹介いたします。「寛政異学の禁」で朱子学以外の学問は排斥されます。栗山と同時代に亀田鵬斎《かめだほうさい》（1752～1816、写真20）という非常に優れた学者で、ユニークな字を書く人がおりました。「鵬斎先生」という古典落語がございますね。亀田鵬斎には3000人を超えるという塾生がいましたが、寛政異学の禁で、ほとんどの学生が朱子学の学校に転

写真20：亀田鵬斎

校してしまいました。

失意の鵬斎先生とその一族を支えた孫弟子に、中島撫山《ぶさん》（1829〜1911）という明治以降も埼玉県の久喜で学問を講じた人物がおります。中島撫山の孫が、『山月記』の著者で有名な中島敦です。いわば朱子学から別に発展した学問分野にも思いがけない収穫があります。

この中島敦に面白い話がございます。中島敦は一時期、旧制の横浜高等女学校で国語、漢文と歴史を教えておりました。「お嬢さん学校」で難関校でしたが、この女学校に入学、一年生で中島敦の授業を聴講したのが、後の大映画女優の原節子さんです。こういうふうに、人の縁が思いもかけずいろんなところに伝わっていくというのも、漢文教育および漢文調査の面白みでございます。

写真 21:「近代教育発祥の地」の案内板（東京都文京区）

話を戻しましょう。先ほど申しましたように、栗山先生は幕府の学問体制を整えました。この近代教育発祥の地という説明板（写真21）が、津島聖堂の道を挟んだ反対側にあります。説明板の右側は東京医科歯科大学です。教えてもらわないとなかなか分かりにくい場所ではありますが、結構大きい案内板です。「近代教育発祥の地」ということで、ここにあった昌平坂学問所がやがて東京大学に、それから高等師範が東京教育大学から現在の筑波大学に、さらに女子高等師範がお茶の水女子大学に。そして文科省から日本学士院に至るというふうに、いわば栗山先生の功績というものが語られるわけでございます。この5つの組織の原点が、全て栗山先生が開いていきました昌平坂学問所、寛政の学制改革に原点が求められるわけです。栗山先生の業績は、かくも偉大だといえます。

栗山先生が幕府藩士でいらっしゃった頃に、重要な幕府の外交政策の転換がございました。今から10年ぐらい前に、松平定信の嫡系の曾孫にあたる松平定純さんに、栗山祭においでいただきました。そのとき開かれた「定信公と栗山を語る」というフォーラムの中で、定純さんが紹介してくれた話をここで申し上げたいと思います。

大黒屋光太夫（写真22）、この人は『おろしや国酔夢譚』という井上靖さんの小説に描かれ、さらには緒形拳さん主演の映画にもなりました。光太夫は、なんとロシアの国を東から西へ、サンクトペテルブルクまで行きまして、当時のロシア皇帝エカテリーナ2世に謁見したわけです。これは大変なことです。このエカテリーナ2世は大黒屋光太夫さんに同情して、あなたの帰国を許しますと言ってくれたそうなんです。それでもう一度、ロシア大陸を横断して、帰国の途につくわけです。このときに、

写真22：大黒屋光太夫・磯吉の画幅（左が光太夫）

ロシアからラクスマンという方が同行したそうです。光太夫たちは、江戸に直接帰るのではなく根室に着きました。ここから松平定信（写真23）の外交が始まるわけです。

結論から申します。松平定信はこのとき、部分的ですけれども開国を決意したそうなのです。まず定信は、ラクスマン一行を根室から長崎へ移動させるように指示いたしました。と同時に、一行を厚遇いたしました。おそらくは通商を開く用意があったというふうに考えられるのです。ところが、ラクスマン一行は長崎へ向かわずに、ここで帰国してしまいます。ここに、定信さんの外交戦術というものがもたらされるわけでございます。帰国を許され、江戸に帰った大黒屋光太夫は、将軍たちの前でロシアの事情を話し、聞き取りをした幕府役人が、大黒屋光太夫のロシア滞在の記録を本に残しております。定純さんの証言によると、「定信は襖か屏風の陰で全て聞き取ったはずだ」と。つまり、将軍あるいは他の人たちの伝聞に任せることなく、自分の耳で聞き取り、そして状況分析をしたというふうなお話をしてくれました。

写真 23：松平定信

外交のアドバイザーだった儒者たち

栗山をはじめとする幕府の儒者たちは、同時に外交アドバイザーでもあったのです。これは意外と知られておりません。栗山は、若き定信を外交面でも支えたわけでございます。松平定信は大変若くして幕府の老中になりますが、またそんなに務めないうちに、尊号一件などが原因で老中を罷免されてしまいます。しかし、政治体制、学問体制において定信と栗山が果たした役割というのは、実に近代にまで繋がっているのです。以上、おそらく栗山が外交面でも、いろいろな提言を幕府サイドに行ったと考えられることを紹介いたしました。

さて、栗山の弟子といえば誰が挙げられるか、やはり最大の栗山の理解者といえば、広島出身の頼山陽（写真24）ではないかと思えるわけでございます。

頼山陽の父親が、頼春水という人です。頼山陽は若いときに大変なやんちゃでした。一時は、それこそ勘当同然というふうな扱いを受けるわけです。父親は一生懸命、我が塾を継承せしめんがために勉強しろ勉強しろと言うわけなのですが、ご本人は勉強する気が持てないわけです。そのときに、頼春水はいったん、山陽を栗山に預けます。栗山先生は一生懸命、頼山陽に学問を講じるのですが、残念ながら若き山陽さんは栗山先生の言うことを十分には聞きませんでした。やがて大学者となって、栗山先生が亡くなった後、頼山陽は船で広島へ帰ろうとする旅の途中で、瀬戸内海から五剣山を見るわけです。その八栗山を見たときの、「ああ五剣の山は栗山先生

写真 24：頼山陽

に似ている。私は栗山先生から、お前に学問を教えてやろうと言われたが、私は若気の至りで栗山先生の言うことを聞かなかった。今、大変申し訳なく思う。私がこのように恥ずかしさをこらえながら八栗山を見ていると、八栗山が栗山先生のように優しく笑ってくれているように見える」という素晴らしい詩がございます。

栗山は幕府を退きまして、晩年は隠居生活になりました。当時としては長生きでございまして、73まで生きました。しかも、亡くなる年に城崎へ旅行に行きます。そして、城崎を旅して詩を詠んだり、城崎の名勝に玄武洞というのがありますが、この「玄武洞」と命名したのが栗山先生なんです。この岩は玄武岩の柱状節理なんですね。つまり「玄武岩」という言い方も、いわば栗山先生の命名というふうに言えるわけなのです。

そうして、その年の暮れに体が悪くなりまして、栗山先生は「志は蒼生《そうせい》に存す」、私の心は人々と一緒にあるという自筆の栗山墓誌を残し、文化4（1807）年12月1日に没しました。この日を記念しまして、毎年12月1日に栗山祭が行われております。

残り時間も少なくなりました。まとめに入っていきます。

この木像をご覧ください。牟礼の栗山記念館に安置された栗山先生です(写真25)。木像が作られたのは栗山先生が没してから100年後、「栗山先生百年祭」という催しがありまして、当時の工芸学校、今の香川県立高松工芸高等学校の彫刻の先生がこの木像を作り、牟礼にある当時の栗山堂へ奉納したものです。栗山先生は、なんといっても高松藩の誇るべき秀才ですが、昌平坂学問所の聖堂取締役、これは今風に言いますと校長先生の役割になります。その聖堂取締役として、先ほど紹介しました「寛政の学制改革」、「寛政異学の禁」というものを成し遂げるわけです。寛政異学の禁は、法令が「異学の禁」ということで成されましたから、今、日本史の教科書でも「異学の禁」と教えますが、あれは禁止するための法律ではありません。すなわち学制改革で、いわば昌平坂学問所を広げ、近代学問に繋がるような体制作りをしたというふうに理解するのがよいと思います。

それから、儒学のみならず国学にも長けた学識があった。ともすれば当時の漢学者たちは、漢籍、漢文一辺倒だったのに対し、栗山先生は国学、和歌に対して非常に優れた知識と洞察力がありました。栗山が幕府の要職にいたときに、京都御所が火事で焼けたということがありました。これを復元するときに、栗山は時代考証でアドバイスをするわけなのですが、栗山のアドバイスがあったために賢聖障子という有職故実に基づく復元がなされました。その後、栗山は今の奈良へ旅行に行きまして、神武陵、神武天皇の御陵にお参りいたします。そのとき、神武天皇の御陵が荒れ果てているのを見て、なんと嘆かわしいことだと詠んだ「神武陵」という詩が残っておりまして、この詩の詩碑は栗山記念館の東側、幼稚園の運動場を挟んだ東側に刻まれております。

そして若き定信を支えた洞察力と判断力でございます。さらには、卓越した詩文の能力、まさしく

写真 25：柴野栗山木像

近代学問の祖と言うべき人なのですが、同時に、なんといっても穏やかな人柄に尽きるというふうに言えるわけです。私も先ほど紹介を賜りましたが、日本漢詩文の調査研究、大学の卒論以来、柴野栗山について書かれた文章は読んできたつもりですが、栗山先生を悪く言う文章は一編もございません。もうみんなが、栗山先生とはなんと素晴らしいというふうに褒めています。

先ほど申しましたように、この「栗山百年祭」、東京帝国大学教授三上参次、京都帝国大学教授谷本富という二大学者が来られて講演をされました。谷本富は高松出身で、京都大学教育学部をたった一人で作った教育学者です。その講演で谷本富は「香川は優れた教育者を3人生んだ。すなわち、弘法大師空海と柴野栗山先生と私だ」と言ったか言わないかというような話が残っているわけですが、この谷本富先生も、やはり栗山先生の人格の素晴らしさを講演の中で称えています。と同時に、若くして母親を失った栗山先生のお母さんを偲ぶ気持ちというのが、お母さんについて書かれた墓誌に残っており、その心こそがまさに栗山先生の真心なんだということを講演して涙を流したと、そんな話まで伝わっているそうです。

ということで、柴野栗山先生のご紹介をさせていただきました。私の話はここまでとさせてください。ありがとうございました。

講演2

異色の讃岐漆芸 玉楮象谷

香川県文化芸術局美術コーディネーター
住谷晃一郎（すみたに　こういちろう）
上智大学哲学科卒業後、山梨県立美術館を経て、1983年開館準備から携わった高松市美術館に学芸員として着任。郷土ゆかりの人物や工芸の調査・研究に携わる一方、各種展覧会の鑑査委員や審査委員を務める。2016年に現職に就き讃岐漆芸のブランド化に尽力している。著書に『讃岐漆芸　工芸王国の系譜』『磯井正美の蒟醬』、編著書に『玉楮象谷』『昭和の美術』など。

こんにちは、香川県文化芸術局の住谷晃一郎です。今日は江戸時代後期の漆芸家・玉楮象谷の話をいたします。まず、「讃岐漆芸」というと二つのキーワード「玉楮《たまかじ》」、「蒟醬《きんま》」、どちらも読めないと思います。玉楮の「楮」は楮（こうぞ・チョ）としか読めませんので、楮《かじ》というのは無理やり読ませているのです。「蒟醬」ももともとはタイ語の（キン・マーク）で、それに漢字を当てているだけなので読めなくて当たり前です。そういったことも含めてこれからお話ししたいと思います。

今日は時間が限られていますので、お手元のプログラムの最後の方の、「玉楮象谷略歴」のところをご覧ください。まず私が読みますので、象谷が、どんな時代の、どういう人物で、何をしたかということを、一度ご理解いただいた上で、文中にある赤字の主な作品を中心にお話を進めていきたいと思います。

彫漆、蒟醤、存清の三技法を考案

玉楮象谷（1806［文化3］年〜1869［明治2］年、写真1、表1）は、江戸時代後期、高松藩の漆工です。讃岐漆芸の祖で、父藤川洪隆は鞘塗師で、篆刻と細字を得意としました。篆刻というのは、印刀で彫るハンコの彫りです。細字というのは細かい字を書くことです。

京都の陶工永楽《えいらく》保全《ほぜん》が内外古今の珍器を所蔵していると聞き、保全を訪ねて親交を深めました。保全の紹介で東本願寺の学僧雲華《うんげ》（大含《たいがん》）や大徳寺黄《おう》梅院《ばいいん》の大綱宗玄《だいこうそうげん》と親交を結び、これら古刹に伝来していた堆朱《ついしゅ》、堆黒《ついこく》など中国から来た唐物《からもの》漆器をつぶさに見る機会を得たということです。象谷の時代、丸亀から出る金比羅船に三日三晩揺られれば大坂の川口に着きますので、永楽保全が珍しいものをいっぱい持っているということで、それをどうしても見たいと思って行ったわけです（写真2）。

写真1：玉楮象谷

保全が古陶磁を写して永楽焼を創始したように、象谷もまた、唐物漆器や南方渡来の籃胎《らんたい》漆器を模して独自の作風を確立し、父から受け継いだ篆刻の技術を振るい、彫漆《ちょうしつ》、蒟醤、存清《ぞんせい》の三技法を創始したということです。この永楽保全という人は、中国の古い古陶磁を写して永楽焼というのを始めました。永楽焼というのは紀州藩主徳川治宝《はるとみ》からいただいた名称です。それと同じ方法論で、永楽保全と意気投合した玉楮象谷は、中国あるいは南方渡来の籃胎漆器を見て、それを写して新しい漆の技法を始めました。それが彫漆、蒟醤、存清の三技法です。

彫漆というのは、色漆を厚く塗り重ねて文様を彫り表す技法。蒟醤は、剣と称する彫刻刀で文様を彫り、その彫り口に色漆を埋めて平らに研ぎ出すもの。存清は、色漆で文様を描いて、輪郭や細部に線彫りを加える技法で、籃胎は竹ヒゴで籠状に編んだ素地です。この彫漆、蒟醤、存清の全てに共通するのは彫りです。象谷の父藤川洪隆《こうりゅう》が篆刻の名手であったことから、彫刻の彫りの優れた技術を持っていた。つまり、象谷は自分の得意な彫りの技術を用いて、新しい漆芸を切り開いたことになります。

1830（文政13）年、高松藩（写真3）に初めて菓子盆を差し出し、1832（天保3）年、奉行所に願い出て「讃岐彫」「讃岐塗」の印を拝領。1835（同6）年帯刀御免となります。翌1836（同7）年には、松平家の宝物庫の手入れを命じられて、「彫漆菊文鞍」を献上。1839（同10）

写真2：堆朱四角 牡丹唐鳥 盆

表1：玉楮象谷関連年譜

西暦	和暦	
1806年	文化3年	高松城下外磨屋町で誕生。父藤川洪隆は鞘塗師で、篆刻と細字を得意とした 内外古今の珍器を所蔵する京都の陶工永楽保全と断金の友となる 保全の仲介で東本願寺の学僧雲華（大含）や大徳寺黄梅院の大綱宗玄と親交を結び、伝来していた堆朱、堆黒など唐物漆器をつぶさに見る 唐物漆器や南方渡来の籃胎漆器を模して独自の作風を確立。父譲りの彫りの技術で、彫漆、蒟醤、存清（存星）の3技法を創始した
1829年	文政12年	この頃より、唐物模様の漆彫を京都、大阪方面へ送る
1830年	13年	制作品の手控え「御用留」によると、初めて藩に菓子盆を差し出す
1832年	天保3年	「讃岐彫」「讃岐塗」の印を拝領
1835年	6年	帯刀御免となる
1836年	7年	宝蔵品の手入れを命じられ、紅花緑葉鞍菊蟷螂模様を献上
1839年	10年	僅か8センチ余のイッカク材の印籠に、蓮の葉や花、太湖石に虫類、鳥類など999の生類を彫った 一角印籠（重美）を9代藩主松平頼恕に献上。その技量を認められ、玉楮の姓を賜ったと伝えられる
1851年	嘉永4年	10代藩主松平頼胤の命により、狭貫彫堆黒松ヶ浦香合（忘貝香合・重美）18合を制作 参勤交代の江戸土産となり、象谷の名声は世に広まる。 また興正寺門跡より注文の堆朱筆篥筥、北野天満宮950年忌祭に奉納した讃岐彫堆朱手向山香盒、志度圓通寺へ奉納した存清鏡筥などを神社仏閣の求めに応じて制作
1853年	6年	堆朱二重彫皷箱（重美）を上納。藩主頼胤は、井伊直弼より注文の彩色蒟醤水指棚など進物の品々を船に乗せ再び参勤の途につくが、直後ペリーが浦賀に来航、その後帰藩は許されなかった
1854年	安政元年	彩色蒟醤御料紙硯匣（重美）を上納
1858年	5年	14代将軍家茂への献上品や有力大名への進物の制作を命じられる
1869年	明治2年	2月 死去　62歳

年に、わずか8センチあまりのイッカク材の印籠に、蓮の葉や花、太湖石に虫類、鳥類など九九の生類を彫った「一角印籠」を、九代藩主松平頼恕《よりひろ》に上納。その技量を認められ、「玉楮」の姓を賜ったと伝えられます。1851（嘉永4）年になりますと、十代藩主松平頼胤《よりたね》の命により、「堆黒松ヶ浦香合（忘貝香合）」十八合を制作し、参勤交代の江戸土産になるということです。後で説明しますが、この「一角印籠」は象谷の彫りの技術を端的に示した名作ということになります。その彫りの技術をもって、藩主の参勤交代の手土産として、堆黒松ヶ浦香合を制作しました。

十代藩主の松平頼胤は、彦根藩の井伊直弼と非常に親しい間柄であったということです。大名の格式から言うと、御三家、御三卿とありますが、御三家は紀伊、尾張、水戸で、御三卿は一橋、田安、清水ですけれど、その次の溜間詰《たまりのまづめ》の定席で井伊直弼と同席で、非常に親しくなるということです。頼胤が藩主であった時代に、彦根藩の井伊直弼の息のかかった親藩、譜代の有力大名への進物を通じて、象谷の名声は江戸城内で広まっていくということです。

写真3：玉藻城址

また、寺社仏閣に関しては、興正寺門跡より注文の「堆朱篳篥筥《ひちりきはこ》」、あるいは北野天満宮に奉納した「讃岐彫堆朱手向山香盒《たむけやまこうごう》」、あるいは地元の志度圓通寺《えんつうじ》に奉納した「存清鏡筥《かがみばこ》」など、神社仏閣の求めに応じて制作をいたします。

1853（嘉永6）年になりますと、「堆朱鼓箱《つづみばこ》」を上納します。これは象谷の代表的な作品と言って良いかと思います。それから、井伊直弼からの注文制作の「彩色蒟醤水指棚《みずさしたな》」を上納、藩主頼胤は参勤交代の途に就きます。

ところがこの年、丑年ですが、黒船が来航します。ペリーがやって来るのです（写真4）。その後、藩主の頼胤は東京の浜離宮のあたりの警護役を命ぜられて、それきり高松には戻ってこないということになります。そこで、藩主頼胤と象谷の糸がぷっつりと切れてしまうのです。1858（安政5）年に井伊直弼が大老に就任し、引き続き、十四代将軍家茂《いえもち》への献上品や有力大名への進物品の制作を命じられますが、1860（安政7）年、桜田門外の変で直弼が暗殺された後は頼胤も隠居し、象谷もほどなく官を辞しています。

象谷は職人には珍しく、『御用留』という制作記録を残しております。象谷が何年にどういうものを献上したか、あるいは私的な瑣事が分かる記録が残っているということです。

「讃岐漆芸」というブランドが成立

まとめて象谷がどういう人かというと、江戸末期、文化文政期

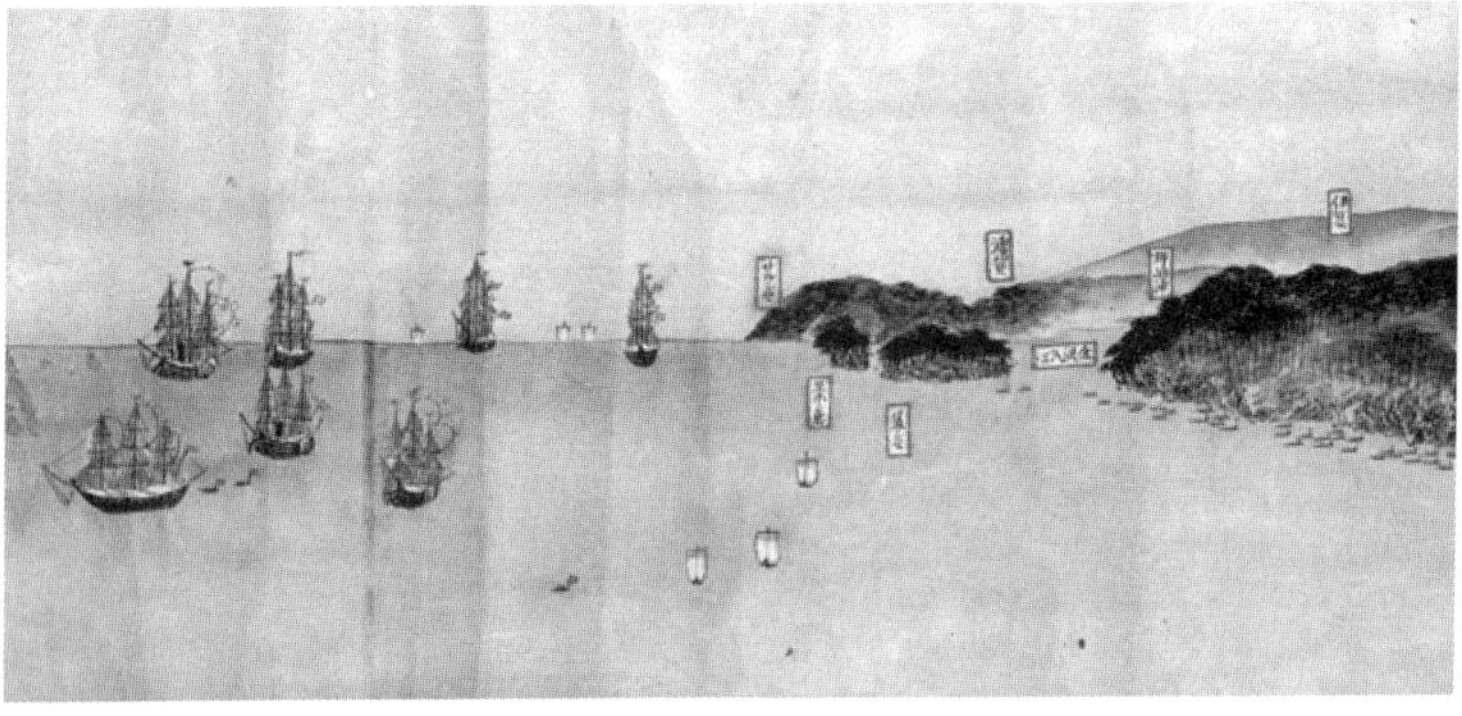

写真4：異国船渡来之図

から幕末にかけての人で、鞘塗師の子で、父が篆刻と細かい字が得意で彫りの技術を身につけていたということです。それから、京都で永楽保全という人が珍しいものをたくさん持っていることを聞いて、会いに行きます。それで、非常に懇意になって、永楽保全のブレーン・人脈であった大徳寺や東本願寺の人脈を通じて、そこにあるお寺の宝、つまり勘合貿易によってもたらされた中国の漆器、あるいは東南アジアの蒟醤あたりを見せられて、それをつぶさに見て、これだったら自分の彫りを生かせるということで、彫漆、蒟醤、存清という技法をやりだします。この3つの技法に共通するのは、象谷が得意とした彫りなのです。その後、藩に器物を献上するようになり、いくつも名作が生まれるわけですけれども、彫りの技術が最も高揚したのが「一角印籠」です。十代藩主頼胤の代になりますと、象谷の制作品が参勤交代の進物品となって江戸城内で名声が広まり、全国区になっていくということです。

当時は蒔絵が中心で、幕府お抱えの梶川や古満などは蒔絵師なのですが、蒔絵ではない、地方独自の技法を象谷が生み出したということです。しかも、それが中国からの舶来品にしかなかった時代なので、江戸城内でも非常に珍しがられたわけです。同時に、上方に持っていくと非常に高値で売れるということで、象谷が奉行所に願い出て、「讃岐漆芸」というブランドが成立することになります。ですから、象谷の彫りの技術と、もう一つはやはり藩主の果たした役割です。先ほどの田山先生のお話で水戸から来た五代藩主頼恭《よりたか》の時代に平賀源内が出たように、九代の頼怨《よりひろ》の時代に象谷が出てくる。九代の頼怨もまた水戸から来た藩主です。やはり、優れた名君のいるところに良い人材が輩出するということが言えるのではないでしょうか。

それでは、作品について見ていきましょう。

これはタイの蒟醤で、赤と黒です（写真5）。象谷はこういうものを見て写しを作ったということです。

まず最初に見ていただくのは、「幻の一角印籠」というものです（写真6）。なぜこれが「幻」かと言いますと、戦後の混乱期に行方不明になりまして、失われた名品として四十年以上にわたり語り継がれ、惜しまれてきました。別名「虫尽《づく》しの印籠」とも呼ばれています。

これを見た人間国宝の音丸耕堂《おとまるこうどう》は次のように語っています。

写真5：木無満飯篭（タイ製）

「特に強い感動を受けたのはね、あの人（象谷）の名作にね、一角の印籠というのがあるんですわ。今はもう、それは失われて行方不明になってますけどね。一角材の印籠に、百花百虫と言って、まあ正確にはハスが主題で、それで花が三十いくつあったと思います。それからハスの葉と太湖石《たいこせき》、穴のたくさんあいた中国なんかから来た太湖石というのがありますね。それが両面に入ってるんです。それでその間にもずっと昆虫、小さな小動物、大きなものだったら鶴みたいなものからサギ、小さなものだったら、ムカデみたいなものまでが。それからコオロギから、チョウ、亀からカニ、カニが43匹、それから鶴が何羽というふうにしてね、それで動物が九九九匹いるんです」。これは高さがわずか8・6センチくらいなのです。

「千に盈《み》つれば欠けると言うんで、千に一つ足りない九九九の生物がいる。わずかな小さな印籠に、ハスと太湖石と生物が999彫ったというのはね、小さな繊細な仕事ですわ。それで繊細であるばっかりでなしに、それが単純化された肉づけですけどね、生々《せいせい》として躍動しているように私は感じましたね。私どもは真似をしたいと思うけども、真似ができるほどの自信というものもね、持てんほどだった」

実は、この印籠、高松市内の旧家で眠っていまして、平成3年に姿を現しました。戦後四十数年に及んで行方の分からなかったものですが、現在はここ香川県立ミュージアムに所蔵されています。

見ていただくと、外側（挟家《さや》）が黄白色のイッカク材で、挟家を刳り貫いて中に入っている四段重ねの重がクロサイの角です。印籠というのは、薬を入れて腰に付ける小型の容器です。イッカクの

写真6：一角印籠（重要美術品）

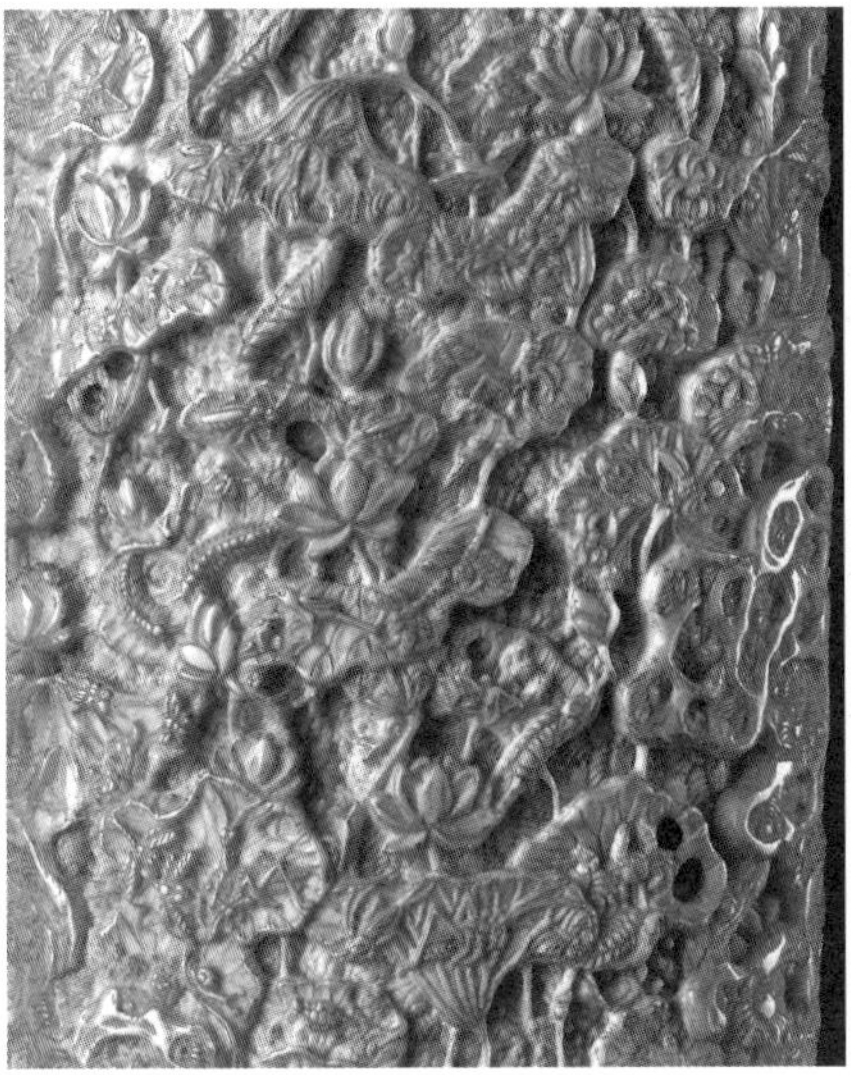

写真7：一角印籠（拡大）

角もクロサイの角も、解熱効果があると当時は考えられていました。実際は何の科学的根拠もありません。

「一角印籠」を拡大して見ると、ここにいるのはムカデ、ここにカマキリがいます（写真7）。蓮の花、トンボもいます。カニが443、亀が343匹と言うのですけど、とてもでないですが数え切れません。では、何を根拠にこれだけ彫っていると言えるのかと言いますと、象谷が箱書きの裏に生き物の種類と数を書いているからです。実は香川県漆芸研究所で、本当に記述どおりに彫っているかどうか数を読もうとしたことがあります。確かにカマキリ4、玉虫2など数の少ない生き物は確かにいますが、カニや亀など数の多いものは、奥の方に埋もれて重なり合っているものも多く、まったく見分けがつきません。従って九九九という数字は、完全な語呂合わせだと思います。象谷がいかに緻密な彫りの技術を持っていたかが分かります。

よく見ると、これはカマキリですが、本当に下手くそだと思います。だけど、印籠の高さはわずか8・6センチなのです。ということは、彫っている彫刻刀よ

写真8：重（犀角製）

りこのカマキリは小さいのです。おそらく勘で彫ってきっちりと形を備えています。また、カワセミやトンボが同じ大きさで彫られていたり、正面だけではなくて横向きもあり、立体的に彫ってあり、実に見飽きない、面白いものです。

四段重ねの重は、クロサイ（写真8）の角でできていて、「花中君子」とあります。「花中君子」というのはハスの別名で、「一角印籠」のテーマになっています。ハスというのは汚い泥水の中できれいな花を咲かせるので、優れた君主にたとえる象徴です。象谷は九代藩主松平頼恕から一角印籠の印材を与えられて、ごますりのテーマで彫ったのです。

これは、長崎のグラバー邸の土産物店が軒を連ねているところにあった「くじら工芸」の店です。マッコウクジラの歯を印材や装飾品に加工して売っていました。そこにイッカク（写真9）の牙が展示されていました。直径10センチ以上、長さ2・3メートルくらいで、布を絞ったようならせん状のひだ模様がありました。おそらくこの材が漢方薬として長崎に入って来て、九代藩主松平頼恕が入手し、象谷にこれで彫ってみろということで、彫ったものです。本当かどうか分かりませんけど、10日間で仕上げたと言われています。そしてこれを藩主に献上したところ、「玉楮」という姓を賜ったとされています。

写真9：イッカクの牙（中央の棒状のもの）

「玉楮」の出典は、中国の『列子』という古典にある逸話です。「昔、宋の国の人で、君主のために玉《ぎょく》(美しい石、ヒスイであろう)で楮《こうぞ》の葉を彫刻した者がいた。三年かかってやっとできあがった。葉のふくらみや葉先のとがったところ、果ては茎や枝ぶり、細毛や毛先に至るまで色つやがあって、本物の楮の葉にまぎれこませても区別がつかないほどだった。ついにこの人は技が巧みであることによって、宋国の禄をはむことになった」という故事です。その話の「玉」と「楮」をつなげて「玉楮」としたわけです。

実はこの話にはオチがありまして、確かにこの工人は優れた技術を持っていましたが、三年かかってやっと一枚の葉っぱしかできないのなら、草木で葉っぱのあるものは、ほとんどなくなってしまうであろう。だから聖人は自然をたのみとするが、人間の小賢しい技巧などはあてにしないのだと列子先生は言うのです。

ということは、本当に藩主が象谷の技量を認めて「玉楮」と付けたか、それともそうではないのか分からないのですが、当時の藩主は非常に知識人で、中国の古典を素読で丸暗記していたので、「技術の優れた工人」のことで、「玉楮」の故事が反射的に思い浮かび、象谷に賜ったのだと思います。

写真 10：紅花緑葉鞍

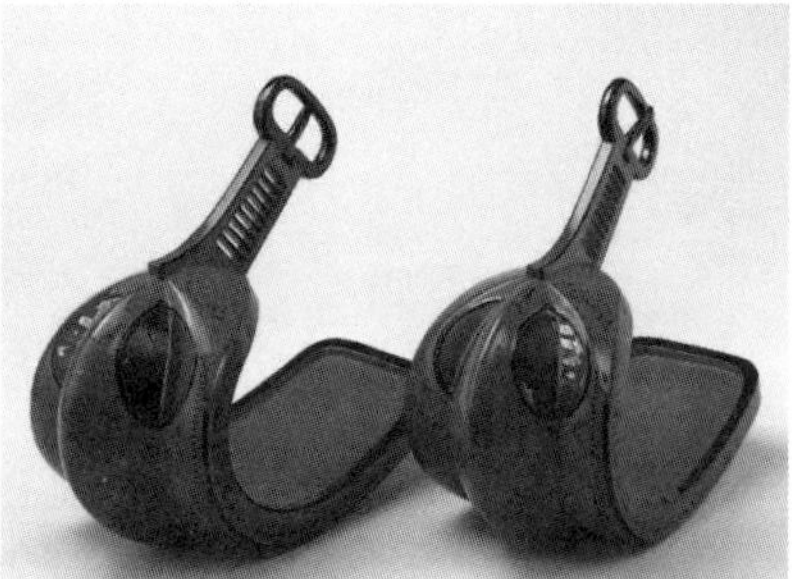

写真 11：蒟醤鐙

これは、高松藩の宝物庫の中にあった大坪道禅が制作した鞍（写真10）と鐙《あぶみ》（写真11）ですが、象谷によって完全に作り変えられています。「御用留」には修復とあるのですが、修復なんてものではないです。原形を留めているのは、鐙の半月形の螺鈿部分だけで、他は全部やり変えられています。花は紅く葉は緑にということで、当時の極彩色を使った「紅花緑葉」の鞍で、模様は菊にカマキリです。前輪《まえわ》の中央に高松松平家の葵の紋が彫り出されています。こちらが蒟醤の鐙です。

これは文箱・状箱《じょうばこ》（写真12）と言いまして、書状を入れてやり取りする箱です。蓋の周囲に葵の葉をつないで廻らせています。菊にトンボや蝶、カタツムリなどを彫っています。朱を塗り重ねて彫るので、堆朱と呼ばれる彫漆の一種です。象谷の彫りの技術が見られる十代藩主松平頼胤の御用品です。

写真12：堆朱文箱

松平頼胤の進物品となり高まった名声

1851（嘉永4）年、象谷は藩主松平頼胤より、象谷の代表作の一つ、「忘貝香合」（写真13）の制作を命じられます。「松山農《の》厺《まつの》浦風《うらかぜ》 吹よせは 拾《ひろ》飛《ひ》天《て》忍《しの》遍《へ》 恋忘貝」とあります。これは、『後拾遺和歌集』にある中納言定頼卿の歌をモチーフに参勤交代の手土産にするために作られたものです。讃岐にちなむものなのに、なぜ松山なのか。これは愛媛県の松山市ではありません。高松から浜街道で坂出市方面に向かいますと、五色台のトンネルがあります。そこを抜けて下ったところが、平安時代からずっと続く松山の津という港があったところです。この松山の津に着いて、菅原道真は国府のあった府中に赴任し、崇徳上皇もここに上陸しました。今でも松山小学校や松山農協など名残が残っています。つまり、坂出市にある松山地区にちなむ句です。

　この句は、「松山の松の浦を吹く風が吹き寄せたら、拾って耐え忍んでください。都恋しさを忘れるという名の忘れ貝を」という意味です。実は「忘貝」という貝は存在しません。ただ単に、ハマグリに似た貝を「忘貝」と称しているだけです。朱漆の地文は青海波《せいがいは》で、朱を塗り重ねた上に黒を塗り重ねて彫っているので、堆黒と言います。藩主松平頼胤に命じられて制作し、和歌の文字の数だけ18合作っています。全部で18合あるのです。ふたの裏の内側側面と身の内側の側面に、一文字ずつ隠し文字を入れています。美術館にある「忘貝香合」は隠し文字が「松」「は」「天《て》」のものがあります。香川県立ミュージアムには「農《の》」「山」「風」があり、重要美術品に指定されています。ミュージアムに3点、美術館に3点あります。全部で18合作られていますので、まだほかにあるとは思いますが、今私が所在を

写真13：狭貫彫堆黒松ヶ浦香合（重要美術品）

分かっているのはあと二つです。残りは戦災で焼けてしまったかもしれません。十代藩主松平頼胤の進物品となり、江戸城内で有力大名に配られ、象谷の名声は高まっていきました。

そして、これは翁香器《おきなこうき》です（写真14）。十代藩主頼胤は非常に能が好きだったので、「三番叟」の翁を題材にしています。これも、朱の上に黒を塗り重ねて彫っている堆黒と言います。

高松フェリー通りに興正寺別院というちょっと風変わりな外観の寺院がありますが、その本山、興正寺は京都の西本願寺の南隣にあります。興正寺の住職は代々「門跡」（公家出身の住職）の格式を持っていました。当時の門跡は本寂《ほんじゃく》上人と呼ばれた人です。興正寺別院に本山から使いの僧がやって来て、象谷は出来合いの富士山の図の堆朱の香合を献上しました。しばらくして、今度は堆朱の篳篥《ひちりき》の箱（写真15）を作るようにという注文がありました。ところが、どんな図柄にしていいのか分からなかったので、象谷は京都の興正寺まで出かけて聞

写真14：狭貫彫堆黒翁香器

写真15：堆朱篳篥筥
（高松市指定有形文化財）

きに行きます。すると門跡がぜひ会いたいということになりまして、といっても、礼服を持ち合わせていないし子どもも二人連れていると言うと、構わないということで拝謁して非常に感激したという記述が、象谷の『御用留』に書かれております。

篳篥は、笙と同じく雅楽の楽器です。これは横から見たところです。この作品が出て来たときはびっくりしました。締めの裂に虫が入っていて、京都で修復して70万円かかりました。蝶番は金でできています。すごく良いものです。

次に「手向山香盒」です（写真16）。菅原道真没後百年ごとに万灯会、五十年ごとに半万灯会を行います。灯明をつるして菅原道真の霊を慰めるものですが、１８５２（嘉永５）年は北野天満宮の九五〇年忌祭で、宿坊である林静坊から、妹婿の河内屋直三郎を通じて奉納の依頼がありました。それで象谷は、古今和歌集にある菅原道真の歌、「このたびはぬさもとりあへずたむけ山紅葉の錦神のまにまに」の上の句「古能太飛盤《このたひは》」と紅葉一枚を彫った香合を奉

写真16：讃岐彫堆朱手向山香盒
（高松市指定有形文化財）

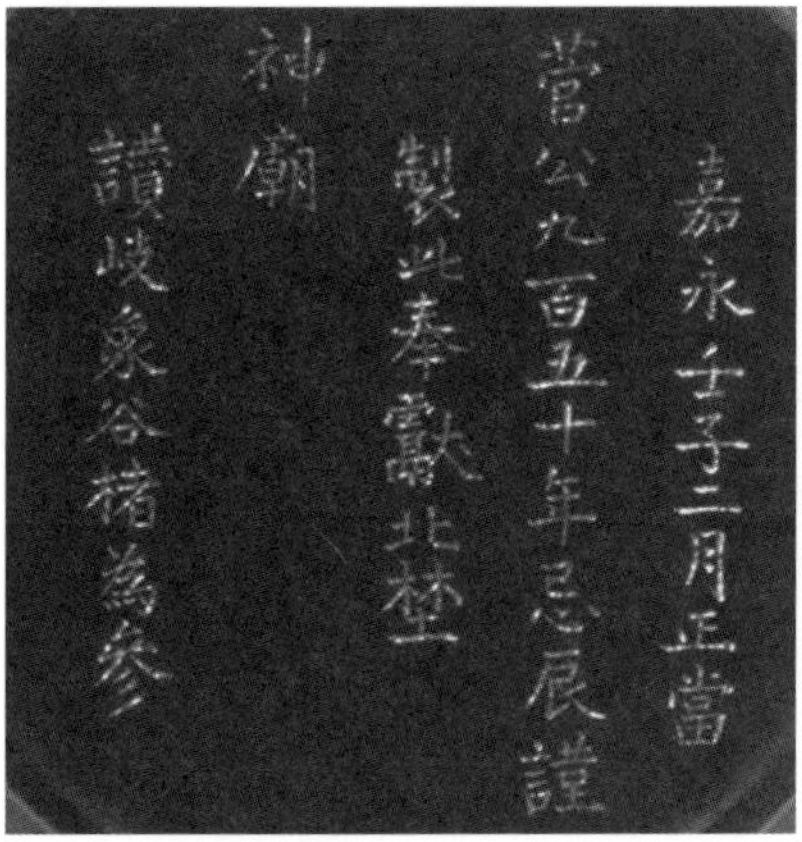

写真17：「讃」の字

納します。これはその「手向山香盒」の身の底（写真17）ですけれども、「嘉永壬子二月正當 菅公九百五十年忌辰謹 製此奉獻北埜 神廟 讃岐象谷楮為參」とあります。またこの字を見てください。香盒の箱のふたの裏にびっしりと奉納のいきさつを書いています。こういう細かい字がやはり得意だったんですね。

研究の障害となった多くの偽物

余談になりますが、この「讃」（写真17）の字がお分かりになりますか。普通は旁《つくり》が「「夫」が二つですが、簡略化して「共」という字になっています。それから、「讃岐象谷楮為參」の「楮為參」とは何だろうということがあったり、「九百五十年忌辰」の「辰」の字が横棒ではなくてカギ状になっていたりします。これが象谷の鑑定をするときにポイントになる異体字の癖なのです。時間があればまた後でご説明しますが、象谷の作品は、99パーセントが偽物です。逆にそれだけ高値で売れたのでしょう。象谷の研究の一番大きな障害は偽物が多いことです。偽物がほとんどという中、本物を導き出すのが至難の業でありました。

これは象谷の存清の代表作の「存清鏡筥」です（写真18）。

写真18：存清鏡筥（香川県指定有形文化財）

志度にある圓通寺《えんつうじ》に奉納したものです。当時の圓通寺の住職、周澄《しゅうちょう》は非常に古いものが好きで、象谷が持っていた銅鏡を所望されていたので、鏡箱を作って奉納したという作品です。存清というのは、色漆で絵を描いて、輪郭線や細かい葉っぱの形状などを彫るということで、これも彫りがポイントになります。

そして、こちらが象谷の畢竟《ひっきょう》の名作の「堆朱鼓箱」です（写真19）。これはすごいです。まず朱漆を塗り重ね、黒を何回か挟んでまた朱を塗り重ねて、上下に朱を二層構造とし、上の層にボタンとチョウ、下の層に菊を彫った二重彫りになっています。内部に大鼓と小鼓が対に入ります。こちらは高松市美術館にある展開図の下図です。赤の濃い部分が上の層、淡い部分が下の層、真ん中の白く抜いた部分には葵の紋が入ります。

制作の途上、藩主の前で鼓箱の彫りの実演が二度ありました。そして象谷は、次のような狂歌を詠んでいます。「たらちねの 親子もろとも 腹つゝみ うちてよろこふ けふのみことは」「うれしさは 夢か現か 久方の 雲井にのほる こゝちせられて」。つまり、藩主に目の前で彫りを見てもらって、非常に感激をして詠んでいるということです。その後食事が出されます。お吸い物膳は黒塗りの宗和膳、お吸い物は豆腐と卵と白みそ。白みそはこの頃からあったのですね。ひらめの煮付けは大平鉢に、卵焼

写真19：堆朱二重彫鼓箱
（重要美術品、香川県指定有形文化財）

きは土器につけられていました。象谷はこの時、絶頂期を迎えていました。

その後、象谷は藩主と非常に親しくなって、藩主の私的空間にまで入り込めるようになります。そして、そこの奥女中と親しくなり、奥女中４人に生菓子の薄皮餅を重箱に入れて贈ったところ、今度は奥女中より、その重箱に鯛を二枚入れて返してきました。それで象谷はまた狂歌を詠んでいます。「浦島の 玉手箱には あらねとも あけてくやしき 此重の内」。象谷というのはお高くとまっていて非常に気難しいと思われてきましたが、これを見てください、奥女中にちゃんと付け届けをしているというしたたかさというか、人間味のある人物であることが分かります。

これは井伊直弼の注文で作った水指棚（写真20）です。天板を上から見ると、中央にボタン、周囲の正方形状の枠に菊を二重に囲っています。彩色蒟醤の最初の作品です。彩色蒟醤というのは、それまでの蒟醤は赤と黒の二色ですが、緑、茶色、黄色が加わり、極彩色の蒟醤になるわけです。この水指棚を載せた御座船が、玉藻城（高松城）の月見櫓の水手御門から海路で参勤交代の途につくわけですけれども、黒船の来航により、藩主頼胤は帰藩することはありませんでした。ぷっつりと藩主と象谷の糸が切れてしまったのです。

次に、蒟醤とは何かということですが、これはミャンマーの蒟醤（写真21）、彩色蒟醤

写真 20：彩色蒟醤水指棚
（高松市指定有形文化財）

です。さっき見た井伊直弼の水指棚のもとになったものです。黄色、緑、茶色、赤、黒といった当時の極彩色を使った蒟醤です。宮廷生活を描いています。蒟醤《きんま》は、もともとはタイ語の「キン・マーク」です。キンは食べる、マークはビンロウ樹の実です。インドからアジアの南東部にかけての熱帯アジア地域では、キンマの葉に水で溶いた石灰を塗り、細かく切って乾燥させた檳榔子（檳榔樹の実）を巻いて嗜好品として噛む風習があります。檳榔樹というのは小型のヤシのようなものだと想像してください。「キン・マーク」すると、非常に爽やかな気分になるので、来客があると、この容器に入れてキンマを勧める風習があります。中に懸け子がありまして、上に檳榔樹の実と貝灰、下にキンマの葉っぱを入れるようになっています。ですから、キン・マークというのはタイ語で、それを入れる容器、容器にほどこされた文様のこともキンマと呼ばれるようになったわけです。もともとタイ語ですので読めなくて当たり前です。

写真21：蒟醤懸子付盒子（ミャンマー製）

次にこれが、県立ミュージアムにある旧松平家所蔵の彩色蒟醤の代表作「彩色蒟醤御料《りょう》紙《し》硯匣《すずりばこ》」（写真22）です。国の重要美術品になっています。これは料紙箱と硯箱のセットです。料紙箱というのは書道用の和紙を入れる箱、硯箱はこれです。ペーパーナイフ、千枚通し、太筆、細筆、水滴、硯が付属品として付いています。

模様は中央に四頭の獅子、飾り枠の外側に四羽の瑞鳥、面白いのは四隅のコウモリです。コウモリは日本ではあまりいいイメージではありませんが、中国では漢字の「蝠」が「福」に通じるので、非常に縁起の良いものなのです。それが四隅に図案化されています。

蓋の側面の枠内には、「清《せい》は山林の気を帯び、香《こう》は筆硯の辺に来る」などの漢詩を彫っています。私は最初、すごく洒脱な漢詩を象谷が考えて彫っていると思っていました。象谷はすごく風流な人でかっこいいなと思っていました。ところが、この出典が全部分かりました。『墨場必携』という書道の先生がよく使う、いわゆる漢詩の名句集です。10字と8字の名句が引用されています。象谷の蔵書の中に、市河米庵が編集した『墨場必携』（天保9［1838］年刊）が見つかり、そこに引用された句が全部載っていたのです。それで、ここから引いているだけなのかと、私はちょっとがっかりしました。そういうことも私が研究して分かったことです。

写真22：彩色蒟醤御料紙硯匣
（重要美術品、香川県指定有形文化財）

それでは、まとめです。蒟醤というのは、漆を塗り重ねて彫って、彫った彫り口に別の色漆を埋めて平らに研ぎ出すものです。それから、彫漆は、色漆を厚く塗り重ね、レリーフ状に彫って文様を彫

り表す技法。これは今、高額になっています。中国の元から明のなかなかいいものです。それから、存星（存清）です。中国の存星（写真23）は、彫った線に沈金を入れています。象谷の存清には沈金は入れないので、簡略化したものです。これらを象谷は大徳寺なり本願寺で見て、自分の得意な彫りの技術が生かせる彫漆、蒟醤、存清をやり始めたということです。

　これが、『御用留』（写真24）と呼ばれる象谷の制作台帳と言いますか、手控えです。縦一九・二、横八・二、厚さ一・一センチですから、本当に小さなものです。そこに細かい字でびっしりと書かれています。例えば「忘貝香合」は、「一　忘貝　御香合　数十八」「蓋表　狹貫彫堆黒　香盒　松ヶ浦」と書かれています。項目の終わりには、少し見にくいですが、「香合壱ツヾ、尓右歌之文字壱字ツ、隠し彫付置候」と隠し彫りをした記述があります。これを知った偽物《にせもの》作りは蓋の裏に隠し文字を入れるのですが、身の方に入れるのは忘れています。本来は身のほうにも入っていないと、よく似たものですから、どの蓋が、どの身に対応するのか分からなくなります。そういう意味で隠し文字を入れているのです。

写真 23：存星唐児遊香合

　これは高松松平家の旧宝物庫にあった、堆朱の明時代の大香合です。象谷はこういうものを手に取って見て、あるいは修理もしました。次に松平家の名物「木守」の茶碗です。関東大震災で割れて、残った破片をもとに楽家十三代惺入《せいにゅう》が復元しました。官休庵の代替わりには必ず必要なものです。

ということで、玉楮象谷の足跡を駆け足で見てきました。象谷の研究については、最初は偽物が多すぎて、基準となる作品をどう考えたら良いのか、何から手をつけて良いかの途方に暮れていました。

ところが、1989（平成元）年に「松平家所蔵名宝展」を高松市美術館で開催することになり、その事前調査で松平家にある象谷作品を実際につぶさに手に取って見ることができました。この調査の過程でやっと、松平家所蔵の象谷作品を基準作品としてその特徴がある程度分かるようになり、ほぼ真贋が見分けられるようになりました。こうして高松市美術館で「忘貝香合」3点、「箪笥」、「手向山香盒」、「水指棚」、「御用留」など重要な資料を次々と収集することができました。それでも私の経験では、象谷の本物は5年に1回出てくれば良い方です。それくらい偽物が多いということです。でもやはり、本物が出てきたときの感激は一入です。「一角印籠」など

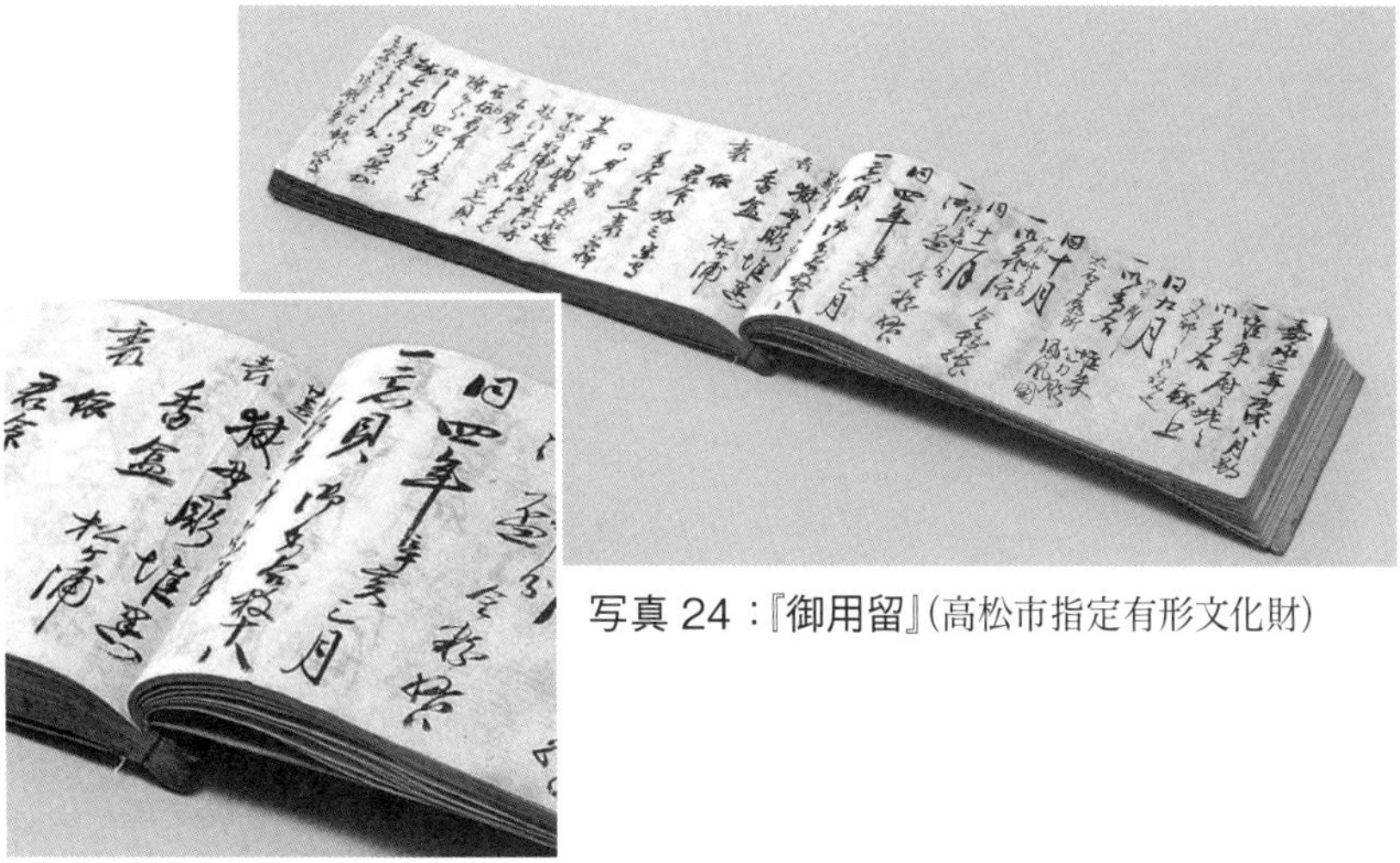

写真24：『御用留』（高松市指定有形文化財）

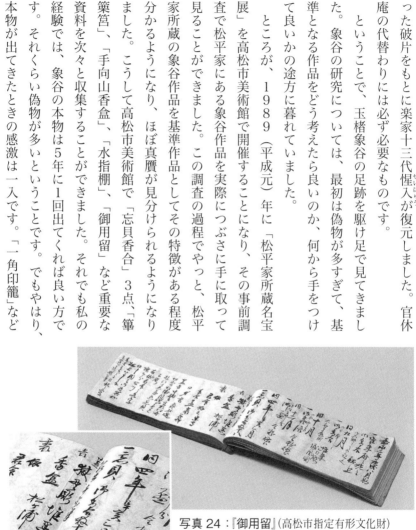

は、出てきたときは本当にぎょっとしました。素晴らしいというより、何だこのグロテスクな変なものはと。でも、非常に強烈に印象に残りました。

そういう意味で、象谷は自分の得意な彫りの技術によって新しい漆芸を切り開き、藩主の進物品となって全国区になっていきました。蒔絵などと比べて讃岐漆芸というのは、やはり彫りと色彩なのです。それを切り開いた象谷という偉大な漆芸家がもとで、今の讃岐漆芸、人間国宝の磯井如《じょ》真《しん》、音丸耕堂、磯井正美、太田儔《ひとし》、山下義人、大谷早人というように、人間国宝の系列につながっているということで、香川県としても、特徴的なほかの地域にないものなので、大事に継承していきたいと思っています。特に、彫りでレリーフ状のものは、平面的な塗りではなくて凹凸がありますから見ていて面白いのです。

ということで、時間になりましたので、今日の玉楮象谷の話はこれで終わらせていただきます。ありがとうございました。

質問に答えて

全国漢文教育学会評議員 田山泰三
香川県文化芸術局美術コーディネーター 住谷晃一郎
司会
RSK山陽放送アナウンサー 新田真子

司会：それでは質問コーナーに移ります。田山先生、住谷先生、よろしくお願いいたします。

最初の質問です。柴野栗山さんは儒学だけでなく、幅広い知識を持っていたということですが、どこでそれを学んだのでしょうか。

田山：推察ということで、持論をお話しいたします。まず、高松のみならず讃岐というのは非常に先進的な情報が集約されていた地域だったと思えます。例えば、弘法大師を考えてみますと、これは司馬遼太郎さんの文章なんですが「屏風ヶ浦で遣唐使船の出港を見ている」ということを書いております。とすると、遣唐使船というものは、新幹線のように毎日定刻に出ているのではないのです。何年かに一回、それも非常に重々しい任務を持って瀬戸内海を航行している訳なんです。その情報を、幼き空海は知っていました。そこに、いわば中央と地方との情報の交流があったというふうに思えてくるんです。

余談で、私はこれはけしからんと思うのですが、空海は讃岐で生まれたのではないと言う人がいるんです。当時の出産というのは、母方の里で行われていたので、善通寺ではないだろうという説と、もう一つ、あれだけの秀才を讃岐みたいな田舎で教育できるはずがないという人が居るのです。本当にけしからん考え方です。つまり、文学でも、歴史の上でも、語学の上でも、空海を導けるような教育風土がこの讃岐の地に存在していたのですが、それと同じように江戸時代では、高松藩は親藩松平家ということで中央政府の情報はわりと早い時点で高松に到達しておりましたし、同時に人材育成に関して高松藩は非常に熱心でした。ですから、私塾の隆盛というものもありましたし、あるいはわりと早くから文学の上でも、絵画の上でも、芸術の上でも、素晴らしい先見の努力の賜物であるというふうに思います。

住谷先生の話も横で拝聴いたしましたが、例えば玉楮象谷の作品にしても、今展示されている「衆鱗図」にしても、皆さんご存じのとおり、誰が描いたか分かりません。けれど、あれだけの博物図譜ができるだけの芸術空間、芸術風土が高松にはあった。それと同じように、いわゆる柴野栗山、さらには平賀源内という二人の秀才を導けるだけの教育風土が高松にはあったというふうに思えるわけです。

司会：ありがとうございます。

象谷さんもいろいろな国の技法を採り入れているということですが、京都で作品を見ただけで作れるものなんでしょうか。例えば、作品の作り方であったり、ヒントというのはあったのでしょうか、というご質問です。

住谷：私が象谷について研究する前は、象谷は藩主の命で京に上って、そこで讃岐漆芸の技術を習得したという俗説がありました。ところが、象谷が作り出した彫漆《ちょうしつ》・蒟醤《きんま》・存清《ぞんせい》というものは、象谷が初めてつくり出したものでして、京都に行っても蒔絵の先生しかいないので、誰かについて技法を学んだというわけではありません。本願寺の大含《たいがん》上人に「紅葵盆」を見せられたという記述が『御用留』にもありますが、それをじっくり見て、それで高松に帰って5年くらい工夫してやってみたけれども、うまくいかず恥ずかしいと言う件《くだり》があります。

やはり工芸家は、ものをみればどうやって作っているかがだいたい分かります。ですから、それを脳裡に焼き付けて試行錯誤を繰り返して独自の漆工法を生み出したというのが、実際のところではないかと思います。いや、そうですと言い切っても良いと思います。実証されていることなので。

司会：ありがとうございます。

続いて、田山先生へのご質問です。当時の日本は世界との交流を行っていたのですか、というご質問をいただいています。鎖国の時でもあったというお話もありましたので、どうなんでしょうか。

田山：最近では、歴史の授業でも「鎖国」という言葉を使わなくなっています。すでに徳川幕府が限られた国との交渉を限定したという事態であっても、例えばオランダとはご存じのとおり交流がございました。さらには、ロシア、あるいは朝鮮半島、そして琉球、ベトナムとの交流があったし、あるいは明とか清とかとの交流もあったというふうに考えられています。ただ、栗山先生、ひいては高松藩の教育風土の一つだと思うのですが、ざっくばらんに言いますと、「人の話を聞きなさい」という教育は、高松においてものすごく重要視されたと思っています。

そのような、いわば情報を集めるという重要性、この風土がすでに高松にはあったのではないか。つまり、人の話を聞くことにより、あるいは文章を読むことによって自分の知識を積み重ね、判断に役立てようというふうな教育風土があったのではないかと思っています。この栗山という人、残念ながら、栗山個人に関する資料というものが幕末騒動、ひいては太平洋戦争においてかなり焼失しました。そういうわけで、例えば先ほどの話の中で紹介いたしました栗山とロシア使節・ラクスマン、レーザーノフとの資料というものは、一生懸命に探している大学の先生もおられるのですが、残念ながらいまのところ見つかってはいません。ですが、そのような形で若き松平定信を導いた栗山先生の沈着冷静な判断力というのは、やはり高松藩の教育風土ではないかと私には思えるのです。

それからもう一点、発展的な話をさせてください。東洲斎写楽という絵師がおります。最近の研究では、阿波藩の能楽師と言われているわけですが、住谷先生が隣に居られるので恐れ多いことを申し上げるのですが、たとえ東洲斎写楽たる人が阿波藩の能楽師であっても、私は写楽が画業を磨いたのは、高松藩の力だと思っています。今日も客席に、平賀源内顕彰会の方々が見えておりますが、例えば源内にあれだけの画力があれば、江戸時代に油彩を描き、それだけの画力を持っていた源内にそのような画力を持たせる、いわば画力の師から徒弟への伝授、そして源内は誰を描いたかといったら、西洋婦人像なわけです。別には自画像というものも存在するのですが、そのような、西洋画によく描かれるようなモチーフを描く。そういうふうに、ただ単に画業のみならず、絵の題材にいたるまで、讃岐、ひいては四国東部において非常に重要な情報空間が成立していたというふうに思っています。

司会：ありがとうございます。

続いては住谷先生へのご質問なんですが、栗山さんと同様、松平家で育ち、幕府のもと、その作品が育っていったんでしょうか。時代背景などを教えてくださいというご質問です。

住谷：高松という所は、地政学的に重要な要衝の地、つまり西国を監視するうえで非常に重要な場所です。そして、常に江戸にアンテナが向いています。ですから、中央から伝わる新しい情報には非常に敏感で、そんなに排他的なところもないので、直に江戸の情報が入ってきますので、非常に文化度の高い土地柄と言えるのではないでしょうか。

また、先ほどお話ししましたように、三日三晩、金毘羅船に揺られれば、上方には行けますので、当時は不便だと思わるかもしれませんが、交通の便は決して悪くない。それもあって、文化的には非常に進んでいるところではないでしょうか。

東京の水戸藩が作庭した小石川後楽園に行くと、何となく栗林公園に似ています。同じ人が造ったわけではありませんが、やはり中国の作庭師の影響を受けてテイストが似ているように感じます。高松の風土はそういうふうに育まれていったのではないかと、私は考えています。

司会：ありがとうございます。

最後、お二人への質問になりますが、田山先生、柴野栗山が明治維新に果たした役割、松平家との関係、そして子孫は現在ご健在なのでしょうかというご質問をいただいております。また、講道館との関係はいかがでしょうかというご質問にも合わせてお答えください。

田山：いま、４つのご質問をお預かりしましたので、一つずつお答えします。

栗山に関しては先ほどお話ししたとおり、記録の上では栗山自身は子なしです。ただ、養子として甥の碧海《へきかい》を迎えるのですが、ここでもまた子孫が途絶えてしまい、今は柴野家ゆかりの方は県内外に何人もいらっしゃいますが、嫡系という方は、今はいらっしゃらないのです。

それから、明治維新に果たした役割なんですが、先ほど「寛政の三博士」ということをお話ししましたが、その中でも最後に紹介しました古賀精里（佐賀藩）ですが、この方の子孫が十九世紀の昌平坂学問所に大きな影響を及ぼしてまいります。幕府儒者たちの外交参与ということを考えていきますと、栗山がどうこうというよりは、「寛政の改革」で活躍した人たちが、そのまま十九世紀、ひいては幕末維新に至るまで活動したというふうに考えていただいたらと思います。そして、維新の後まで幕臣として近代の明治維新後の政府に残ったのが榎本武揚です。彼は昌平坂学問所最後の秀才と言われておりまして、伊藤博文が内閣を組閣したときに、旧幕臣で唯一内閣に入った人ではないかと思っています。

それで、高松藩の後藤芝山《しざん》との付き合いなんですが、先ほど紹介しましたように、高松藩校講道館の初代総裁が後藤芝山です。だけど、その時には栗山は芝山先生の元で学んで終わっていて江戸に出ています。その後、柴野栗山そのものと松平家との直接の交流を物語る史料は残っていないと思います。ただ、明治39（１９０６）年に没後百年を偲ぶ「栗山先生百年祭」という大きな催しが行われておりまして、その時中心になったのが松平頼壽《よりなが》です。この頼壽さんがいわば岡内清太を通じて香川県の教育界に声を掛けて「栗山先生百年祭」という大きな催しができ、そして今でも栗山記念館でわれわれを迎えてくれている栗山先生の木像ができたり、いろいろな講演会や出版物などもその時に開催、発行されたのです。ですから、松平家と栗山を検証する直接の動きとしては明治39年の「栗山先生百年祭」で、それ以降現在に至るまで、高松においては12月1日に「栗山祭」が挙行されております。

司会：ありがとうございます。続いて、住谷先生、お願いします。

「一角印籠」が出てきた高松の旧家というのは、どこなのでしょうか。詳しく知りたいですとのことです。そして、偽物がたくさんあるということですが、本物がどうかの判断が付かない物は結構あるのでしょうか。

住谷：「一角印籠」がどこから出てきたかは、個人情報になりますので申し上げられません。

ここで、象谷の贋物について少しお話をしておきたいと思います。先ほども「手向山《たむけやま》香盒」のところでちょっと触れましたが、いつくか真贋を見分けるポイントがあります。まず第一に、象谷の書き記した制作日記とも言える『御用留』に、その作品についての記述があるかどうかです。これにはもちろん「忘貝香合」の記述もありますし、「堆朱皷箱」も出ています。旧高松松平家の象谷作品は、ほとんど全部載っています。

次に、この「手向山香盒」の器底に彫ってある銘ですが、「讃岐象谷楮為参」と書いています。ですから、「玉楮象谷」と銘は入れていません。旧松平家所蔵の象谷作品を調べますと、「忘貝香合」の箱書には「玉楮敬造」と書いてあります。「敬造」は象谷の通称です。それから先ほどの「為参」とあるのは名前です。そして、「堆朱皷箱」は、器底に「玉楮為参」と銘を入れています。さらに「一角印籠」の箱書には「玉楮正直」とあります。この「正直」は、象谷の字《あざな》です。

ということで、少なくとも旧松平家所蔵の象谷作品は、逆説的な言い方ですが、「玉楮象谷」と銘を入れていない。ということは、逆に言うと、「為三」とか「楮為参」とか銘を入れているものの中に本物があるという推論が成り立つのです。ただ、こういう銘を真似た偽物もありますし、「嘉永四年」とか年号を入れた手の込んだものもあります。ですから、そこは慎重に見極める必要があります。

さらに科学的な判定方法があります。朱の顔料に着目すると、偽物の多くは昭和初期のものですが、象谷の時代のものとは朱の顔料の精製の度合いが違うのです。30倍ぐらいの拡大鏡で覗くと、江戸末期の物は白い粒など不純物が多く含まれていますが、昭和初期のものは不純物がほとんど含まれていません。

ただ、象谷と同時代、たとえば三男の玉楮雪堂《せつどう》とかが彫ったものは同じ顔料を使っていますので、見分けがつきません。ですから、作品が出てきたときにさまざまな角度から見ていく必要があります。ただ単に経験値から、これは良いとかダメだとか感覚的に判断するのではなく、やはりこういうように実証的に割り出さなければなりません。

99パーセントが偽物の象谷作品。最初、鑑定方法を確立するまでは大変でしたけれども、それだけに魅力的でなかなか面白い漆芸家だと思います。

司会：どうもありがとうございます。この他にもご質問をいただいているのですが、時間となりましたので、これで質問コーナーを終わりたいと思います。

田山先生、住谷先生、素敵なご講演、そして皆さんからいただいた質問にお答えいただき、ありがとうございました。

図版所蔵・提供一覧　講演1

12頁　写真1：松平頼重木像　公益財団法人松平公益会蔵
13頁　写真2：『洋外紀略』　安積国造神社蔵
写真3：安積艮斎門人帳（福島県指定重要文化財）　安積国造神社蔵
14頁　写真4：守山藩御用留帳　郡山市歴史資料館蔵
15頁　写真5：柴野栗山　国立国会図書館蔵
16頁　写真6：竹林圍棋図（部分）　柴野栗山顕彰会蔵
写真7：久保正彰東京大学名誉教授　日本学士院提供
17頁　表1：柴野栗山関連年譜　田山泰三氏作成
18頁　写真8：後藤芝山『読本四書』　国立国会図書館蔵
19頁　写真9：湯島聖堂　長崎大学附属図書館蔵
20頁　写真10：平賀源内　国立国会図書館蔵
写真11：皆川淇園　国立国会図書館蔵
写真12：高山彦九郎　国立国会図書館蔵
21頁　写真13：長久保赤水　高萩市歴史民俗資料館蔵
写真14：長久保赤水「改正日本輿地路程全図」　右下に栗山の漢文を掲載　高萩市歴史民俗資料館蔵
22頁　写真15：栗山文集　田山泰三氏蔵
24頁　写真16：菊池五山『五山堂詩話』　田山泰三氏蔵
25頁　写真17：岡田寒泉　国立国会図書館蔵
写真18：古賀精里　国立国会図書館蔵
26頁　写真19：朱子学のテキスト『四書集註 論語』　序説（中）、巻之一（左）　国立国会図書館蔵
27頁　写真20：亀田鵬斎　国立国会図書館蔵
28頁　写真21：「近代教育発祥の地」の案内板（東京都文京区）　田山泰三氏撮影
29頁　写真22：大黒屋光太夫・磯吉の画幅（左が光太夫）　鈴鹿市提供
30頁　写真23：松平定信　国立国会図書館蔵『近世国民史』より
31頁　写真24：頼山陽　頼山陽史跡資料館蔵
33頁　写真25：柴野栗山木像　柴野栗山顕彰会蔵

図版所蔵・提供一覧　講演2

36頁　写真1：玉楮象谷　佐藤紳朗氏撮影
37頁　写真2：堆朱四角 牡丹唐鳥 盆　高橋章氏撮影『玉楮象谷伝』より、高松市美術館蔵
38頁　表1：玉楮象谷関連年譜　住谷晃一郎氏作成
39頁　写真3：玉藻城址　田山泰三氏撮影
40頁　写真4：異国船渡来之図　津山洋学資料館蔵
42頁　写真5：木無満飯篭（タイ製）　高橋章氏撮影『玉楮象谷伝』より、高松市美術館蔵
43頁　写真6：一角印籠（重要美術品）　高橋章氏撮影、高松松平家歴史資料（香川県立ミュージアム蔵）
写真7：一角印籠（拡大）　高橋章氏撮影、高松松平家歴史資料（香川県立ミュージアム蔵）

44頁　写真8：重（犀角製）　高橋章氏撮影、高松松平家歴史資料（香川県立ミュージアム蔵）

45頁　写真9：イッカクの牙（中央の棒状のもの）　くじら工芸の店提供

46頁　写真10：紅花緑葉鞍　高橋章氏撮影、高松松平家歴史資料（香川県立ミュージアム保管）

写真11：蒟醤鐙　高松松平家歴史資料（香川県立ミュージアム保管）

47頁　写真12：堆朱文箱　高橋章氏撮影、高松松平家歴史資料（香川県立ミュージアム蔵）

48頁　写真13：狭貫彫堆黒松ヶ浦香合（重要美術品）　高橋章氏撮影、高松松平家歴史資料（香川県立ミュージアム蔵）

49頁　写真14：狭貫彫堆黒翁香器　高橋章氏撮影、高松松平家歴史資料（香川県立ミュージアム蔵）

写真15：堆朱篳篥筥（高松市指定有形文化財）　高橋章氏撮影『玉楮象谷伝』より、高松市美術館蔵

50頁　写真16：讃岐彫堆朱手向山香盒（高松市指定有形文化財）　高橋章氏撮影『玉楮象谷伝』より、高松市美術館蔵

写真17：「讃」の字　高橋章氏撮影『玉楮象谷伝』より、高松市美術館蔵

51頁　写真18：存清鏡筥（香川県指定有形文化財）　高橋章氏撮影、圓通寺蔵

52頁　写真19：堆朱二重彫皷箱（重要美術品、香川県指定有形文化財）　高橋章氏撮影、高松松平家歴史資料（香川県立ミュージアム保管）

53頁　写真20：彩色蒟醤水指棚（高松市指定有形文化財）　高橋章氏撮影『玉楮象谷伝』より、高松市美術館蔵

54頁　写真21：蒟醤懸子付盒子（ミャンマー製）　高橋章氏撮影『玉楮象谷伝』より、高松市美術館蔵

55頁　写真22：彩色蒟醤御料紙硯匣（重要美術品、香川県指定有形文化財）　高橋章氏撮影『玉楮象谷伝』より、高松松平家歴史資料（香川県立ミュージアム蔵）

56頁　写真23：存星唐児遊香合　高橋章氏撮影『玉楮象谷伝』より、高松市美術館蔵

57頁　写真24：『御用留』（高松市指定有形文化財）　高橋章氏撮影、高松市美術館蔵

二宮忠八

浮田幸吉

鳥になった男たち

二宮忠八　（にのみや・ちゅうはち　1866〜1936）

伊予国八幡浜浦（現八幡浜市）で生まれた二宮忠八。陸軍従軍中に群れ飛ぶ烏を見て飛行原理を発見し、ゴムを動力にした4枚羽のプロペラを持つカラス型飛行器を製作。1891（明治24）年丸亀練兵場で、高度1メートル、飛行距離30メートルを飛び、日本初のゴム動力模型飛行機が飛行実験に成功した。アメリカのライト兄弟の有人飛行の12年前である。その後、人を乗せて飛べる玉虫型飛行器を考案し、わが国における飛行機開発の先駆者となった。忠八はまた、製薬業界でも名を成し、晩年は京都に飛行神社を建て航空犠牲者の鎮魂に尽くした。

浮田幸吉　（うきた・こうきち　1757〜1847）

忠八に先立つこと106年。岡山城下で腕利きの表具師であった浮田幸吉は、ハトが空を飛ぶメカニズムを独自に研究。表具師の技を応用し、竹を骨組みにして紙と布を張り合わせた翼を製作。1785（天明5）年夏、旭川に架かる京橋の欄干から飛び立ち50メートルほどの日本で初めての有人飛行を行ったという。しかし、見たこともない翼である。町は大騒動となり幸吉は所払いの刑をうけた。シンポでは、航空工学の専門家が幸吉の翼のメカニズムを解剖するほか、模型を作って幸吉の飛行を再現する。

講演１

飛行機発明の先駆者 二宮忠八

八幡浜市美術館学芸員
井上千秋（いのうえ　ちあき）

八幡浜市出身。女子美術大学造形学部卒業後、１９９６年八幡浜市に学芸員として入庁。市の文化行政に携わる。郷土ゆかりの人物や事象の掘り起こし、美術館の作品収集、展覧会の企画運営を手掛ける。「大空への挑戦展（二宮忠八展）」「郷土が生んだ力士たち展」など郷土企画のほか、「近代西洋絵画名作展」などの特別展も担当している。２０２０年４月～９月愛媛新聞にコラム『四季録』を連載。

ただ今ご紹介いただきました八幡浜市《やわたはまし》美術館で学芸員をしております井上千秋と申します。お聞き苦しい点もあるかと思いますが、どうぞよろしくお願いいたします。

愛媛県八幡浜市出身の二宮忠八（写真１）ですが、先ほど司会の方からご紹介がありましたように、「香川県まんのう町でカラスが飛ぶ姿を見て飛行の原理を発見した」また、同じく「香川県丸亀市の練兵場で飛行実験に成功した」ということで、愛媛県出身ではあるのですけれども、香川県でも顕彰をしていただいています。まんのう町には二宮忠八飛行館があり、そちらで二宮忠八が紹介されています。

本日は、「飛行機発明の先駆者　二宮忠八」と題し、忠八の生涯を追いながら、飛行機発明にかけた情熱とその人物像、八幡浜市で行っている忠八顕彰の取り組みなどもあわせて紹介していきたいと思います。私は文化系の人間で、どうして飛行機が飛ぶのかという飛行の原理や忠八が飛んだ原理をご説明するのは苦手なので、忠八の生涯を追って話を進めていきたいと思います。

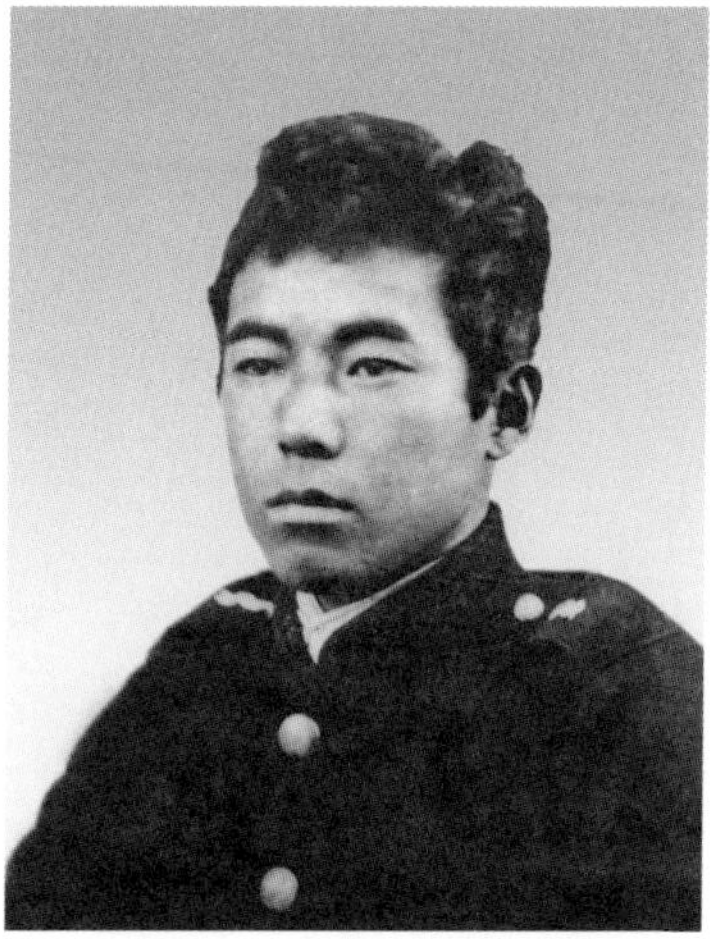

写真１：二宮忠八（22歳頃）

学費づくりに役立てた凧づくり

二宮忠八は、１８６６（慶応２）年６月９日、伊予国八幡浜浦（現八幡浜市）の海産物を扱う屋号「大二屋《だいじゃ》」という富裕な商家の子として生まれます（表１）。幼少の頃より神童の誉れ高い忠八でしたが、７歳の頃家業が倒産し、借金の返済に奔走した父は、忠八が12歳の時に他界します。忠八は進学の夢を諦め、呉服屋、活版印刷所の文選工で家計を支えることになります。

働きながらも、夜は地元の私塾で、国学、漢学、南画を学び、幅広い知識と才能を培います。その学費づくりに役立ったのが凧づくりでした。幼いころから凧を揚げるのが好きで、12歳頃からは自分で新型を作り揚げていました。仕事から帰ると、夜に凧を作り、問屋へ売って学費を稼いでいました。

彼の作る数々の凧は、色や形、その用途に様々な工夫を凝らしており、つばめ凧・とんび凧・こうもり凧・えい凧・だるま凧・風船凧、凧の凧などがあり、京都府八幡市の飛行神社の資料館には忠八直筆の凧図が残されています。飛行神社については後ほどご紹介いたします。

「風船凧」は細い竹で卵型の籠を作り、それに紙を貼った立体的なもの（写真7、78ページ）、「凧の凧」は糸を引くと子凧がヒラヒラと手元に滑り降りる仕掛けのもの(写真8、78ページ）で、ビラまき用・宣伝用として実用的価

表1：二宮忠八関連年譜

西暦	和暦	
1866年	慶応2年	伊予国八幡浜浦（現八幡浜市）に海産物問屋の四男として生まれる
1878年	明治11年	父親・幸蔵病死。学資を得るため自ら考案した「忠八凧」を作って売る
1880年	13年	伯父の薬屋で働き、薬学の基礎を学ぶ
1882年	15年	働きながら、漢学、国学、南画を学ぶ
1887年	20年	香川県の丸亀歩兵第12連隊第1大隊に看護卒として入隊
1889年	22年	カラスが残飯を求めて滑空する姿から飛行のヒントを得る
1891年	24年	丸亀練兵場で“烏型模型飛行器”の飛翔実験に成功
1892年	25年	複葉の玉虫型飛行機の作製に着手
1893年	26年	翼幅3mの玉虫型飛行器の縮小模型が完成
1894年	27年	参謀長 長岡外史少佐に玉虫型飛行器設計を上申するも却下される その後も度々、飛行機の採用と専門家による研究を上申するも却下
1898年	31年	大阪の大日本製薬（現住友ファーマ）に入社
1900年頃	33年頃	京都府八幡町に転居。石油発動機付き飛行器の設計に取り組む
1907年～ 09年頃	40年～ 42年	ライト兄弟の成功が伝えられる 独力完成を断念。以来、発明について一切黙して語らず
1909年	42年	大阪製薬を設立。社長に就任
1919年	大正8年	忠八の発明が合理的な考案であることが専門家によって証明される
1921年	10年	長岡外史中将が忠八に詫状を送り、自己の不明を陳謝
1925年	14年	安達謙蔵逓信大臣より表彰される
1926年	15年	帝国飛行協会総裁久邇宮邦彦王殿下より有功賞を授けられる
1927年	昭和2年	京都の自宅に飛行神社を建立。殉難者の霊を慰め航空界発展を祈る 勲六等瑞宝章受章
1936年	11年	二宮忠八死亡　71歳（年齢は数え年）
1962年	37年	玉虫型飛行器をイギリス王室航空博物館に寄贈

値を持つものでした。そのどれもが良く揚がるので、『忠八凧』と呼ばれ、文字通り飛ぶように売れたといいます。

15歳の頃、松丸（現愛媛県北宇和郡松野町）で薬種商を営む伯父に見込まれ、その仕事を手伝うことになります。2年半の修業をし、八幡浜に戻って、測量助手の仕事に就きます。さまざまな職種で働きながら学んだ化学や物理学、製図の引き方は、後に飛行機発明につながる下地となりました。

こちらの古い写真（写真2）は、忠八が凧を揚げていたという八幡浜の中心を流れる新川の河原風景です。現在、橋のたもとには、忠八ゆかりの場所として紹介する標柱が建てられています。

こちらは二宮家の家系図です。忠八の祖父である茂吉からのものですが、この右下に「井上千秋」という名前があるのがお分かりになりますでしょうか。実は私です。私は大学を卒業し八幡浜に戻ってきて、この仕事に就いたのが大体30歳くらいなのですけれど、そのころまで忠八さんとゆかりがあることを全く知りませんでした。なぜかと言いますと、私の高祖父は忠八の長兄である繁蔵で、私は繁蔵の玄孫にあたります。作家の吉村昭氏が、『虹の翼』という忠八を主人公にした小説を書いています。吉村氏は徹底した史実調査を行って小説を書くことで有名ですが、この『虹の翼』中で、放蕩の末、家業を潰したのが長兄の繁蔵

写真2：新川と旧明治橋

であることが書かれています。ですので、公言しづらかったのではないかと思います。ただ、祖母に聞いたところ、実際はそこまでひどい放蕩息子ではなかったということですので、今後も機会があれば弁明していきたいと思っております。また祖母から、晩年、忠八さんが成功して人力車に乗って帰ってきたという話も聞いております。祖母はもう亡くなってしまったのですが、もっといろいろ話を聞いておけばよかったと後悔しています。

話を戻します。こちらの図は、先ほど言っていた忠八が作った凧になります。『二宮幼時製の各種凧の自画』という本になっていて、忠八が晩年に作成した直筆のものです（写真3）。この本の巻頭ページには、「飛行原理発明の功績を認められ叙勲を受けた際に、当時を思い出し、昔作成した各種凧の図を収めた。昭和3年、忠八63歳」と書かれています。下の凧は、忠八が晩年作成して八幡浜市に寄贈していただいた凧になります（写真4・5）。

こちらが忠八の直筆の凧の図になります（写真6～8）。たいへん面白い工夫がされていて、例えばだるま凧（写真6）は、眼球が表は金紙、裏は赤い紙を貼り付けてあり、風で目玉がくるくると回るような仕掛けになっていて、それを忠八が揚げていると、子どもたちが歓声をあげたという話も残されています。そのほかにも、蝙蝠凧、船凧、凧の凧など、計16種類の凧図がこの冊子には描かれています。

忠八は、1887（明治20）年21歳の時、丸亀の歩兵第12連隊付の看護卒として入隊します。松丸の伯父のところで薬の修業をした関係から、看護卒という立場は非常に忠八に合っていたようです。そして1889（同22）年11月に、部隊の野外演習の帰路、香川県十郷村（現まんのう町）の樅ノ木峠で昼食を取っていた時に、残飯を求めて40～50羽のカラスが谷を横切る姿を見て、飛行の原理を思い

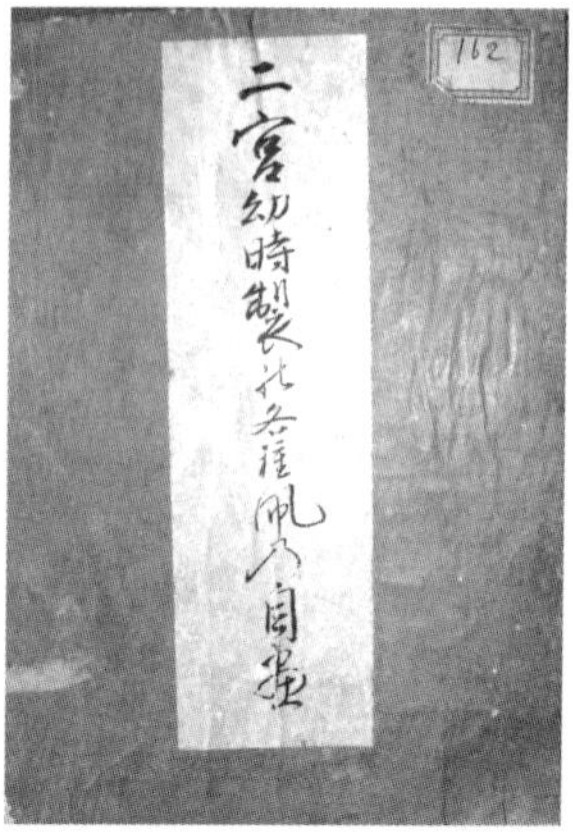

写真3：忠八が作った凧の自画集

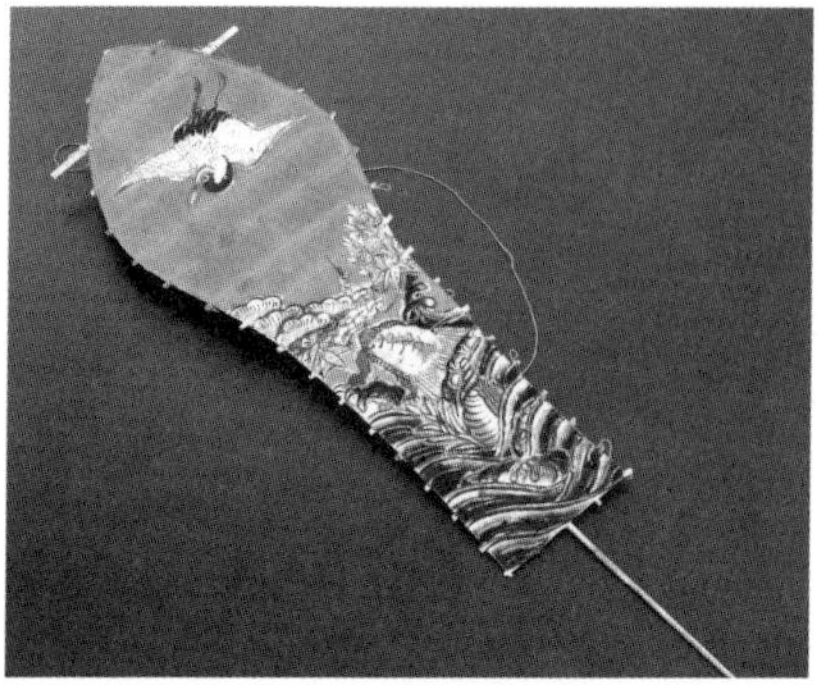

写真4：忠八自作凧

写真5：忠八自作凧

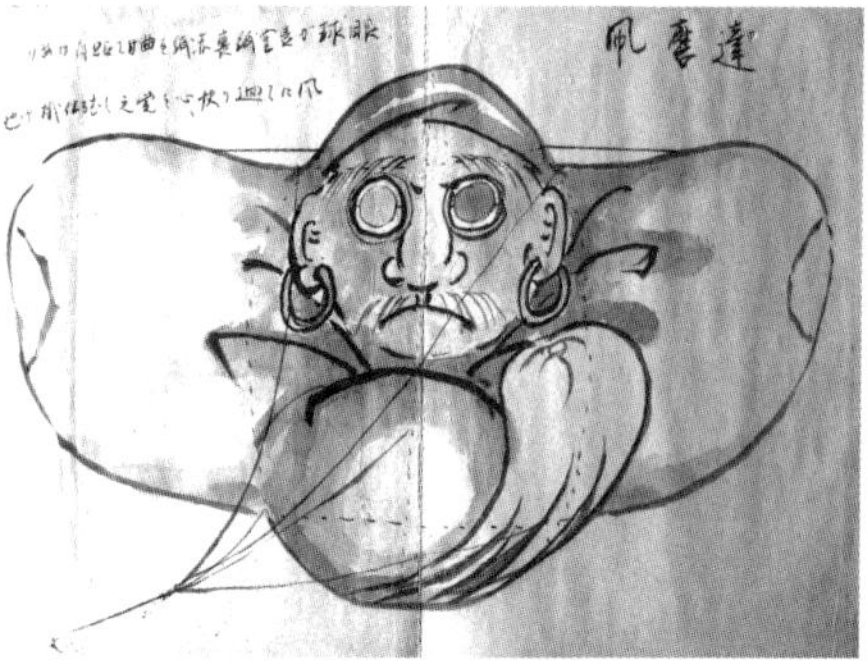

写真6：凧図（だるま凧）

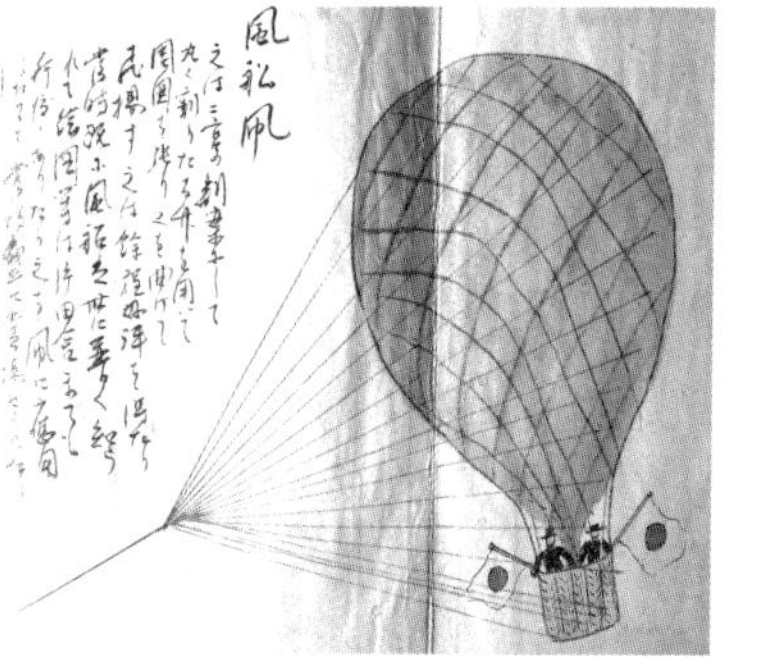

写真7：凧図（風船凧）

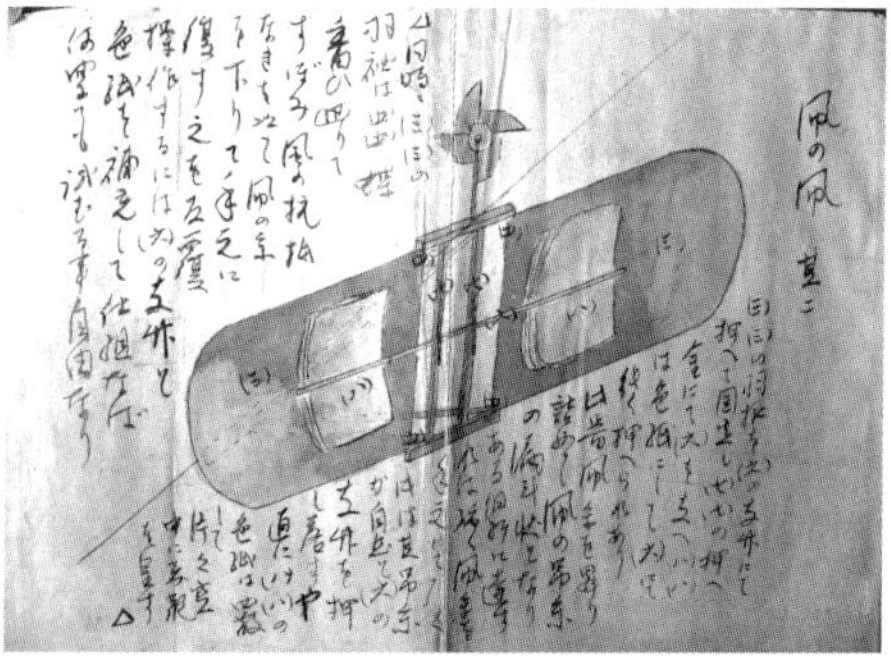

写真8：凧図（凧の凧）

付きます。上昇気流に乗って翼を広げたまま、固定翼で舞いあがっていくカラス。その様子に忠八は、まずカラスが15度くらいの角度で上向きに飛び上がってから、降りる速度で体を空中に浮かせていることに気がつきます。物理学上、一つの物体に「方向」と「速度」の違う二つ以上の力が作用するときは、その力の作る平行四辺形の対角線の方向に「推進力」という原理が働きます。忠八は、カラスが広げた翼に「揚力」が生じ、さらに谷間から吹き上げる上昇気流など複雑な力をうまく利用して滑空している姿から、空気抵抗を利用すれば、翼を羽ばたかせなくても空を飛べるのではないかと考えたのです。また、故郷の川で水面に平たい石を投げて水切り遊びをした時、回転しながら水平に飛んでいく石は水中に沈まずに滑っていったことを思い出します。「抵抗」が物体を上昇させると考えたのです。カラスと水切り遊びの二つが結びつき、彼の空を飛ぶ機械である飛行機を発明する大ヒントとなりました。

こちらが昔の樅ノ木峠の写真です（写真9）。先ほどお話ししたまんのう町の忠八飛行館は、この近くにある道の駅「空の夢もみの木パーク」の中にあります。

忠八が飛行の原理をどうやって発見したかは、天満堂書店が出版した『飛翔の実現』という冊子（写真10・11）に詳細が記述されています。忠八が晩年書きつづった自伝的意味合

写真9：飛行原理を発見したという樅ノ木峠

いの自筆の冊子を後年書籍化したもので、原本は飛行神社の資料館に展示されています。こちらの冊子は八幡浜市所蔵のものです。飛行機発明の動機、飛行原理の発見から、最後は「飛行機発明残骸の光栄」まで全20項目にわたって忠八の言葉でつづられています。

カラス形飛行器でつかんだ確信

さて忠八は、カラスから飛行原理をつかんでから、わずか1年でゴム動力の模型飛行器を完成します。1891（明治24）年4月29日、たそがれの丸亀練兵場で飛行実験が行われました。それはカラスの形をしたもので、船のスクリューにヒントを得た4枚の羽のプロペラ、滑走用の3つの車輪、聴診器のゴム管を細かく裂いて動力とした「カラス型模型飛行器」でした。彼がゴムをいっぱいに張ったプロペラから手を放すと、機体は3メートルほど自力滑走し、離陸して10メートルほど飛行しました。その翌日には、手投げで発進させて約36メートルを飛行させています。アメリカでライト兄弟が飛行実験に成功する12年前に、現代の飛行原理へとつながる

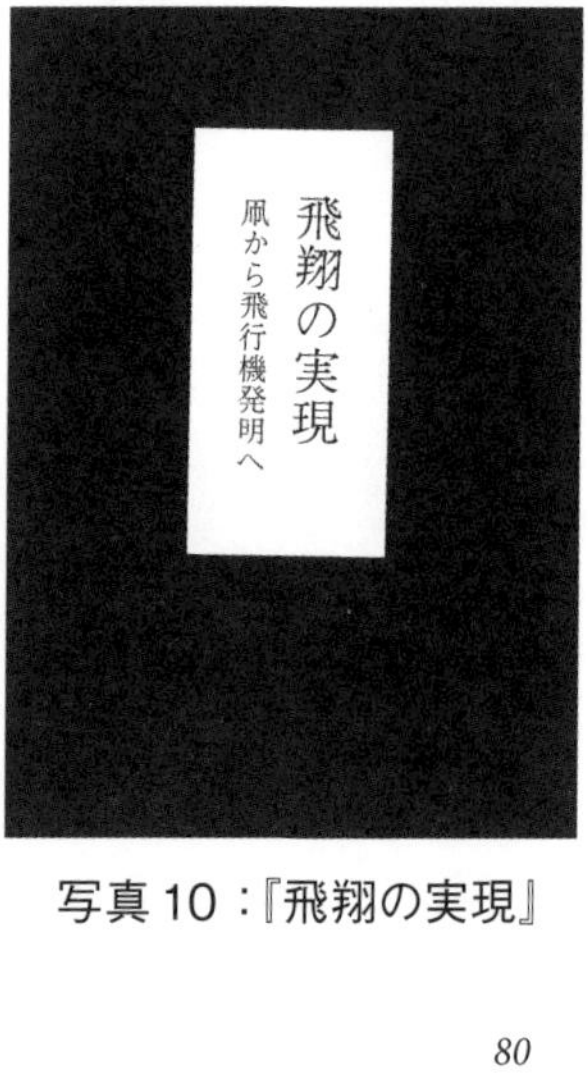

写真10：『飛翔の実現』

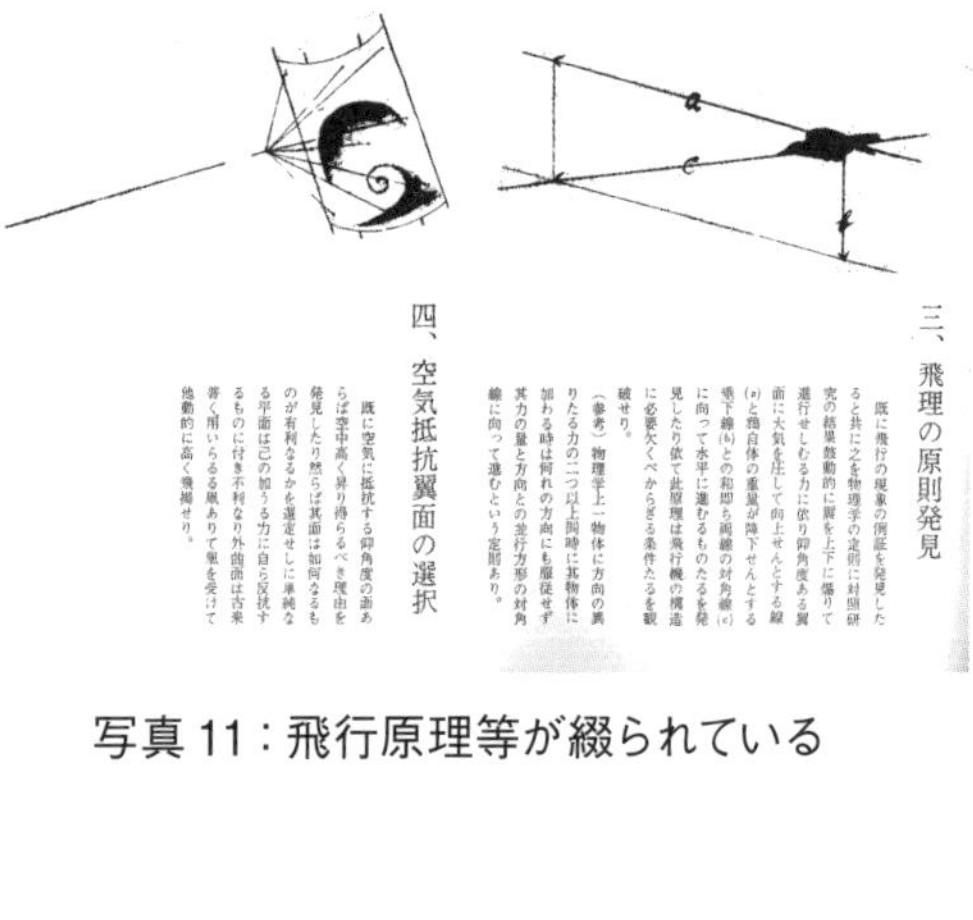

写真11：飛行原理等が綴られている

写真12：
忠八自作の
カラス型模型飛行器
（八幡浜市指定文化財）

動力飛行機が、日本で初めて空を飛んだ瞬間でした。

こちらは、忠八が晩年作成し、八幡浜市に寄贈した「カラス型模型飛行器」（写真12）です。市の文化財に指定されています。主翼は単葉で上反角を持ち、翼の幅は45センチ、全長は35センチで、機首には垂直安定板、機尾には水平尾翼があり、3つの車輪を備えています。陸軍病院勤務であった忠八は、聴診器のゴム管を流用したゴムひもで、4枚羽のプロペラを回転させる方法を取りました。

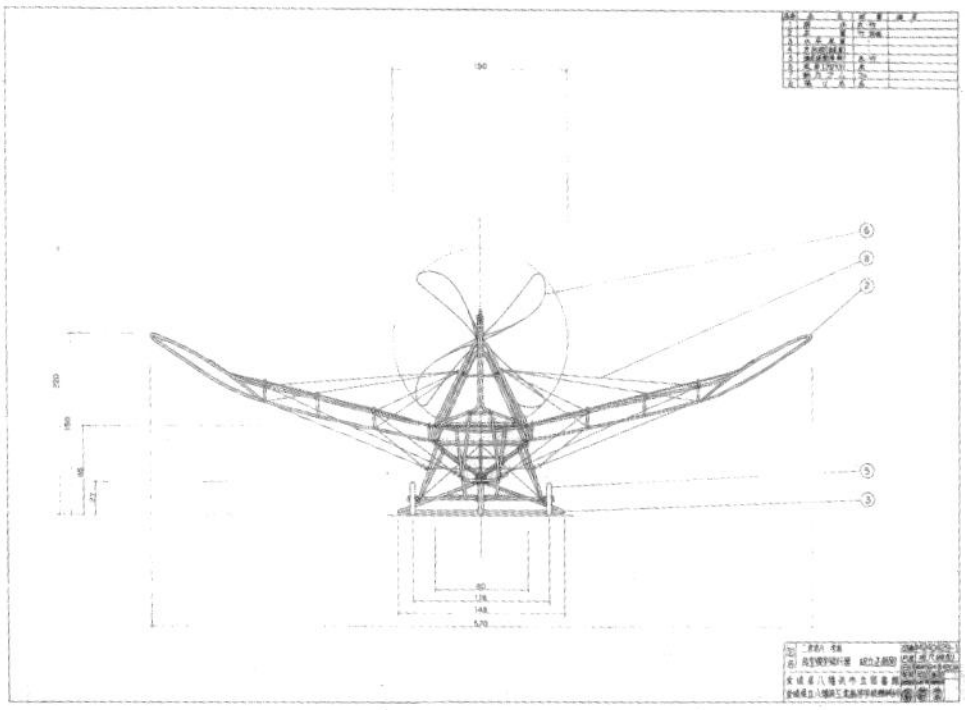

写真13：カラス型飛行器設計図（正面）

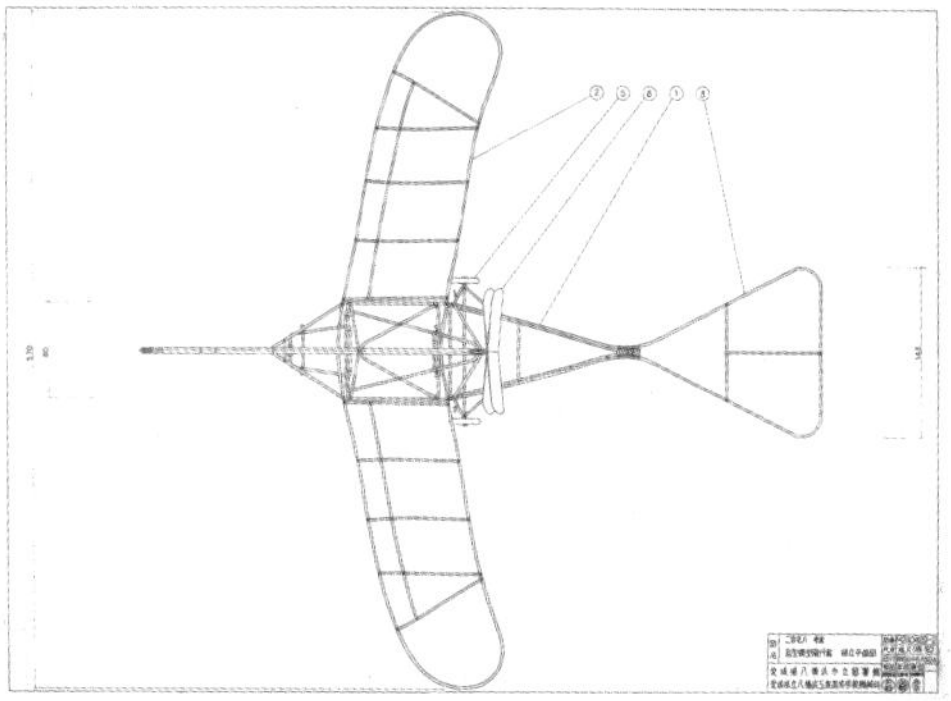

写真14：カラス型飛行器設計図（平面図）

こちら（写真13・14）は、1984（昭和59）年に地元の愛媛県立八幡浜工業高等学校の機械科の生徒、先生によって製作された「カラス型模型飛行器」の図面です。先ほどの市指定の自作の模型飛行器を測量して製作されました。

カラス型飛行器の成功は、忠八が抱いていた「人間が空を鳥のように飛ぶことが出来るかも知れない」といった概念を確信に変えました。さらに2年間、トビウオ、ケラ虫、蜂、玉虫と様々な生物を観察記録し、飛行方法の研究を積み重ねました。そして、その中でも玉虫に注目し、1893（明治26）年に、有人飛行を前提とした「玉虫型飛行器」を考案します。会場入り口のところに小さい模型を置かせていただいています。あれが「玉虫型模型飛行器」です（写真15）。

玉虫型の特徴としては、上の翼は固定翼、下の翼は上の翼の面積の2分の1とし、方向転換するために傾斜角度を変えられるように可動式になっています。そうして、動力をゼンマイとした翼の幅3メートルの玉虫型飛行器の縮小模型が完成しました。これは尾翼のない複葉機で、カラス型飛行器と同様に4枚羽のプロペラを機尾に備えていましたが、動力源については未解決のままでした。

こちらも、八幡浜工業高校の生徒が図面を作ってくれました（写真16・17）。

玉虫型飛行器の研究、製作を続ける中、1894（同27）年に日清戦争が勃発します。忠八は製作を中断し、大島混成旅団第1野戦病院付一等調剤手として、京城郊外孔徳里（現ソウル西部漢江北岸）で従軍することになります。従軍中、戦地にて飛行機の必要性を痛感した忠八は、軍の力をもって飛行機の研究開発を行うよう、上官であった柴田勝央軍医に飛行器製造の上申書を提出します。上申書は旅団長を経由し、当地に滞在中の参謀長長岡外史大佐に提出されました。しかし、「人間が空を飛ぶことができるかどうか、そんな夢のような、軽業のような機械を作るなどということは信用できない。ことに現在は軍務多忙の折、検討する暇がない」と却下されます。こちらが、提出して突き返された上申書（写真18・19）です。物資のない中、戦地で急ぎ作成したため、上申書や設計書は、医薬に備え付けの美濃和紙に書かれています。

これは従軍中の忠八の写真です（写真20）。左から2番目が忠八です。忠八の上申を却下した長岡外史は、後

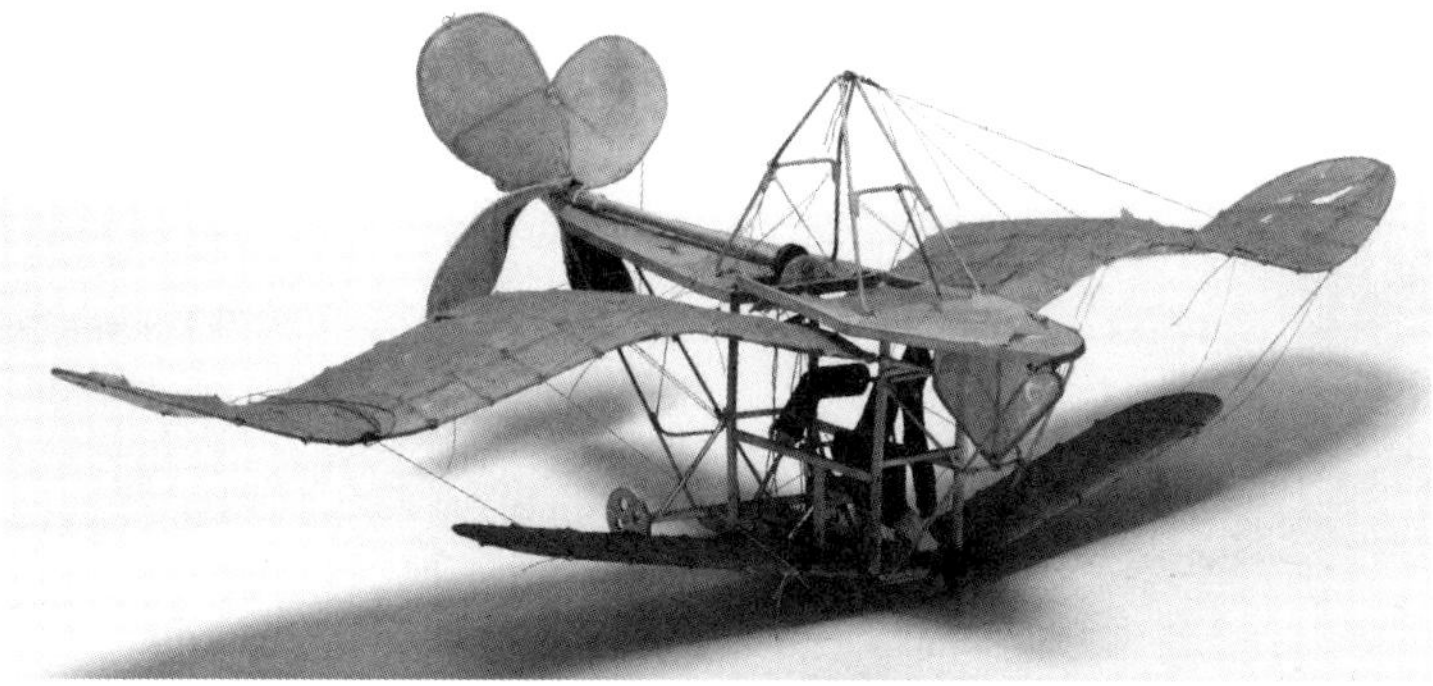

写真15：
忠八自作の
玉虫型模型飛行器
（八幡浜市指定文化財）

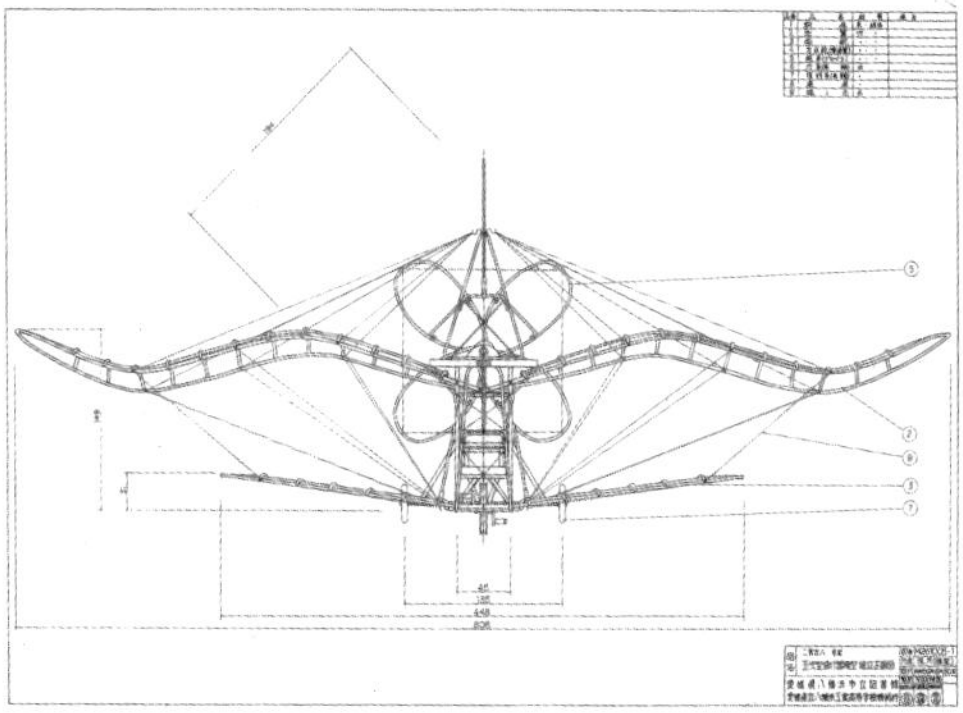

写真16：玉虫型飛行器設計図（正面）

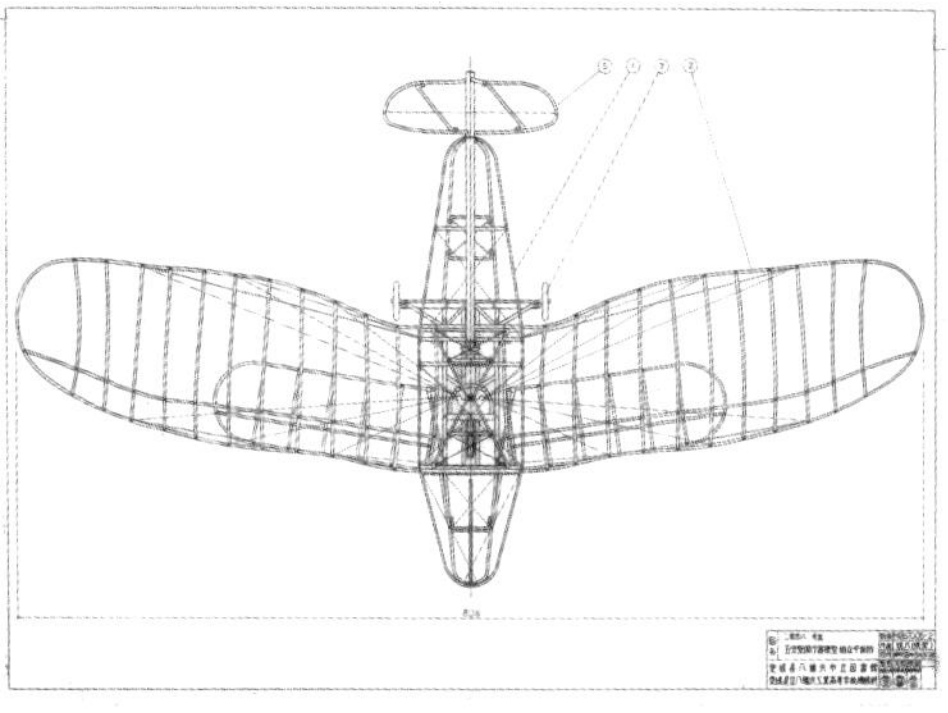

写真17：玉虫型飛行器設計図（平面図）

年、日本初の航空研究機関の会長を務めた人物です。軍事用が主力であった飛行機を、外史は人々の生活にも役立つようになると考え、1924（大正13）年に衆議院議員に当選すると、国内航空路の開設や羽田への国際空港の建設などを提案します。航空の発展に力を尽くし、『日本の民間航空の父』と言われることになる人物なのですが、その人物でさえ、忠八の上申時は空を飛ぶことは夢物語だと思っていたのです。

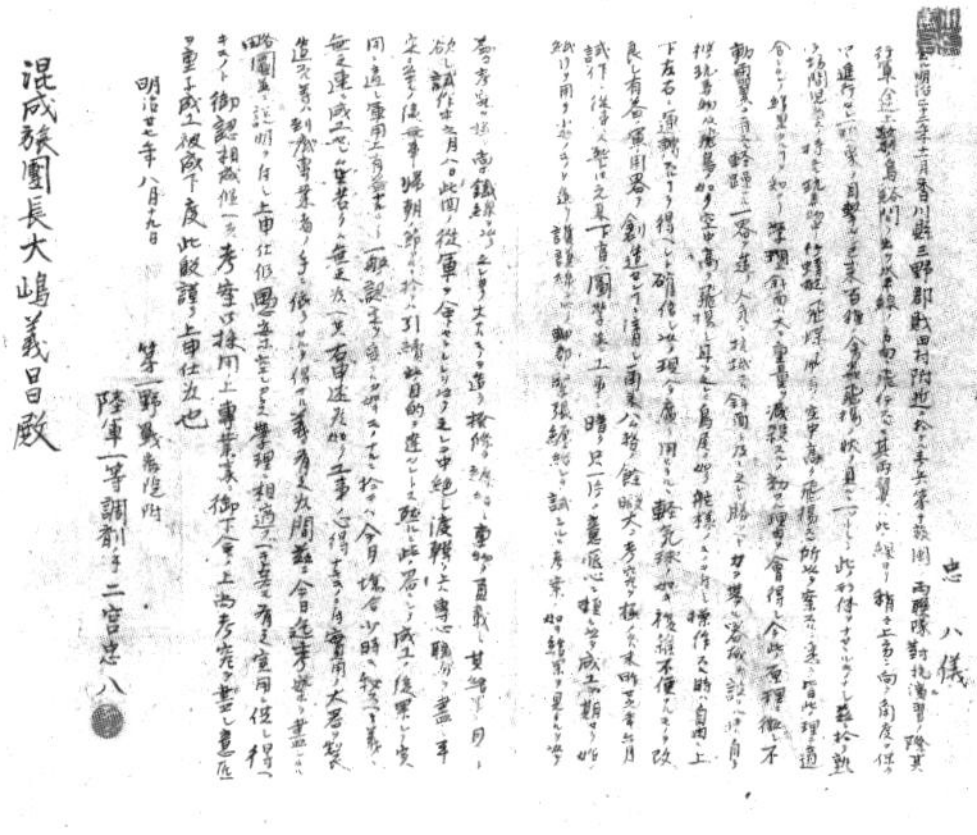
軍用飛行器考案之儀ニ付上申

明治廿九年八月九日

陸軍一等調剤手二宮忠八

混成旅團長大嶋義昌殿

写真18：忠八の上申書

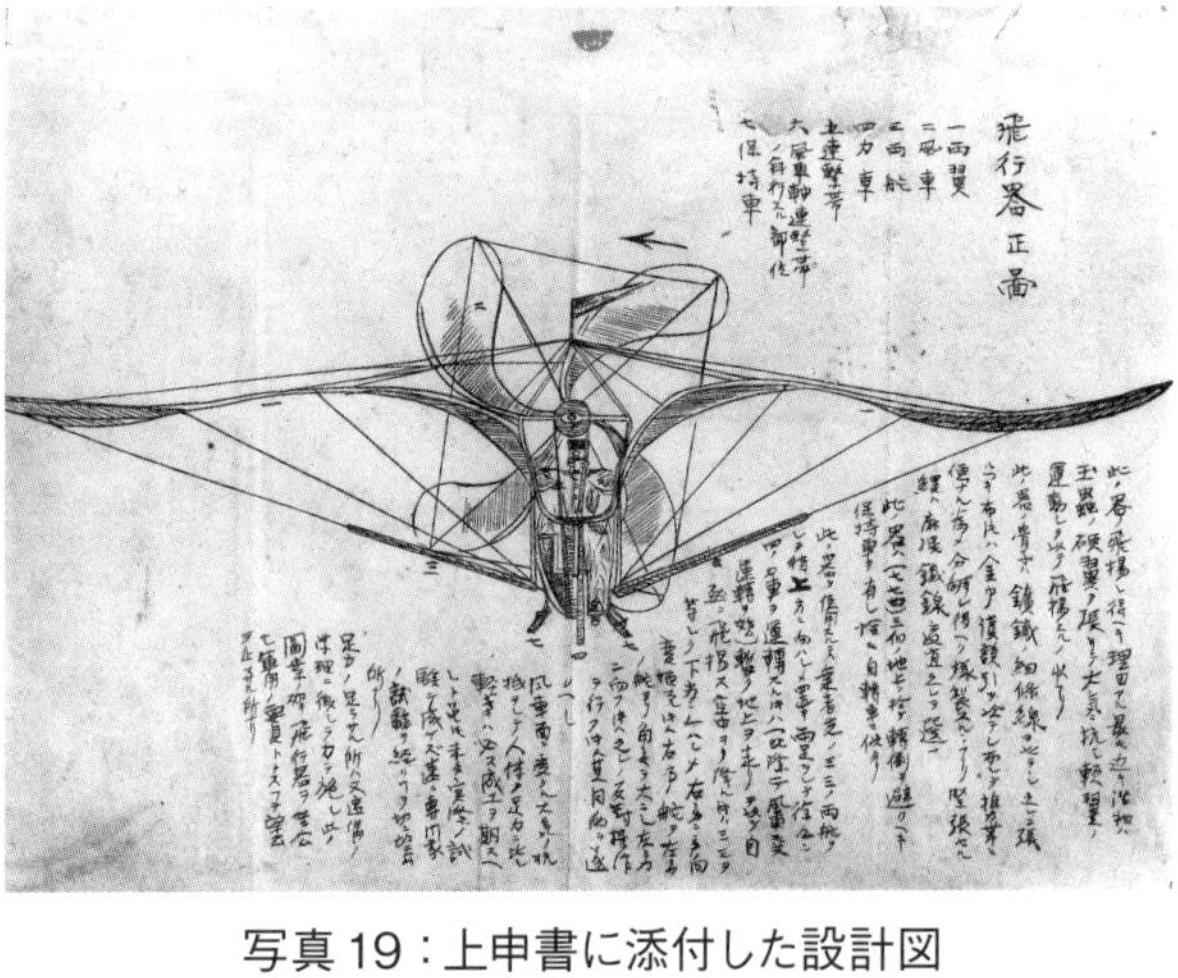

写真19：上申書に添付した設計図

さてその忠八、1896（明治29）年8月頃、今度は大島義昌将軍に直接面会し、飛行機の採用並びに専門家による研究で完成させるように願い出ます。しかし、再び却下されます

忠八は、日清戦争に従軍中、赤痢にかかり生死の境をさまよいます。そんな中でも飛行機づくりの夢を諦めることはできませんでした。九死に一生を得た忠八は１８９７（同30）年、今度は平井広島衛生局長を通じ、広島師団長山口素臣に３度目の上申書を提出しますが、これも理解してもらえず突き返されます。

製薬会社で出世し資金づくり

３度の上申の却下、軍への失望。一兵卒であった忠八は、自分が対等に話し合える地位にあれば、話はうまくまとまったのかもしれない……と、軍に頼るのを止め、１８９８（同31）年33歳の春、飛行機の独力完成を決意し、その資金と地位を得るために軍籍を離れて、設立されたばかりの大日本製薬株式会社（現住友ファーマ）に営業部員として入社します。当時、日雇いの月給が10円ほどであった時代に、15円という最低ランクの待遇で雇われています。

忠八はここでも創意工夫の精神を発揮します。当時の薬品には粗悪なものが多かったため、品質の

写真 20：日清戦争従軍時の忠八（左から2人目）

良い薬品の製造に力を注ぎます。難溶性であった内服用殺菌剤、結麗阿曹篤（クレオソート）の溶解性を高めたクレオゲストを発明したことで、1903（同36）年の薬学会の大会で講演を行っています。忠八は大会準備常務委員として活躍します。ほかの準備委員には、会社の重役であった武田長兵衛、田辺五兵衛、塩野義三郎、小野市兵衛らが名を連ねています。この大会で、小学校しか卒業していない忠八が、東京帝国大学教授であった丹波敬三や薬学博士の田原良純らと並んで講演したことは偉業といえるでしょう。

忠八が創製したり改良を加えた薬品は百数十種に及びます。中でも、下剤の硫酸マグネシウムを精製した「二宮舎利塩」は、最上の優秀品として1903（同36）年内国博覧会で金賞を受賞します。こちらの写真（写真21）は、飛行神社に併設されている資料館に展示されている資料で、受賞の証書や当時の薬瓶などが残されています。

やがて忠八は東京支店長となり、のち大阪薬品試験所支配人となります。そして大阪薬品試験所が大日本製薬に併合され、新会社ができるや、そこの支配人に抜擢されます。忠八が、懸命に働き、ここまで登りつめたのは、ひとえに飛行機研究のためでした。

商才にもたけ、大阪実業界の第一人者と肩を並べるまでに

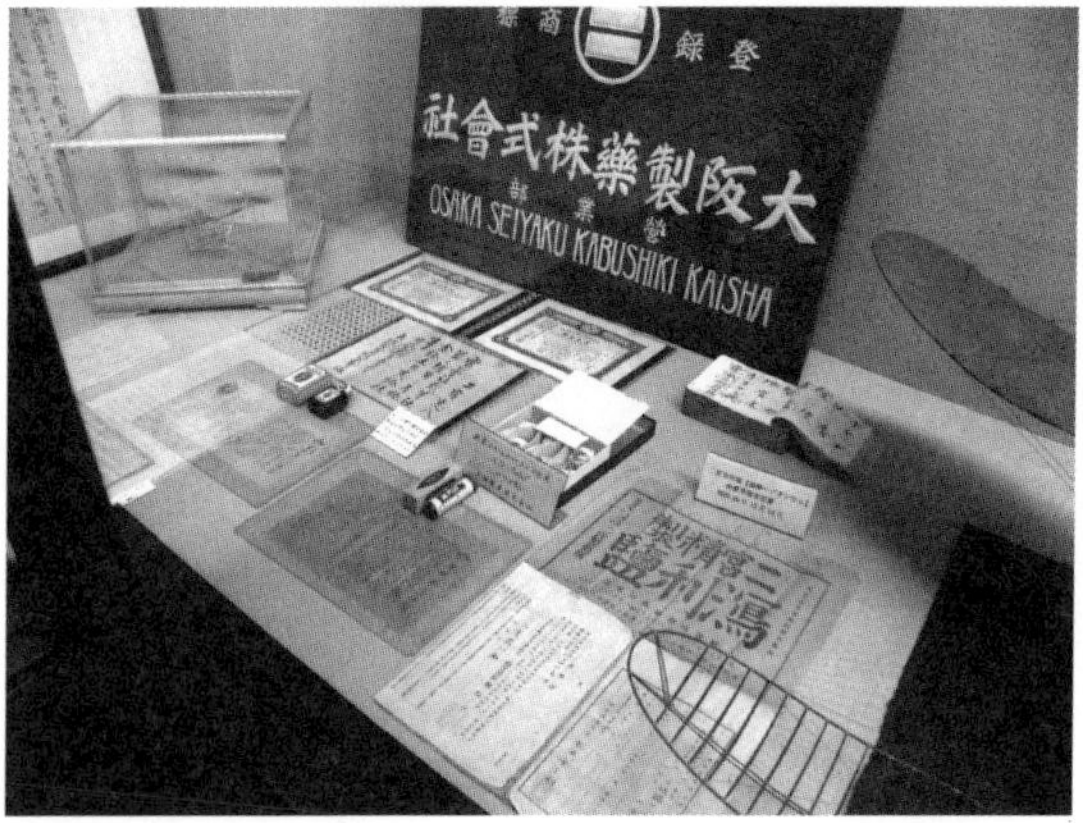

写真 21：飛行神社二宮忠八資料館の展示

なった忠八。こうして資金を蓄えること数年。京都府八幡町（現京都府八幡市）の石清水八幡宮に参詣します。故郷の八幡浜と同じ八幡の名への懐かしさと、木津川の川幅が広く開けて一面の砂原であったことから、この地が念願の飛行器の実験場には最適であると考えたのです。付近にあった精米所の石油発動機に着目し、これを動力にして飛行器を飛ばそうと、精米所を買い取り、玉虫型飛行器の製作を本格的に再開しました。こちらの写真で丸がついているところが、忠八の自邸です（写真22）。写真の下の方にある森は石清水八幡宮、上に流れるのが木津川になります。

そうした折、「アメリカのライト兄弟が１９０３（明治36）年12月17日に有人飛行に成功した」というニュースが忠八の耳に届きます。「もうこうなっては仕方がない、多年の苦心ついに成らず。既に外国に先んじられた以上は、もはや彼らの後塵を拝するのは愚の至りである。遺憾なれども打切ろう」と、忠八は製作途中であった玉虫型飛行器を叩き壊して泣き崩れたと言われています。それ以後、忠

写真22：◯囲みが忠八の自邸（飛行神社）

八は飛行機研究から一切身を引き、事業に専念することになります。

　飛行原理を発見し、実際に人を乗せて飛ぶ飛行機の完成まであと一歩……というところだったのですが、誰も成し遂げたことのないことをしたい、二番目では意味がないという忠八の想いはとても強く、ここで忠八は研究を止めてしまったので、後の日本の航空の発展に二宮忠八の功績はつながってはいかないのです。研究を続けていてもよかったのではないか、世界初ではないけれど、日本初の飛行機を作ってもよかったのではないかと、私は思ったりもしています。結局、日本はライト兄弟の有人飛行成功から7年後の１９１０（明治43）年に、ドイツとフランスから買い入れた高価な外国製の飛行機、ハンス・グラーデ機とアンリ・ファルマン機で、東京の代々木練兵場（現代々木公園）で日本初飛行を成功させています。タラレバの話ですが、7年あれば、忠八は飛行機を作っていたのではないかと思うのです。日本初飛行を成し遂げた2機両号のプロペラは東京上

写真 23：飛行神社を創建
忠八は神主に

写真 24：薬光神社

野の東京国立博物館に保存展示されています。

さて、飛行機製作を諦めた忠八は、その後、実業界で成功を収めることになります。ところが、世界はいよいよ飛行機の時代へと動き、飛行機による犠牲者が多くみられるようになります。それを知った忠八は、同じ志を持っていた人間としてこれを見過ごすことはできないと、その霊を鎮めるため、1915（大正4）年に八幡市の自邸内に私財を投じて飛行神社を創建します（写真23）。そして自ら神主となり、航空安全と航空事業の発展を祈願しました。飛行神社は、饒速日命《にぎはやひのみこと》と磐船神社《いわふねじんじゃ》のご分霊を正面社殿に祭神として祀り、右の社殿には航空殉難者の霊を合祀し、左の社殿には薬業に関係の深い薬祖神を祀っています（写真24）。

1919（同8）年11月、忠八54歳の時、大阪で大演習があり、同郷出身の秋山好古大将、白川義則中将以下6人が演習に参加していました。忠八は大阪在住の同郷人170余名の有志とともに、彼らの歓迎会を開催します。たまたま白川義則中将（写真25）と親しく話す機会があり、飛行器設計の話に及ぶと中将は興味を示したため、翌日、白川中将の宿を訪ね、永く秘めていた往時の飛行器研究資料などを見せて、せめて陸軍の航空資料に採用してもらえれば光栄であると願い出ました。中将は快諾して持ち帰り、直ちに資料を陸軍航空本部に届けます。時の航空課長であった松井兵三郎《ひょうさぶろう》大佐は、多忙のため机上にその資料を放置して

写真 25：白川義則

いたのですが、雑誌『帝国飛行』の記者の加藤正世がその資料を発見し、論文を『帝国飛行第五巻四号』に発表しました。これが、忠八が30年も前の明治期に既に飛行機の設計を成し遂げていたことが分かる契機となりました。

　こちらが、雑誌『帝国飛行第五巻四号』大正9（1920）年4月号です（写真26）。記事のタイトルは「純日本式の飛行機」とあります。中のページですが、「卅年以前に考案されたるもの」と

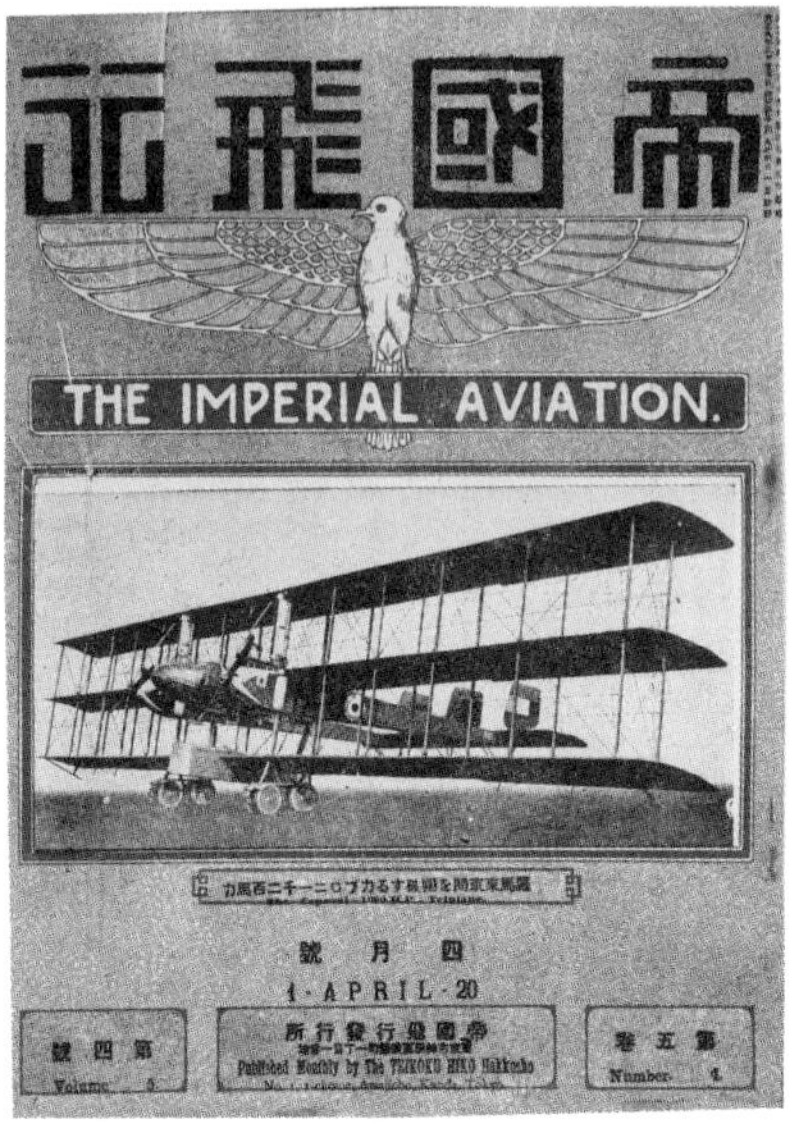

写真26：『帝国飛行』第五巻四号(1920年)

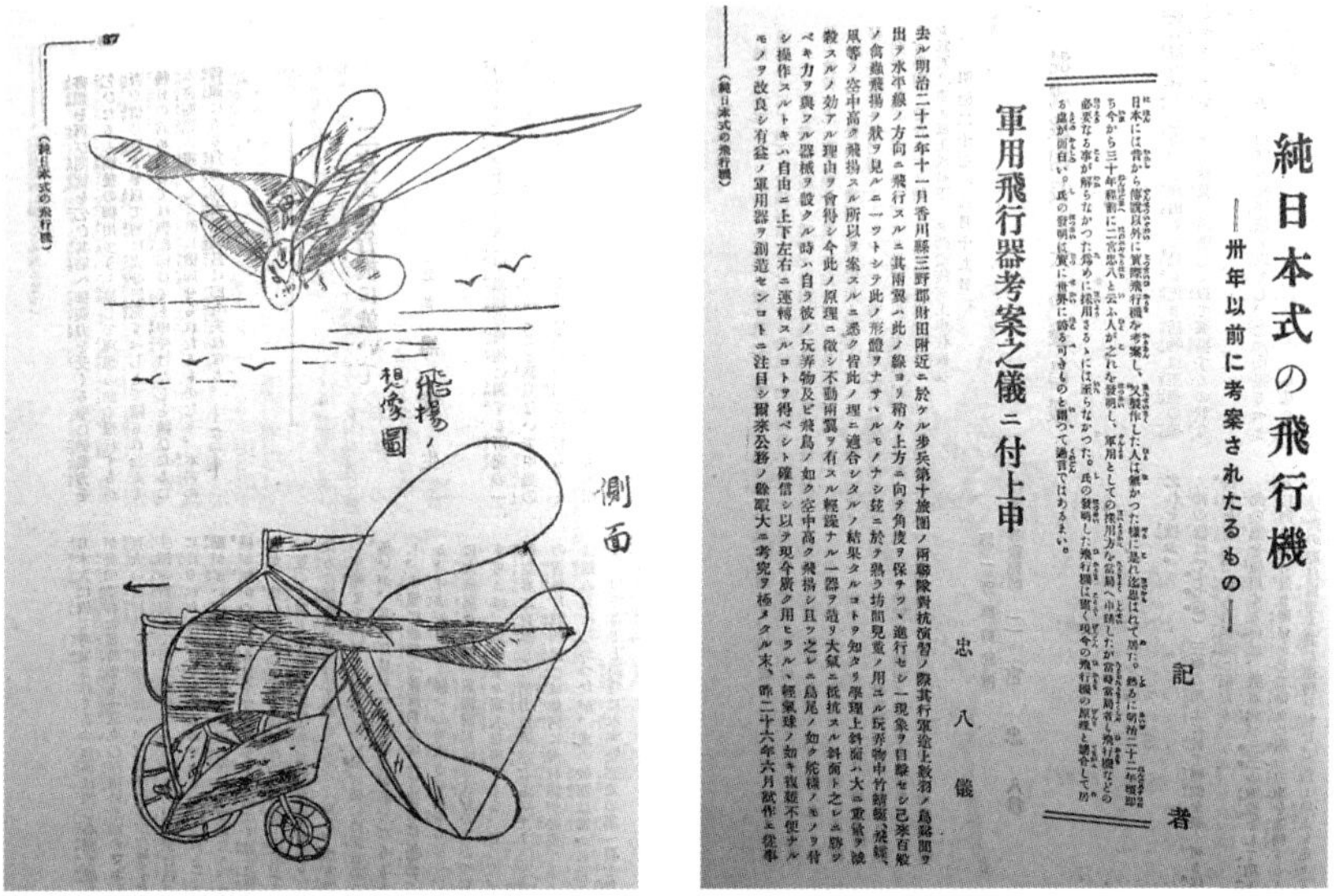

写真27：『帝国飛行』第五巻四号の記事

して、図面以外にも想像図も掲載されています（写真27）。

忠八は先ほどの雑誌が発刊された1年後の1921（大正10）年に、『薬石新報』という薬学の業界紙に今までの一切の顛末を掲載し、それを長岡外史に送っています。本人に直接送るという忠八の行為もすごいなと思うのですけれども、それを見た長岡外史は、怒ることなく素直にその非を認め、長文のわび状を忠八に送るとともに帝国飛行協会の機関誌『飛行』11月発行号にも同文を載せて、忠八の偉業を称賛するとともに、自らの不明を天下に公表してわびました。これがわび状が載った雑誌です（写真28）。この写真のすごいプロペラひげの方が長岡外史です。長岡外史は当時、帝国飛行協会の副会長の任にあり、洋行中で留守中にこの記事が発表されたのです。

写真 28：長岡外史とわび状を掲載した『飛行』一周年記念号（1921 年）

白川義則将軍により、忠八の飛行機発明の功績は広く世に認められることとなり、以後、忠八は多くの表彰を受けます。1921（大正10）年には、陸軍航空本部長井上幾太郎将軍より感謝状、1923

（同12）年には、逓信大臣より賞状と銀製花瓶一対、1926（同15）年には、帝国飛行協会総裁久邇《くにの》宮《みや》殿下より賞状と有功金牌、1928（昭和3）年には、勲六等瑞宝章などを受けています（写真29）。また、忠八の没後ですが、海外の新聞などにも忠八が紹介されています。

　こちらは、八幡浜市にある斐光園という公園です。八幡浜市内を一望できる小高い場所にあります。この土地は、忠八が晩年は八幡浜に戻ることを考えて購入した土地なのですが、家族の反対でその願いはかなわず、私財を投じてその土地を公園にし、市に寄贈しました。帝国飛行協会から贈られた「斐々有光」の書から、斐光園と名付けられました。現在も八幡浜の一角に公園（写真30）があります。

　また、ゆかりの地には記念碑が立てられました。1925（大

写真 29：勲六等瑞宝章を受章した忠八
（右は妻の寿世）

写真 30：斐光園の記念碑前にて（1926 年）

正14）年に、飛行原理を発見した香川県仲多度郡十郷村（現まんのう町）に、1931（昭和6）年には、日清戦争時に上申書を提出した地である朝鮮京城府竜山孝昌園（現ソウル）に記念碑が建てられています（写真31）。除幕式に参加できなかった忠八は、翌年同地を訪れています。現在、まんのう町の記念碑は、道の駅である空の夢もみの木パークに移設されています。ソウルのほうは未確認ですが、もう既にないと思われます。

写真 31：
朝鮮京城府に建てられた記念碑
（左から2人目が忠八、1932 年）

文芸、絵画にも秀でた才能

一方、文化人としての忠八の姿についてのお話しをいたします。若く貧しい時代でも、勉強家で努力家でもあった忠八は、働きながらも夜は、国学、漢学、南画を学びました。そんな経験を持つ忠八は、文芸や絵画にも秀でた才能を持っていました。晩年、故郷八幡浜への愛着から、自らを八幡浜の一文字をと

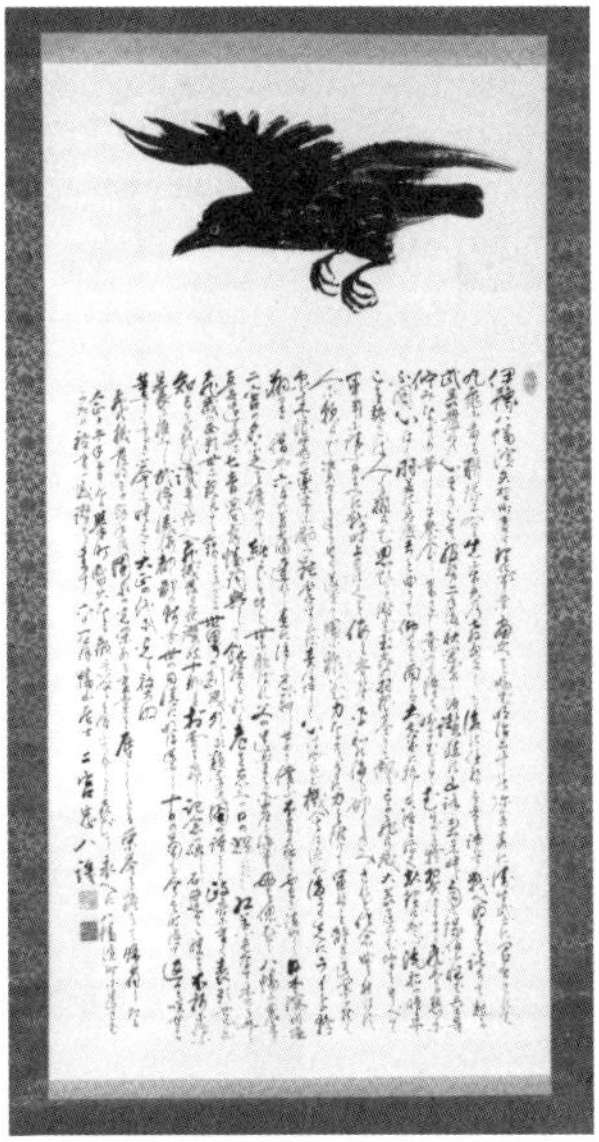

写真 32：自作の書画
（烏の飛翔）

り「幡山」と号し、独自に作り上げた絵を「幡画」、自ら考案した歌を「幡詞」と名付け、その多くを残しています。こちらの軸は、市が寄贈を受けて記念室に展示している作品です（写真32）。よく八幡浜にも戻って来られていましたので、自身が書いた書画を知人に贈っており、個人で所有している方も多く、多数の書画が市内に残されています。晩年の忠八は詞や絵画などを作り、穏やかな余生を過ごしました。

そして、1936（昭和11）年4月9日、胃がんのため死去。享年71歳でした。

忠八が創建して自ら神主を務めた飛行神社ですが、こちらが現在の飛行神社です（写真33）。忠八の後を継いだ二男の顕次郎氏によって、1989（平成元）年に、飛行原理発見百周年を記念して建て替えられました。鳥居は飛行機の素材に使われているジェラルミン製です。非常に珍しい鳥居だと思われます。航空関係の神社ですので、安全祈願に訪れる航空・宇宙業界関係者が多いそうです。

現在、日本の航空史の中で、飛行機の黎明期に活躍した人物として二宮忠八が紹介されています。まだまだ認知度は低いのですが。忠八以外にも二人、愛媛県出身でこの黎明期に空を夢見た人物がいますので、ご紹介したいと思います。

一人は1899（明治32）年に愛媛県北宇和郡で生まれ、

写真 33：現在の飛行神社

日本初の女性飛行士となった兵頭精《ただし》です（１９８０年没）。１９７６（昭和51）年に放送された「雲のじゅうたん」という連続テレビ小説をご存じでしょうか。大正から昭和にかけて秋田と東京を舞台に、「鳥のように自由に飛びたい」という夢を追いかけ飛行士になった真琴（浅茅陽子）の波乱に富んだ半生を描いた作品ですが、このヒロインには複数のモデルがいたことが知られています。その一人が兵頭精です。

　こちらの写真をご覧ください。２０１６（平成28）年に八幡浜市で「大空への挑戦～飛行機の発明と発展」展を開催した際に伊藤音二郎氏の御遺族より借用した伊藤飛行機研究所の卒業写真です（写真34）。前列左が兵頭精、その右隣が先程ご紹介した、忠八の発明を飛行雑誌『帝国飛行』に発表し、忠八を世間に紹介した加藤正世（『帝国飛行』の記者）です。この写真は１９２１（大正10）年に撮影されたものですので、この1年前に忠八を紹介する記事を書いていることになります。彼は伊藤飛行機研究所で学んだ後、昆虫学博士となった人物です。この二人が同時期に飛行士を目指して学んでいたのは面白い偶然だと思

写真 34：伊藤飛行機研究所の卒業写真
（前列左が兵頭精、右隣が加藤正世、1921 年）

います。

もう一人が、明治期に夢を抱き松山から米国に渡り、カーチス飛行学校の1期生として学び、日本の民間人として2番目に飛行家となった近藤元久（1885〜1912）です。飛行技術を身につけ、いざ帰国するという、その直前に新型機の試験飛行で命を落としました。航空機の事故で死亡した最初の日本人となりました。忠八が飛行神社を創建したのは1915（大正4）年ですが、その前から

写真 35：二宮忠八翁飛行記念大会

写真 36：忠八資料室（晩年の住居を八幡市から移築）

写真 37：忠八ミュージカル（2016 年）

忠八は自邸に供養するスペースを作って近藤元久氏を供養していたそうです。

最後に、忠八翁顕彰事業についてご紹介します。八幡浜市の顕彰活動は1976（昭和51）年に始まりました。大きなものが「二宮忠八翁飛行記念大会」です。飛行実験が成功した4月29日に毎年開催しています（写真35）。ゴム動力プロペラ機、忠八考案のカラス型模型飛行器など、飛ばす楽しさ、素晴らしさ、夢を描くパワーを実感してもらおうという催しです。

こちらは、八幡浜市立市民図書館2階にある郷土資料室です。忠八が晩年を過ごした八幡市の住居を移築復元しており、忠八に関する資料を展示しています（写真36）。数年の内にリニューアルし、見やすく、詳しく紹介できるようにする計画です。忠八を紹介する企画展も折々に開催しています。最近では2016（平成28）年に忠八生誕150年記念の特別企画展「大空への挑戦～飛行機の発明と発展」を開催しました。この年は記念行事として市民ミュージカル（写真37）も開催しました。公募で集まった市民約60人が半年間練習を重ねて作りあげた舞台は、８００席のホールが2回公演すべて満席となりました。

これで私の話を終わらせていただきます。つたない話で申し訳ございませんでした。ご清聴ありがとうございました。

追記「忠八の飛行研究」が航空宇宙技術遺産の第一号に！　井上千秋

「二宮忠八の動力飛行研究」が4月14日、わが国の航空宇宙技術発展史を形づくる画期的な技術であるとして、日本航空宇宙学会の「航空宇宙技術遺産」第一号に、小惑星探査機「はやぶさ」による世界初の小惑星サンプルリターン技術などとともに認定されました。

航空宇宙技術遺産は、日本航空宇宙学会が我が国の航空宇宙技術発展史を形づくる画期的な製品および技術を顕彰して後世まで伝えるとともに、航空宇宙技術を一層発展させる新たな技術開発にもつなげようと、昨年（２０２２年）創設したものです。

認定理由：二宮忠八翁は、有人動力飛行の実現を目指し飛行器の研究開発を行った我が国の航空技術の先駆者である。カラスが滑空する様から着想した固定翼のカラス型飛行器や、有人飛行を前提にした玉虫型飛行器の模型を製作。推進力にはプロペラを用い、飛行機の原理を独自に発見した。二宮翁考案の飛行器が実現することはなかったが、飛行原理に対する様々な文書や模型飛行器等の歴史的史料は二宮翁の独創性と先進性を示すものである。

講演2

幸吉の飛行を科学的に考える

日本航空宇宙学会会員

石井潤治（いしい　じゅんじ）

航空機設計の専門家。日本大学理工学部機械工学科の卒業研究で、人力飛行機「STORK」を設計製作。同機は1977年2093・9メートルを飛行し、世界記録樹立した。

「STORK」は国立科学博物館廣澤航空博物館にゼロ戦、YS－11とともに常設展示されている。またエンジン付きスポーツ航空機「パフィン」と「レモン」も設計し、航空局審査を全項目合格の後、販売。一方で「飛行機ショップAO02《あおおに》」を開店し航空教育にも取り組んでいる。STORK開発の概要をラジコン技術誌に「よみがえれ ストーク！」として連載中。

石井潤治と申します。航空機の設計などをしていた関係でしょう、空を飛んだという浮田幸吉について話をせよというご依頼がありました。実は、私は大学の卒業研究で、人力飛行機「STORK」を設計製作しました。STORKは1977年、2093・9メートルを飛行し、当時の世界記録を樹立しました。現在、ゼロ戦やYS－11とともに、国立科学博物館廣澤航空博物館に常時展示されています。また、エンジン付きスポーツ航空機「パフィン」と「レモン」も設計し、運輸省（現国土交通省）航空局の審査を全項目クリアした後販売していた経緯もあります。そんなことで、本日は「幸吉の飛行を科学的に考える」と題してお話ししたいと思います。どうぞよろしくお願いいたします。

幸吉の飛行機ついて、当時の随筆が残されています。代表的なものの一つとして、備後国川北村（現福山市神辺町）の儒学者菅茶山《かんちゃざん》（1748〜1827、写真1）の随筆『筆のすさび』の中に「機功《きこう》」という一節があります。

写真1：菅茶山（重要文化財 菅茶山関係資料）

「備前岡山表具師幸吉といふもの、一鳩《きう》をとらへて其身の軽重羽翼《うよく》の長短を計り、我が身のおもさをかけくらべて自羽翼《つばさ》を製し、機《からくり》を設けて胸前《むねのまへ》にて繰《あやつ》り搏《うち》て飛行す、地より直に颺《あが》ることあたはず、屋上よりはうちていづ、ある夜郊外《まちはづれ》をかけ廻りて、一所《ひとところ》野宴するを下し視て、もししれる人にやと近よりて見んとするに、地に近づけば風力《ふうりき》よわくなりて思はず落ちたりければ、その男女おどろきさけびて遁《のがれ》はしりける。あとには酒肴《さけさかな》さらに残りたるを、幸吉あくまで飲みくひしてまた飛さらんとするに、地よりはたち颺《あが》りがたきゆえ羽翼《つばさ》ををさめて歩《かち》して帰りける。後に此事《このこと》あらはれ市尹《まちぶぎやう》の庁《ちやう》によび出《いだ》され、人のせぬ事をするはなぐさみといへども一罪《ひとつのつみ》なりとて、両翼をとりあげその住《すめ》る港《まち》を追放せられて、他《た》の港にうつしかへられける。一時の笑柄《わらいぐさ》のみなりしかど、珍らしき事なればしるす。寛政の前のことなり」

幸吉が飛んだかどうかという話は、要は証明問題になるので、少しややこしい話になります。

江戸時代に空を飛んだという伝承のある浮田幸吉（写真2、表1＝112ページ）について、あるとき私自身、疑問がわきました。そこで、改めて当時の生の声や様子を記述した文献に焦点を当て、科学的見地から飛ぶことにかなっている話なのかどうか、ということを検証してみることにしました。もし幸吉が飛んだという伝承が事実ではなく、大げさに伝わっているのであれば、内容に無理があるはずです。もし無理が無ければ、幸吉の飛行の裏付けになると同時に、随筆も要点を正しく書き留めていたことになります。

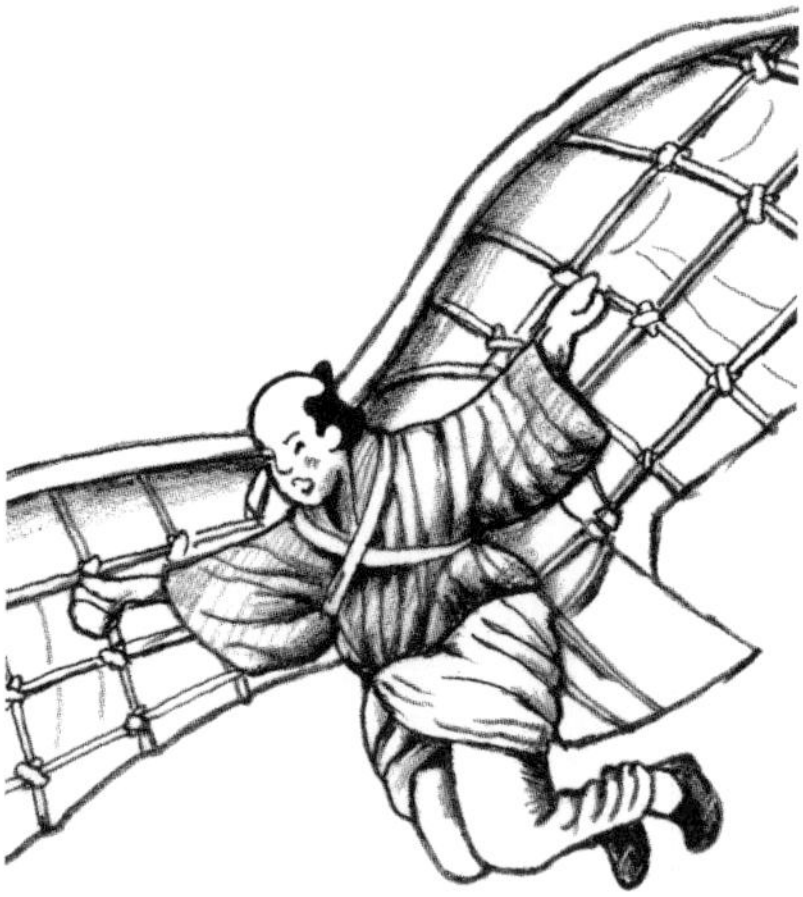
写真2：浮田幸吉（イラスト）

それで、これまで私が設計製作した飛行機の実績数値を道案内に、幸吉の足跡を机上の話だけではなく、実際の経験に基づきながら紐解いていきたいと思います。

幸吉が飛行にたどり着くため、どうしても身につけておかなければならない要素や必要な体験を考えてみました。

1　幼いころから科学的に考える素地が、幸吉の生活の周りにあったか。
2　工作技量があったか。
3　基礎教育を受けたか。

4　模型実験などで、事前に手応えを掴んでいたか。
5　時間、資金、材料、作業空間など、必要な条件が整っていたか。
6　適切な材料を使ったか。
7　外形、翼の面積、重さなどは、飛ぶことにかなっていたか。
8　京橋以前に練習飛行を行ったか。
9　飛び降りる高さは、飛行できる程度の、丁度よい高さだったか。
10　飛行距離に無理が無いか。
11　安全に着陸できたか。
12　捉えられて裁きを受け、所払いになったとあるが、これらを通して本当に飛んだと言えるか。

というあたりになろうかと思います。

飛行機というと、成層圏を飛ぶ金属の塊の旅客機か、超音速の戦闘機か、あるいは何回作っても上手く飛ばない紙飛行機ぐらいのことが、頭に浮かぶと思うのですが、私たちが欲しいのは、この間を埋める手触り感のある納得できる説明なのだと思うのです。

隠れて個人で研究

今日の話は、郷土が生んだ浮田幸吉の足跡から、この間を埋めるストーリーが導き出せるかどうか、考えてみたいと思います。

昔の人は遅れていたと思われがちです。しかし、技術のベースは、今から見ると古いものが多いのですが、それらを組み合わせて熟慮し完成度を高めて得られた結果は、今の人に比べ遜色なく、それに応じた成果があったはずです。また今の我々に比べ、日常的に自然に深く触れていて、視点を変えてみると、かえって進んでいる面もあったでしょう。

まず、空を飛ぶ「飛行術」の発見、これがどのくらい難しいことなのかという点が焦点になります。ヨーロッパでは、いろいろな研究者がいろいろな要素を研究して、それらを積み重ねて、例えばライト兄弟の飛行につながっています（141ページに『航空関連年表』＝資料①）。西洋では、空を飛ぶ挑戦に成功すると、勲章を授かるとか、国で褒めてもらえるのです。日本では、ちょっと橋から飛んだだけで罪を問われ所払いになります。組織的に飛行を研究することが難しかったのです。ですから幸吉は、ほとんど個人でそれも研究の事実を隠しながら、取り組んだのだろうと思います。

トンビは上昇風の中を舞います。幸吉を描いた小説の中には、「八浜のトンビが、羽ばたかず旋回している姿を見て……」というふうに書き出しているものがありますが、飛行機の設計者から見ると、トンビというのに引っかかるのです。「トンビの飛び方を参考にして、飛行機が飛ぶか？」ということなのです。そこで、当時、江戸時代の人々が書き残した、幸吉のてん末を丹念に書き留めた随筆が何編か残っているので、この随筆に焦点を当てて調査をしてみました。残念ながら「トンビをまねた」という言葉は出てきません。つまり、恐らく後の時代の人が、美しい物語に仕立てたるために、故郷八浜のトンビが……、という風に書いたのではないかと思います。

では生物以外で、当時幸吉が目にしたであろう空を飛ぶものに、何かあるのだろうか？と考えたとき、一番に挙げられるのは凧でしょう。古い時代から凧揚げは日本で盛んで、例えば古くは「朴葉凧」、ホウノキの葉を乾かして平らにした凧があります。東南アジアでは、「木の葉凧」（写真３）に糸をたらして針と餌をつけ、普通釣れない沖合まで凧を飛ばして魚を釣る、ということを行っていたという記録が残っています。今でもアメリカではスポーツとして行われているということを聞きます。中国や日本ではいろいろな形の凧があって、鳥や昆虫などの形の凧が、相当昔からありました。北斎の浮世絵「富嶽三十六景　江都駿河町三井見世略図」（１８３０〜１８３２）（写真４）にも凧が出てきます。北斎は、ちょうど幸吉と同じ時代の人です。鳥のような形の凧が揚がっている絵ですが、この絵に私は少し違和感を覚えるのです。それはあとで説明します。当時から鳥の形をした、あるいは飛行機に近い形をした凧が揚がっていたとい

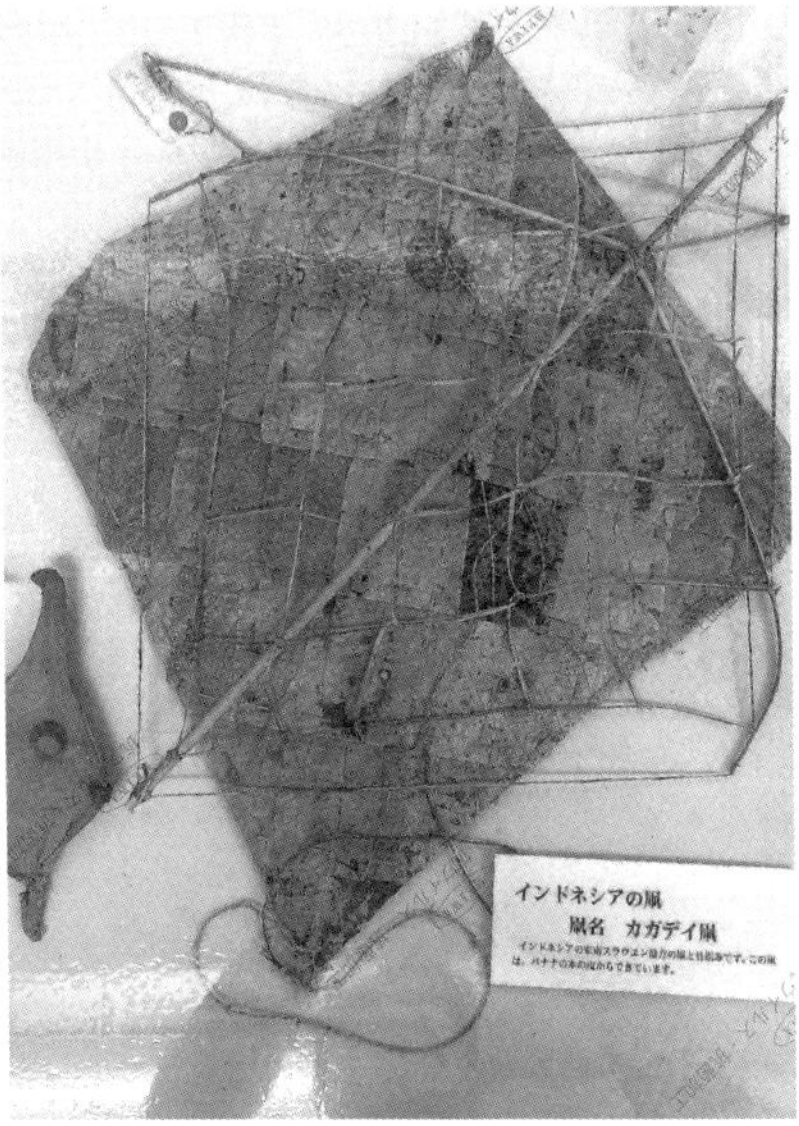

写真３：バナナの木の皮で作られたカガディ凧（インドネシア）

写真４：『富嶽三十六景』より「江都駿河町三井見世略図」

うことになります。戦後には人を乗せる凧を実証しようと挑戦した人がいて、人が乗って飛んでいる写真を「新潟しろね大凧と歴史の館」で見てきました。凧に乗って金の鯱を盗んだというお話もありますが、半分くらい実話のようにも思います。

話を進めて、自由に空を飛ぶ「自由飛行」、つまり、凧は糸で引っ張りますが、その糸がないもの、「生き物以外で何か空を飛ぶものを見ただろうか?」ということですが、実はあるのです。凧を揚げていると、空中で糸が切れる場合があります。けんか凧など、故意に糸を切る場合もありますが、切れた後に、グライダーのようにきれいに滑空して降りてくるものがあります。私も子どものころ見たことがあって、作り方によっては、運よくといいますか、そういうものができるのです。

脱線しますが、数千年、数万年前から凧があったとすると、糸の切れた自由滑空はそのころから目撃されていたはずで、世界初のグライダーの滑空実験は、その時すでに成し遂げられていたことになります。これが飛行実験なのだと誰も認識しなかっただけのことになります。

壊れず地上に降りた凧を、もしも興味ある者が、何度も飛ばして作り比べてみると、飛ぶ原理の一端をつかんだかもしれないと思います。飛行に惹かれて、好奇心と科学的なセンスがあれば、鳥や凧の飛行を真剣勝負で観察したということは、あっても不思議はないと思います。鳥の飛行も凧の自由飛行も、科学的には同じことなのです。

それでは、ここでちょっと実験をしてみたいと思います。ただの平らな板に重りを付けるだけで、果たして空を飛ぶことができるか、という実験です。

発泡スチロールの長方形の平らな板と、重りがあります。手から離します。重りは当然真っすぐ一直線にスピードを上げながら落ちます。板はヒラヒラヒラゆっくりと、どっちに行くのか定まらない落ち方をします。

それでは、一直線に落ちる重りと、ヒラヒラゆっくり落ちる板を組み合わせた時、何が起こるかという実験です。実験します（写真5）。

不安定ですが、ちゃんと飛びましたね。重りの大きさと位置が適正であれば、今見られたように飛びます。

さらに、板の前端を斜めにカットして、鳩が飛んでいるときの翼に似せたものを作りました。同じように頭に重りを付けると何が起こるかというと、四角なものに比べ安定して一直線にきれいに飛びます。ということで、板に重りを付けるだけで、空を飛ぶものが作れる、つまり空を飛ばすことは、必ずしもそんなに難しいことではないというわけです。私は、小学生を集めて岡山県生涯学習センター「人と科学の未来館サイピア」で時々飛行機教室を開くのですが、「板と重りを組み合わせて投げてごらん」と言うと、しばらくすると誰かが「飛んだ！」と言って、良い組み合わせを見つけて、そのうちみんな飛ぶのです。何も難しくないのです。「板の端を鳥の翼のように、斜めに好きな形にカットしてごらん」と言うと、「前よりよく飛んだ！」と小学生たちが言います。

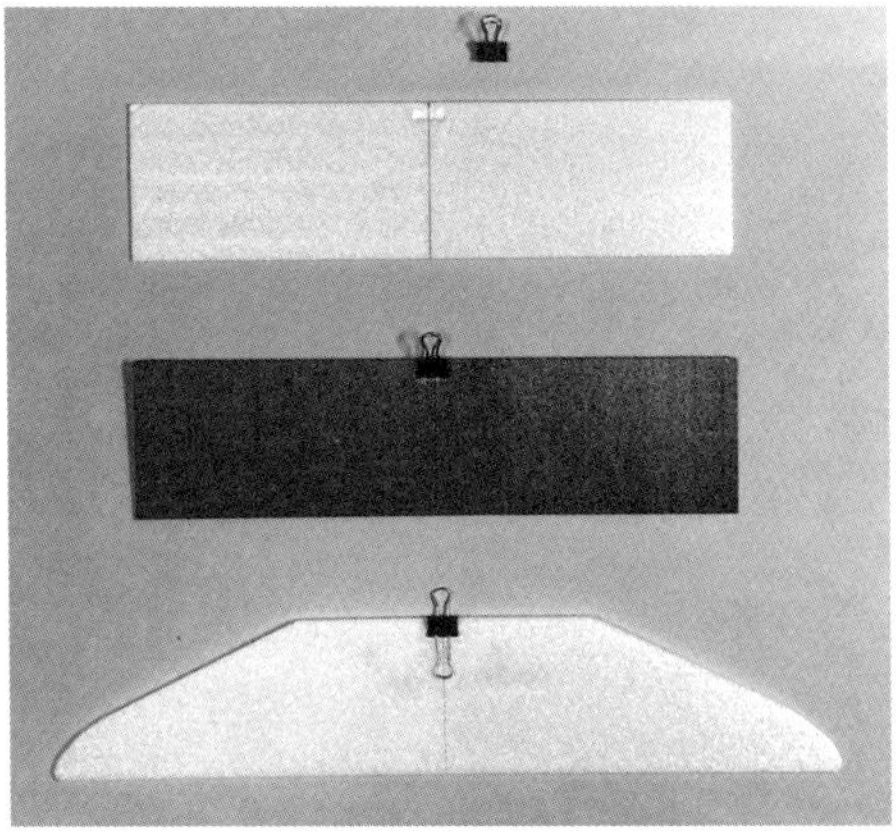

写真5：スチレンシートと重りで実験

では翼と重りを組み合わせ、きれいに飛ばすためのポイントを説明します。

第一のポイントは、翼が風を受けた状態で、ねじれたりゆがんだりしないことです。ごくわずかなねじれでも、大抵の場合はうまく飛びません。

　第二のポイントは、重心位置が翼のどの位置にあるかという点です。長方形の翼でいうと、翼幅に対し直角方向、つまり翼弦になりますが、長さを100としたときに、前から28〜32％くらいにあれば大抵飛ばすことができます。重心位置が後ろだと、わずかであればふらふらと不安定に飛行、もう少し後ろなら、重りの無い翼に似たひらひらした落ち方をします。重心位置が前過ぎる場合は、高速になって、頭から突っ込んでいきます。この飛行の変化は、重心位置が1㎜動くだけで顕著な現象として現れます。つまりとてもデリケートです。

　上昇風の中でのトンビの飛行（写真6）ですが、尻尾を絶えず左右にねじっているのが見えます。なぜ、尻尾をねじっているのでしょう。私はこの点から、「えっ？　トンビを参考にして飛ばした？」と思うのです。トンビが上昇風の中で旋回しているとき、翼端は後方に流れていません。斜め後ろに流れた形を専門的には後退翼と言いますが、この形は安定が取りやすいので、きれいに飛ぶわけです。逆に上昇風の中を旋回するトンビのように四角な翼は、実験で試したように不安定です。

写真6：尾を調整して飛ぶトンビ

　トンビは、弱い上昇風の中で何とか飛び続けようと頑張っています。沈下率が一番小さい姿勢で飛ぶため、翼を前に出し（翼に対して重心位置をギリギリ後方にして）、さらに翼端を広げ、（翼面積を最大にして）飛んでいるわけです。重心位置は後方になり、平面形は四角に近づき、前進角も付いたわけです。そのため鳥は不安定になって、いつも広げた尻尾を左右にねじって操縦していないと、トンビ自体が墜落するのです。この飛び方を幸吉がやったかと考えたときに、飛行機の姿勢を察知しながら、尻尾を動かす技が幸吉にあるわけはないのです。だから私はおかしいと思ったのです。これが、私が幸吉を調べ始めるきっかけになりました。

　翼端が重い場合も、方向不安定になります。

　空を飛ぶ生き物には、垂直な面がほとんどありません。しっかりとあるのはトビウオ（写真7）くらいでしょう。鳥であれば丸い胴体にも垂直面の効果が少しあります。また羽ばたいている場合は瞬間的にですが側面積が確保できます。つまり安定が高まります。飛行機やグライダーには垂直尾翼があって、風見鶏の尾羽の役目をしていて、強力な方向安定が備わっています。つまり飛行生物は、飛行中の方向安定が弱いのです。これを補うため翼の外側に後退角を付け、翼端や頭首を極限まで軽くし、胴体後半は尻尾もあってボリュームがあるように見えますが、中身はほとんどが羽毛で重さはありません。重さのある体は亀のように丸餅状で、前方（胸のあたり）で一塊になっています。鳥は他の生物に比べ、脳が小さいにもかかわらず、犬ネコに匹敵するほどの高い知能を持っていますが、頭が軽いこと、翼の先や尾羽の先が軽いことは、自在かつ俊

写真7：トビウオ

敏に飛ぶため、生存競争の中で獲得してきた結果だと言えます。

翼や頭など、端が重いとどうなるか説明します。何らかの作用で、体が左右にコマが回るよう（Z軸周り）にゆっくりと回転し始めたとします。すると斜め前から風が当たり始める、つまりスリップし始めるわけですが、この斜めの角度が一定を超えると姿勢が乱れて墜落してしまいます。方向安定が弱いと、わずかなスリップも止めることができず、スリップ角がだんだん大きくなって鳥と言えども墜落するわけです。このため、鳥はZ軸周りの惰力（惰性モーメント）を最小にする形をしているわけです。

第三のポイントはこれらの点から、翼を鳥並みに軽く作り得たか、ということになります。『筆のすさび』には、「幸吉といふもの、一鳩をとらへて」とあります。また小島天楽自筆稿『寓居雑記』には、「秤にかけ翅と身との軽重を考え製したる由」とあります。幸吉は胴体の重さと羽根の重さの比率を調べ、重要な値だと考えたのでしょう。鳩の場合、羽の重さは全体重の9・5%です。翼を9・5%で作ることは、飛行機の設計としてもきちんと取り組まないと達成できない、かなり難しい目標です。幸吉が翼の軽さを強く意識して作ったからこそ、随筆でも取り上げたと考えるべきでしょう。幸吉は翼を作るとき、強度を保ちながら極限まで軽く作ろうとしたのでしょう。これを成し遂げるには、必要な強度など科学的な見通しと、高度な工作力に加え、何度失敗しても何としても軽く丈夫に作ろうとする、決意に似た意欲が必要です。

『筆のすさび』には、「其身の軽重羽翼の長短を計り、我が身のおもさをかけくらべて自羽翼を製し」とありますから、翼面積当たりの重さ（翼面荷重）も重要な値だと考え、自ら製作したと考えられます。幸吉が「飛行の秘密これにあり！」と考えたと取れます。であれば、幸吉の持てる力の全てを注いで、翼を作ったはずです。幸吉は、理想に近い翼をきっと作り得たのでしょう。つまり理想の軽さで、強度もあって、且つねじれない翼ということです。

父の死をきっかけに傘屋へ預けられ修業

では次に、幼少期について調べます（表1）。幸吉は1757（宝暦7）年に、地域で中心的な港、八浜の有名な船宿の息子として生まれます。宿泊所ですから、各地から集まった船乗りが1杯飲んでワイワイやっていることを想像してみると、いろいろな自慢話とか、外洋航海の経験のある者は異国や遠くの珍しい話も出たでしょう。嵐から生き延びた話とか、帆かけ船で風に逆らってどう進むか、そうした中で目的地に予定通り荷を届けた、などの自慢もあったでしょう。腕前とか、難破しかけた話とか、そういう話が毎日のように出たと思うのです。この絵は北斎の浮世絵「富嶽三十六景、上総の海路」（写真8）ですが、帆は飛行機でいう翼に当たります。それから、ヨットであれば船体の下にセンターキール、和船では船体そのものがセンターキールの働きをしますが、それ

写真8：『富嶽三十六景』より「上総の海路」

表1：浮田幸吉関連年譜

西暦	和暦	
1757年	宝暦7年	児島郡八浜村の船宿・桜屋の二男として誕生
1763年	宝暦13年	7歳の時父死亡 ➡ 親戚の傘屋に預けられる（弟彌作は紙屋へ）
		10歳頃には傘の材料から仕上げまで全て覚える
		遠縁の万兵衛、紙商兼表具屋に引き取られ彌作と合流、表具師として成長
1771年	明和8年	入れ歯師の技術や難解な数学を学ぶ
		ハトの寸法重さを基に人の重さに掛け比べ大きさ重さを研究
		主な骨組みは竹、羽は和紙などを使い作る
		2枚の大きな翼を脇の間に付けるなど、飛ぶための研究を行う
1783年	天明3年	八浜には、翼が屋根に引っかかって自ら負傷したとの
		伝承がある（昭和15年現在）
		同地長町、並びに片原町あたりで、数回飛行したとの濃い伝承がある
		この頃全国的な冷害で深刻な飢餓状態となり、推定数十万人が餓死した
1784年	天明4年	兄瀬兵衛夫婦に長男誕生（後の二代目幸吉）
		旧暦10月京橋の架け替え工事完成
1785年	天明5年	29歳　6～7月ごろ、岡山城下旭川に架かる京橋から飛行
		石柱地上より1丈3尺4寸（4.5m）欄干約3尺（0.9m）
		飛び降りた高さ5.4m（鳥人間コンテスト高さ10m）
		捉えられ、所払い、桜屋に戻る
		この頃、八浜蓮光院が水害により現在地に移転、過去帳を失う
		静岡駿府で暮らすことを決め、木綿を扱う備前屋を開業、時計修理も開始
1797年	寛政9年	この頃、兄夫婦長男を養子に迎える（後の二代目幸吉）
		入れ歯師となり、備考斎と名乗る（甥が、同名を引継ぎ江戸で名が通る）
1825年～1840頃		駿府城下で飛行の伝承あり
		墓は静岡・磐田市、大見寺
1870年	明治初期	見附の家で、竹や金具や紙で作った飛行機様のものが発見される
1997年	平成9年	池田家第16代当主池田隆政より「八浜本村戻りを申し渡す」、
		所払いを解除される
1490年		レオナルド・ダ・ビンチが飛行機の実験を行う
1785年		（仏）ブランシャールが気球で、ドーバー・カレー間の英仏横断飛行に成功
1804年		（英）ケイリー卿、固定翼手投げグライダーを製作し、飛行実験に成功
1848年		（独）オットー・リリエンタール誕生
1849年		（英）ケイリー、三葉グライダーに10歳の少年を乗せ初飛行
1866年		二宮忠八　誕生
1891年		忠八、飛行器の模型を作りゴム動力飛行実験に成功
		リリエンタール、300mの飛行に成功
1896年		リリエンタール、飛行中バランスを崩し墜落死
1903年		（米）ライト兄弟、飛行に成功
1932年	昭和７年	小学校讀本巻九「飛行機の発明」と題して幸吉の業績が正規教科に加わる
1940年	昭和15年	竹内正虎が幸吉の偉業を丹念に調査、「日本航空発達史」にまとめる

も翼に当たります。舵も当然水中の翼に当たるわけです。

船宿の近所では船の修理もあったでしょう。船のどこにどんな力がかかるかとか、材料をどう使えばよいか、どこが壊れたからどのくらいの補強が必要だとか、あるいはマストの先端には風で折れないように綱が張ってありますが、太さや綱の取り方とか、木の組み方とか金属とか、そうした様子も見ることができ説明も聞けたでしょう。

そうした中、幸吉が7歳のとき、お父さんが亡くなります。家族はバラバラになって、本人は、近所の親戚先の傘屋に預けられ、傘作りの修業をします。近所の親戚先ですから、その後も船からの学びは続けることができたと思います。

写真（写真9・10）は美星町の山室さんという方です。伺うところによると、岡山で最後の傘職人ということで、お会いしてきました。手に持っているのは山室さんが作った野点傘です。野点傘は、岡山城の後楽園でお茶会をするときなどに使われています。

和傘の骨は竹でできています。骨が何十本か

写真9：山室さんの野点傘

写真10：野点傘

集まる頂点には、竹と糸でできた蝶番があります。強度が必要な部分は、節で幅の広い部分を上手に使って穴を開けてあります。糸によるヒンジや補強もあります。和紙と糸の張力で引っ張り荷重を負担し、圧縮力と曲げの力は竹が受け持ちます。柿渋で防水し、亜麻仁油を塗って防水と同時に紙同士の粘着を防ぐなどという技術も必要です。実は、飛行機で使う技術のほとんど全てがこの傘の中に網羅されているのです。そして竹を調べてみると、物性として植物の中での位置づけは超ジュラルミンに相当します。ピーンとして非常に丈夫、その上筒状で軽いのです。それから、外に貼っている和紙ですけれども、例えばガンピという日本独特の和紙があります。私は学生時代に造った人力飛行機の外皮として極薄のガンピ紙を使ったのですが、その前にテストをしました。すると重量当たりの引っ張り強度が、ジェラルミンに匹敵していて驚きました。つまり、竹と和紙を使うというのは、飛行機を造る上で構造的には理にかなったものになります。

幸吉は、傘屋で修業したのち、遠縁の岡山の紙商い兼表具屋に引き取られていきます。そこには弟の彌作がいて合流し、2人は腕利きの職人に成長します。備前藩の表具は完成度が高く、池田藩主が幕府や諸大名へ屏風や掛け軸を多数献上したと、池田家の記録にあります。幸吉は、この地域で腕利きの表具師であったわけです。

表具師の技術を調べてみると、紙繊維が解けて欠けたものを表装し直す場合は、同等な紙を探し出し、その繊維を一本ずつ移植し、まったく分からないように修復します。また作品に対する依頼主の気持ちや、書や絵の意味合いに合わせ、紙質や色合いを微妙に変えるなど、芸術を広く理解する力量が無ければ、腕利きとは言われないそうです。そこで、注文主と表具師は、気に入ったもの同士と納得したうえで初めて仕事を頼むことになります。幸吉もそのような先に出向き、身分の高い侍やお金持ちの商人などとも入魂になって、仕事を引き受けたのでしょう。

当時の岡山藩やその周辺の状況ですが、このころヨーロッパを中心とした海外から、技術や文化が長崎の出島を通じて、大量に国内に入ってきます。幸吉が17歳のとき、杉田玄白の『解体新書』、19歳のとき平賀源内の「エレキテル」（1728〜1780年、幸吉より29歳年上）となります。幸吉は、新しい科学や技術に強い興味を持ったと思います。

1771（明和8）年に、平賀源内が二度目の長崎行きをします。その前後で広く全国を歩いているのですが、もし源内が山陽道を通ったら、岡山に幸吉はいたわけですから、私の想像ですが、早く走ってくる人たちから「源内が来るぞ」という話を聞いたかもしれないと思います。

さて、飛行の研究の話に入ります。実はヨーロッパでは、空を飛ぶ話というのは、神話の時代から背中の羽で力強く羽

写真11：サモトラケのニケ

写真12：天女（イラスト）

ばたく、というものばかりです。写真11はギリシャ神話の翼を持つ勝利の女神ニケの彫刻です。羽ばたきにあまりにも固執するため、ヨーロッパ勢は人を乗せた飛行機の成功に、時間がかかってしまいます。ちょうどその頃、幸吉が活動を始めるのですが、日本では、天女伝説（写真12）に代表されるように、柔らかい布に包まれてとか、雲に包まれてフワフワ飛ぶ、というイメージです。力強く羽ばたいて飛ぼうとは考えない。つまり、羽をつくって羽ばたくことばかり考えていたのでは飛ばないのです。人の筋力は弱く、体重当たりの筋肉は鳥に比べるとはるかに少ない、だから羽ばたきでは飛べないのです。幸吉がヨーロッパ勢のように羽ばたくことに固執せず、鳩の滑空に突破口を感じたのは、日本人ならではの素晴らしい科学的洞察力だと思います。『筆のすさび』にある「地よりは直ぐに颺ることあたわず」というのは正しいわけです。

『筆のすさび』の中では、「機を設けて胸前にて操り搏て飛行す」、さらに「屋上よりはうちていづ」とあります。「うちて」はある種の羽ばたきを連想させます。また黄微野譚筆田満禾巻中二十一『偽天狗』には「欄干で翼をひろげて鳥となり、その翼をたたいて南に向いて飛ぶこと三十余歩」とあり「たたいて飛ぶ」もある種の羽ばたきを連想させます。人の力では鳥のように羽ばたいて飛ぶことができないことを念頭に置くと、飛び出した瞬間、羽が風をはらんだ音が叩いたように聞こえたのかもしれません。

ドイツのオットー・リリエンタール（写真13）は、翼に乗り込んで、初めて空を飛んだとされている人ですが、写真14はその初期のころの物になります。羽につかまって、斜面の近くを飛んでいます。この後リリエンタールは、自分で15メートルの丘を造って、そこから飛びました。風がどちらから吹いても飛べるように丘を造ったわけです。翼を畳んだ時の絵（写真15）もあります。一番前に付いているロープを外せば、パタパタと翼をコンパクトに畳めるというわけです。『筆のすさび』にある、「羽翼を納めて」というのは、何かこういう仕組みを考えたのだろうと思います。運搬のためにはコンパクトにまとまることは必須です。

さて、日本の帆船ですが、風に向かっては進めないという話を聞きます。しかし船の博物館のホームページを見ると「和船も風

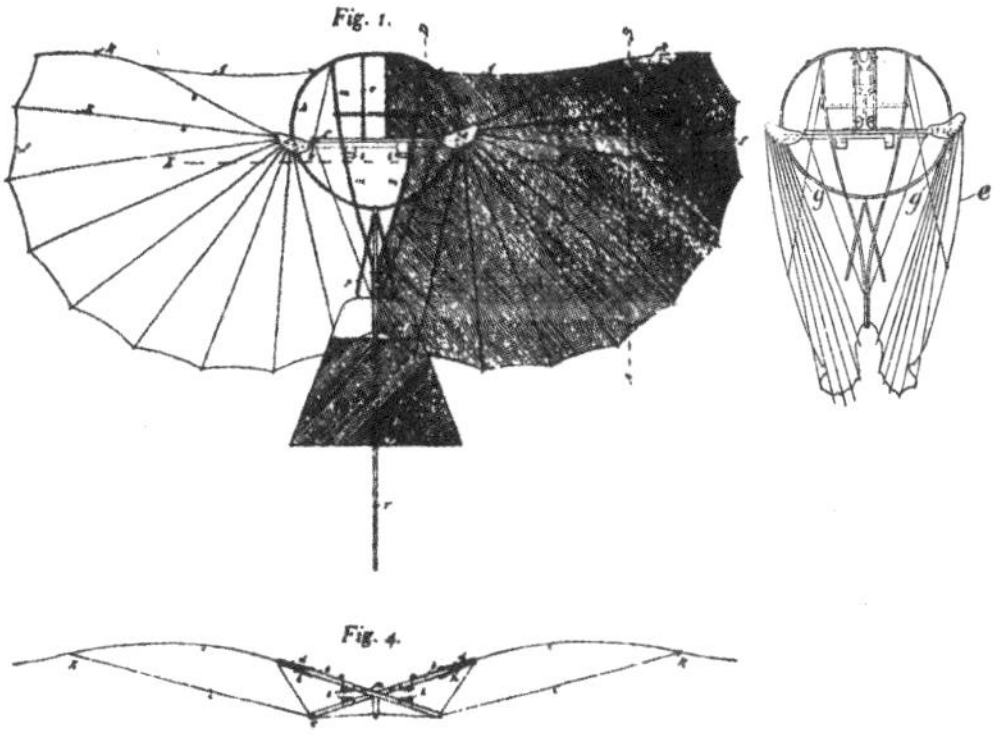

写真15：リリエンタールの模式図

写真13：リリエンタール

写真14：リリエンタールの飛行

に向かって進むことができた」と書いてあります。つまり風に対する翼と水中の翼を組み合わせながら、ジグザグに進むことによって風に向かって進むことができるというわけです。この辺の空気の流れに対する翼の角度と、水の流れに対する船体（キール）の角度、さらに舵（ラダー）の角度、そしてそれらに働く力の関係を科学的に理解していたとすると、飛行機で飛ぶための主翼と尾翼の理屈を、幸吉が理解できていたとしても不思議ではありません（操船方法だけでは理解が足りません）。なぜなら帆船の理屈は、飛行機やグライダーと類似で、同じくらい難しいからです。

鳥形飛行機や凧で実験

次の図を見ると分かりやすいのですが、ヨット（帆船）（図1）では、センターキール（和船では船体そのもの）と、ラダー（舵）の組み合わせということになります。これがグライダーでは主翼と水平尾翼に当たるわけです。帆船の帆は風を受け推進力を生みます。これに対し、グライダーは降下していくことによって、重力により推進力を得ます。

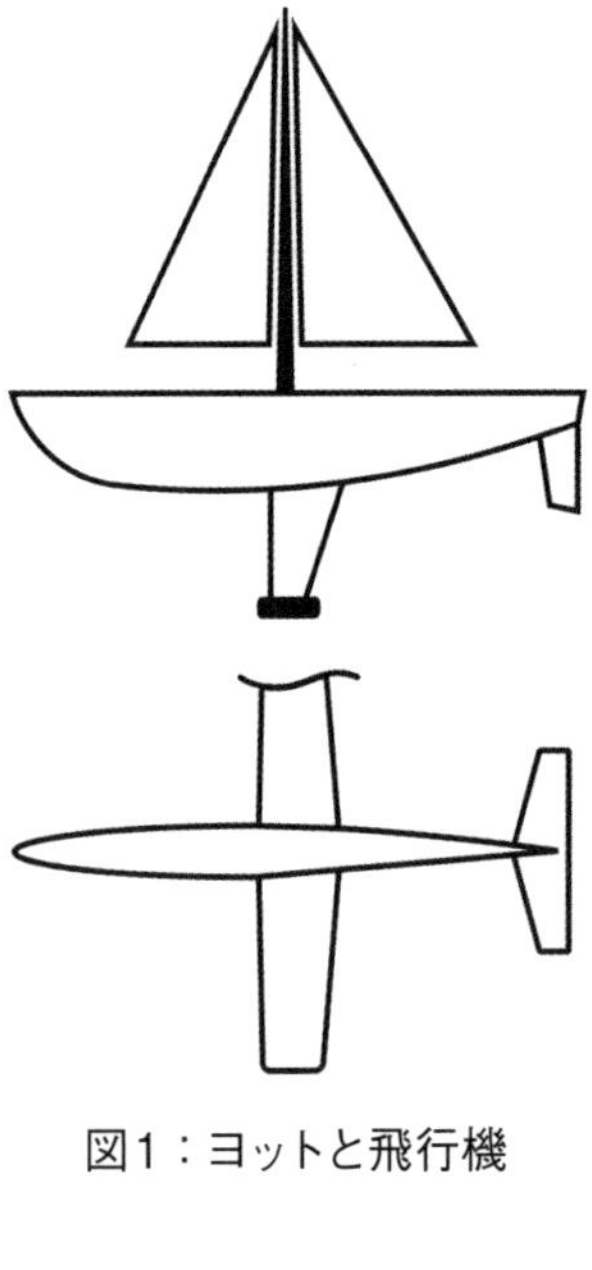

図1：ヨットと飛行機

この頃の幸吉は、家族がバラバラになったために独り者です。仕事が済めば、何をするのも自由です。腕利きの表具師で収入があって、木や竹や紙やのりや道具などに取り囲まれています。廃材などもたくさんあったでしょう。表具師としての腕に加え、帆船技術と凧と鳥と傘と、そういう技術や、当時なりではありますが、科学的な解釈を身につけているわけです。アイデアが湧くたび、鳥形飛行機や凧を作って実験していたに違いないと思います。持ち前の腕ですから、製作は朝飯前、模型サイズなら、一晩で作り上げたかも知れません。であれば飛行に関する現象や理屈を順につかんでいった可能性が高くなってきます。

幸吉は勉学に熱心で、難解な数学を学んだとあります。表具師というのは、毎回の仕事で、紙が何枚必要かとか、幾らの原料でのりを作っておけばちょうどよい量になるか、ということは前もって計算しておかなければならないので、計算には日ごろから触れていたと言えます。

また客の歯医者さんから、入れ歯の技術を学んだとも聞きます。少し脱線しますが、皆さんは、口の中に髪の毛が入った時や歯の間で髪の毛を噛んだとき、違和感を経験したことがあると思います。髪の毛の太さは日本人の場合だいたい８／１００㎜程度でごく細いのです。つまり入れ歯というのは２／１００㎜とか３／１００㎜以下のデリケートさで作らなければ、かみ合わせが不自然で、食事もおいしく食べられないのです。幸吉は、このようなデリケートな細工を得意としていたのでしょう。

幸吉は鳥を買って、計測し、解体し研究しました。『偽天狗』には「是より鳩鴿鳶鴨雁鸛鶴に及び、冉冉次第を以て身と翼とを別ち量り」とあります。つまり翼の大きさや、翼のカーブを計測し、重さを量り、胴体と翼の重さの比率や、骨格、翼面積と重さの関係を調べたのでしょう。また鳥同士を比較し、数値の中に種類を超えて一貫したものがあることも、つかんだと思います。直前に発行された、解体新書などの影響を受けたことも考えられます。

記述にある鳥について、模型飛行機を作って飛行実験を行ったとすると、どのような結果になるでしょう。

「鳩」ハトはこれまでの説明の通り、扱いやすく飛ばしやすい形をしています。

「鴒」レイはセキレイ（鶺鴒）を指します。この鳥は雀のように羽ばたき飛行が中心で、羽ばたき回数も多く、グライダーの参考には適さないと考えたでしょう。

「鳶」トビはこれまでの説明の通り、理想的にも思えますが、滑空させづらい点があります。

「鴨」カモと「雁」ガン（カリ）は水鳥で、体重の割に翼面積が小さく、ゆっくり悠然と飛ぶには適していません。また着陸速度が速く、陸に降りるのが下手です。

「鸛」コウノトリと「鶴」ツルは優雅に飛びますが、翼は四角で翼端の後退角も弱く、俊敏な動きや乱れた気流の中での飛行は苦手です。

幸吉がこれらのデータを比較しながら模型を作り飛行実験を行ったとすると、「鳩」が最適との結果が出たとしても疑問は生じないことになります。

『偽天狗』にはさらに雀を加え8種類の鳥を調べたとありますが、飛び方、大きさ、羽の形、飛行の形態など多岐にわたり、バランスよくピックアップしてあり適切に研究した様子がうかがえます。

『筆のすさび』には「一鳩をとらへて」とあり、たまたま鳩をとらえたから鳩型で作ったとも取れる書き方をしています。菅茶山を含め周囲はこのように理解したのかも知れませんが、実際は各種の鳥型グライダーを飛ばし比べた上で、幸吉が最適な形として鳩型を選んだ可能性も大いにあると思います。

このようにして、模型から始めたであろう幸吉の飛行実験は、屋根から傘で飛び降り、改良型で距離を延ばすところまで進みます。『偽天狗』には「暗夜人定まるを待ちて梯子を架して屋上に登り、其の翼を展開して急に丁木を打てはふらしめ以て躍《おど》り下る、飛昇すること能《あた》わずと雖《いえど》も亦傘を張りて飛ぶに勝れり、瓢《ひょう》然として行くこと二、三丈なり、大いに喜びて手の舞ひ足の踏むところを知らず」と描写してあります。

屋根の上から飛んだわけですが、それまでに傘を持って飛ぶ実験も行ったと書かれています。一丈は、約3・03メートルですから6～9メートル進んだ（飛行した）ことになります。屋根の高さが3メートル程とすると滑空比（飛行距離÷高さ）は2～3となります。傘を改良しての飛行であれば、性能としてはこの程度であれば上出来でしょう。「瓢然として行く」とは「スーッと飛行した」「悠然と飛んだ」くらいの意味でしょうか。初めての飛行だったのか、幸吉の喜んださまが目に浮かびます。そして『偽天狗』には、更なる改良をし、飛行実験を重ねたことが書かれています。

このようにして一定の自信を得た上で、幸吉は京橋に向かったのでしょう。1785（天明5）年の6月から7月ごろ、

写真16：備前京橋渡り初図（国富文庫）

幸吉が29歳の時、岡山城のすぐ近くの京橋（写真16）から飛行したと言われているわけです。先ほどの『筆のすさび』には次のように書いてあります。飛んだ後の話ですが、「羽翼ををさめて歩して帰りける」と。骨折せず、機体を畳んで歩いて帰ったのだろうと思います。5〜6メートル上から河原に飛び降りて、骨折もしていません。もし骨折していれば大馬鹿者が骨を折ったと書くはずです。だから、けがはしていないのです。低空で速度が下がりすぎて失速気味にバサッと降りたのでしょう。そして自分で畳んで持って帰ったということは、飛行機も大破していないのです。悠然と持って帰っているわけでしょう。

多くの資料から「幸吉は確かに飛んだ」と確信

これまでの考察に加え、随筆にあるこれらの記録を重ねて考えた時、「幸吉は確かに飛んだ」と言って良いのではないかと思います。

飛行の現実性をもう少し科学的に考えます。幸吉は鳩の飛行（写真17）を見て、羽ばたかず飛ぶ姿からヒントを得たとあります。

図2で黒色に塗られたものは、鳩が飛んでいる先ほどの写真から、平均的な形のものを取り出したものです。上にある絵が代表的なハンググライダーで、ちょっと濃いこのラインになります。先ほども手投げで飛ばしましたが、翼の外半分が斜め後ろに流れているということが、飛ぶことに非常に大事だと言いました。実はその部分は鳩もハンググライダーも同じ形をしています。パイプ一本で作っているから真っすぐ胴体につながるハンググライダーと、鳥のように骨を組み合わせるとこういう形

写真17：ハト

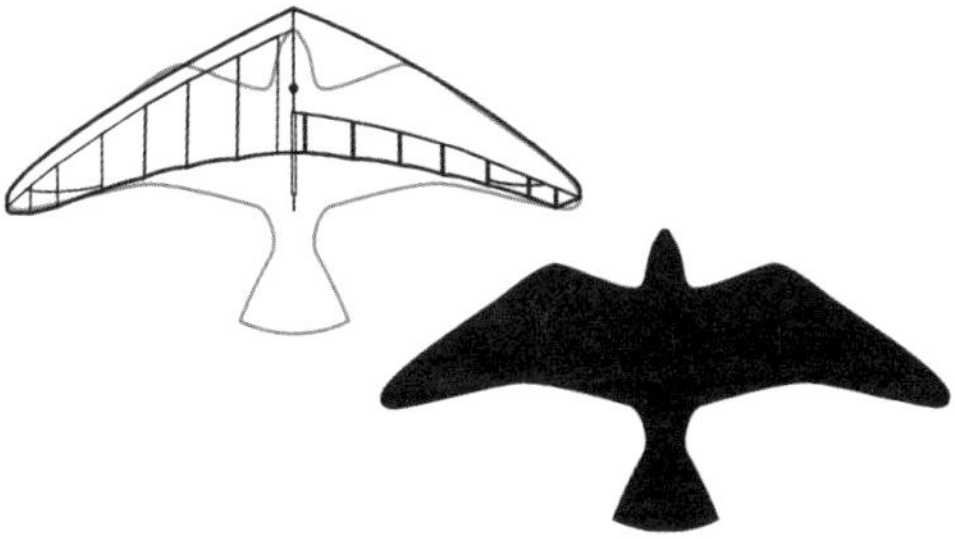
図2：ハンググライダーとハトの比較

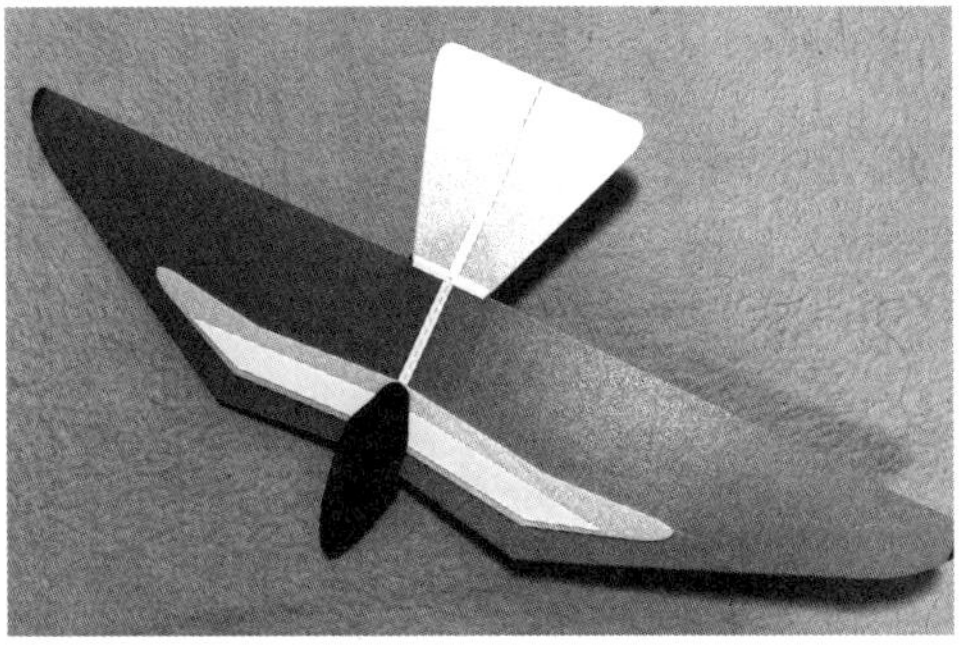
写真18：ハト型模型飛行機

になったのでしょう。なおかつ鳥には尾翼がついているので、縦方向の安定を取りやすく操縦もしやすいわけです。少なくとも形の上では、飛んで何の不思議もないということになります。

では今度は一回り大きい、鳩形の模型の飛行実験をします。

【※実証実験】

先ほどのものより重たいので速度が速くなります、びっくりしないようにしてください。飛ばしますよ。もう一機飛ばします。ちょっとエアコンの風があるとフラフラしますけれども、鳩の形にすると、今のように安定して飛ばすことができます（写真18）。

ここで少し計算をしてみます。（計算は飛ばして、結論から読んでもらっても構いません）

手順は、

1　鳩のデータから、翼面荷重、アスペクト比（翼の細長さを表す数値）を取り出します。

2　データを基に、翼幅を仮定し形状を比例計算で求めます。その値から、主翼面積が計算できます。

3　翼面積と翼面荷重から、総重量が計算できます。

4　総重量と翼重量の比率から、主翼重量が計算できます。

5　幸吉の体重と身に着けるものの重量を、推定します。

6　総重量から人がらみの重量を差し引き、人を含めない機体重量を計算します。

7　6の重量から主翼重量を差し引き、胴体重量を計算します。

8　翼幅を8m、9m、10mの三種類で2〜7と同じ計算をし、値を出します。

9　三種類の翼幅による計算結果から、妥当な翼幅を見つけます。

表2：ハトの形状

ハト	体重 390g　翼面積 620㎠　翼面荷重 0.629g/㎠ アスペクト比 7.2
カワラバト	胴体の重さ　325g　90.8 〜 90.3% 羽根の重さ　33 〜 35g　9.22 〜 9.72%（平均 9.5%）
計	358 〜 360g　100% （注：当時普通に見られた鳩はキジバト、データが少ないのでカワラバトを利用）
計算	翼面荷重　0.629g/㎠　＝　6.29kg /㎡ アスペクト比　7.2

機体の大きさと重さの関係ですが、このデータの中で何か一つ値が決まれば、他の値は自動的に導き出せます。例えば翼幅を8・0mとした場合を計算してみましょう。

翼幅8・0mで、アスペクト比が7・2なので、

主翼面積　＝　8×8／7・2　＝　8・89㎡となります。

総重量　＝　8・89×6・29　＝　55・9kgとなります。

主翼重量　＝　55・9kg×9・5％＝　5・3kgとなります。

科学的な視点から見ると菅茶山『筆のすさび』「機功」の説明は、鳩の値を調べれば、幸吉の機体の形や重さ、さらに飛行性能までを導き出せるよう、無駄を省いた最小限の言葉で説明されています。

幸吉の体重については記録がありません。想像ですが、幸吉はごつい大男ではなかったと思うのです。力があったら、机の前で細工ごとをするようなことはせず、もっと男らしいごつい木を担いでやるような力仕事をしたのではないかと思います。また、町中の生活でそれだけの筋力を使わなければならない理由もなく、表具師という仕事で言えば、強い筋肉は手先のデリケートな動きにとって敵と言えます。

そこで、私の体重が学生時代に45キログラムと軽かったので、幸吉先輩も45キログラムだったろうととりあえず勝手に決めました。当時の日本人の男性の体重は50から55キログラムとありますから、筋力を使う平均的な農業などを仕事にしている人に比べると、5から10キログラムぐらい軽い体重になります。身に着けるものを3キログラムとすると人とその付属品で48キログラムとなります。

機体重量　＝　総重量　－　人とその付属品

＝　55・9kg　－　48kg　＝　7・9kg

胴体重量　＝　機体重量　－　主翼重量
＝　７・９kg　－　５・３kg　＝　２・６kgとなります。

胴体には、尾翼や人がぶら下がる枠なども付きますから、胴体重量が２・６キログラムでは作れない感じがします。

翼幅９・０メートルと10・０メートルも試算し、８・０メートルと共に並べてみました。

結果は表３に示すような値となり、翼幅９・０メートルのとき胴体重量16・１キログラム、10メートルの場合は31・１キログラムが許されることになります。しかし機体総重量で40キログラム（翼幅10メートル）は、飛び立つ前に自分で持ち上げるとして非力な幸吉には少々重い感じがします。また彌作と二人で布に包んで運んだ場合も、移動に時間がかかることを考えると重

表3：翼幅と機体重量の関係

翼　幅	8.0m	9.0m	10.0m
主翼面積	8.89㎡	11.25㎡	13.89㎡
総重量	55.9kg	70.8kg	87.4kg
主翼重量	5.3kg	6.7kg	8.3kg
機体重量	7.9kg	22.8kg	39.4kg
胴体重量	2.6kg	16.1kg	31.1kg

写真19：頓所式ハンググライダー

い感じがします。

ここから先は翼幅9・0メートル、機体重量22・8キログラムで検討することにします。参考として、戦後作られた頓所式ハンググライダー（写真19）は、木製の飛行機型でしたが、翼幅9メートルで、機体重量は25キログラムで仕上がっています。

問題は主翼重量の6・7キログラムです。これはとても軽い値です。写真20は、私が学生時代に作った人力飛行機「STORK《ストーク》」ですが、非常によく飛んだので、国有財産として国立科学博物館に永久保存になっています。四十数年たったので修復したいということで、国立科学博物館から依頼が来ました。それで去年2カ月間少々泊まり込み、傷んだところに手を入れ、修復してきました。STORK はとても軽く作られているので、本機の重量の割合を参考にして幸吉のグライダーを検討してみます。

計算は、主翼の実績重量を、桁と形状部分に分けて行います。

1　形状部分の重量は、STORK の値を基に面積比で算出します。

2　桁に割り当てられる重量を算出します。

3　2の重量で主翼桁が作れるか、試算します。

STORK の実績は、主翼面積が21・7平方メートル、主翼重量は19・9キログラムです。翼の全幅を貫いて頑丈な桁が真ん中に通っていますが、この主桁の重量は10・54キログラム、形状部分は9・36キログラムとなります（写真21・22）。

幸吉機の機体を試算します。形状部分は、

写真 20：人力飛行機「STORK」

写真 22：主翼構造カットモデル
中心に見える四角な箱が主翼桁

写真 21：主翼部分

11・25㎡／21・7㎡×9・36kg ＝ 4・85kg

となります。先ほどの計算で、主翼重量は6・7キログラムと計算されていますから、桁に許された重量は、

6・7kg － 4・85kg ＝ 1・85kg

となります。

これで翼幅9メートルの主桁が作れるか、ということですが、計算すると表4のようになります。概算ですが、1・57キログラムと算出されました。許された重量は、1・85キログラムですから製作可能と判断できます。

実際は、STORKの強度は破壊で2・7Gに耐え相当丈夫です。幸吉機ではもう少し弱くてもよさそうなのでより軽くできます。また、STORKは片持ち構造ですが、幸吉機で張線を使えばさらに軽くすることができます。

つまり適切な大きさにハトを拡大し、重量配分すると、ちょうど飛ぶものが作れてもおかしくない重量になりました。随筆の記録のそれぞれが、飛ぶために必

表4：STORKと幸吉機の重量比較

機種	STORK	幸吉機
翼　幅	21.7m	9.0m
人重量	58kg	48kg
胴体重量	16.0kg	16.1kg
主翼負荷荷重	74.0kg	64.1kg
主翼重量	19.9kg	6.7kg
主翼形状部分重量	9.36kg	4.85kg
主翼桁重量	10.54kg	?
幸吉機主翼桁重量＝9/21.7×9/21.7×64.1/74×10.54＝1.57		

要な数値とピタリと符合したことになります。全体を通じて矛盾や「そりゃ飛ばなかったろう、この数字はおかしい」という否定的要素は見つけられませんでした。

次は現実に飛び得たか、つまり予想される性能なのですが、翼の面積と重さが概ね予定通りできたとして、幸吉のグライダーはどの程度の性能を出すかということですが、概算は計算で出ます。まず失速速度なのですが次のようになります。

失速速度　＝　4×√（重量／翼面積／最大揚力係数）

翼面積として、主翼面積と水平尾翼面積の合計を使うと、

＝　4×√（70・8kg／（11・25㎡＋2・7㎡）／1・5）

＝　7・35777m／秒

＝　26・5km／時

となります。式の中の1・5という値は、最大揚力係数と言う、翼の性能を表す数値です。大きければゆっくり飛べるのですが、概ね1・2（板に近い出来の良くない翼）〜1・6〜1・8（湾曲の強い低速翼型）くらいの値を取ります。

飛行機には、ある速度以下では飛べない速度、失速速度というものがあります。この速度を下回ると墜落するのです。幸吉の機体では失速速度が、毎秒7・36メートル、時速26・5キロメートルです。旅客機や軽飛行機はそれに15％のマージンを持って離陸速度、着陸速度を決めているので、幸吉の場合も15％ぐらいの安全マージンは必要だろうと言うことで計算すると、毎秒8・46メートル、時速30・5キロメートルとなります。時速30キロメートルというと、自転車をちょっと本気でこいだ速度、元

気のいい高校生や大学生なら、地面を足で走ってダッシュをかけると出せる速度になります。そういう速度で飛べるわけです。

当時の京橋を調べてみると、橋から地面までの高さが4・5メートルあったと記録されています。欄干の高さは0・9メートルなので、有効な落下高さは5・4メートルあったことになります。この高さから石を落として自由落下させると、地面に着くときいくらの速度になるか計算してみます。

まず地面に着くまでの時間を計算します。

落下時間　＝　√（落下高さ　×　2／重力加速度）
　　　　　＝　√（5・4×2／9・8）
　　　　　＝　1・05秒

速度　＝　落下時間　×　重力加速度
　　　＝　1・05×9・8
　　　＝　10・29m／秒

10・29メートル毎秒、つまり時速37キロメートルになる（空気抵抗により実際の速度は少し低くなる）ので、安全に飛べる速度（8・46m／秒）を優に超えます。飛べる高度なのです。

幸吉の飛行を考えられる範囲、模擬的に紹介しますと、まず欄干から飛び出します。初速度はごく小さいので（向かい風があると有利）、最初は斜め下向きに落ちていきます。速度が増してくると、飛行機自身の重量はほどなくゼロになって、その後は翼の揚力が人を持ち上げ始めます。徐々に姿勢が水平になってきて、高度1～2メートルのところで水平に戻ってフレアーがかかってトンと降りたというのが、起こり得る飛行スタイルになります（この場合、重心位置や、主翼尾翼の取り付け角度を幸吉が実験を通じて理解していたということが前提条件になります）。

以上から、飛び降りる高度からいっても、幸吉が飛んだということに矛盾する点は、特にありません。さらに付け加えると、水平飛行に達した時の高度が地面に近いので、飛行距離は伸びたとしても10～25ｍ程度と考えられます。これを超えて大きく伸びることは、科学的に考えられません。橋より高く上がったとか、一回転旋回して見物したとか、それはあり得ません。

写真23は、大学1年生から2年生にかけて、私が機体の形状を、先輩が強度計算を担当して作った木製のハンググライダーです。このハンググライダーは恩師の木村秀政教授から「ＨＯＢＢＹ《ホビー》」と命名されました。翼の長さはゼロ戦より大きいのですが、東京の荒川河川敷で１９７３年に試験飛行したときのものです。最初、おっかなびっくり、足でブレーキをかけながらゆっくり走っていますが、ちょっと走ると機体の重量がゼロになるということが分かった頃から（横風が吹くと飛行機が傾きますが）、もうしばらく2～3回走った後きれいに飛行します。私も、幸吉と同様グライダーを作って、実際、飛んで

写真 23：ハンググライダー「HOBBY」の試験飛行 (1973年)

みたという経験があるわけです。HOBBYの製作は日本にハンググライダーが広がる少し前のことになります。

京橋からの飛行に拠って起こる騒ぎですが、下の人を見てついうっかり墜落したとか、夕涼みの人たちが逃げた後の酒肴を食べたとか、面白く書いてありますけども、パニックに伴う目撃証言というのは、物事の順序が入れ替わったり、衝撃的な部分が脚色されがちで事実とは違って解釈されるケースが多いのです。例えば飛行機でいうと、爆発して落ちたのか、落ちて爆発したのかがすぐ入れ替わる、ですから当時の人たち、あるいはその後の人たちが書いたドタバタ劇というのは、私のこの考察からはすべて外してあります。

写真 24：西山拙斎

事件の後、しばらくして、顛末が随筆にまとめられたわけです。直後に記録を残した西山拙斎（写真24）の『鳥人篇』では、「人が羽虫の真似をするとは愚の極」と批判的です。恐らく所払いになったこともあって、精密に書いて残すということがしにくかった事も一因ではないかと思うのです。ほとぼりが冷めた頃に、さらに何人かの人が記録（随筆）を書いているのですが、特に菅茶山の『筆のすさび』の中の「機功」は、事実を調べ、真剣に書いてあるように読めます。著名な方々の随筆ですから、短歌などに見られるように、要点を押さえ、無駄を省き言葉を選びながら、後で異論が出てもきちんと説明がつくように、真剣に書いたように読み取れます。科学的な部分を読み解く限り、私にはそう取れます。

私はこの幸吉の京橋からの飛行は、確信犯であったろうと思っています。ちょっと作ったから、思い立って勢いで飛び降りたというのではないと思うのです。世界の誰もなし得なかった技術を、10年かけてブレもせず、一直線に達成するような人物が、無考えに思いつきで飛ぶわけがない。少しずつ実験して、飛ぶと確信しない限り飛ばないはずです。その上、何か起こったらただでは済まないことも、当然知っていたはずです。その上で飛んでいるのです。これだけの記録があるにもかかわらず、「ありもしない作り話だ」と一笑に付すのは、幸吉先輩に対して失礼にあたると、私は思います。

この10年を超える一貫した取り組みを何が支えたのかな、ということに私は興味があります。幸吉は恐らく、この機体を作る前に、凧の滑空とか自作の模型飛行機のようなものをいろいろ作ってみて、「やりようによったら飛べる!」とある種の見通しを立てたのだと思うのです。そうであれば、10年間続けられる可能性が出てくると思います。

幸吉は所払いになって八浜に帰りましたが、居場所がありません。船乗りになって全国を回り、しばらくして船を降ります。おそらく非力な体力や、微細なものを夜遅くまで見続けたことによる視力の弱さなどで、船乗りに向かなかったのでしょう。最終的には静岡の駿府に住まいを構えますが、時計の修理業をやったり、入れ歯士をして備考斎と名乗ったりしています。江戸時代の当時の腕利きの歯医者のリストには「備考斎、浮田幸吉」という名前があります。跡を継いだ甥の二代目幸吉も備考斎を名乗って、一代目を超える成功を成し遂げます。静岡では腕利き歯医者備考斎の話は、伝承として今も残っていると聞きます。

岡山での裁きですが、当時の記録が残っていたと聞いたのですが、空襲で焼けたそうです。実際、事件があったからこそ裁きを受け、所払いになり記録が残されたのでしょう。

ところで、滋賀県に国友一貫斎（１７７８〜１８４０、写真25）という人がいて、幸吉より21年後の人なのですが、今から2〜3年前に、蔵の中から「飛行器の図面 阿鼻機流《あびきる》大鳥《おおとり》秘術《ひじゅつ》詳細図」（写真26）が出てきたというニュースが流れました。それで一貫斎の図面に忠実な模型を作ってみました。するときれいに飛ぶのです（写真27）。実際、一貫斎が

写真 25：国友一貫斎
（『夢鷹図』部分、国友一貫斎関係資料）

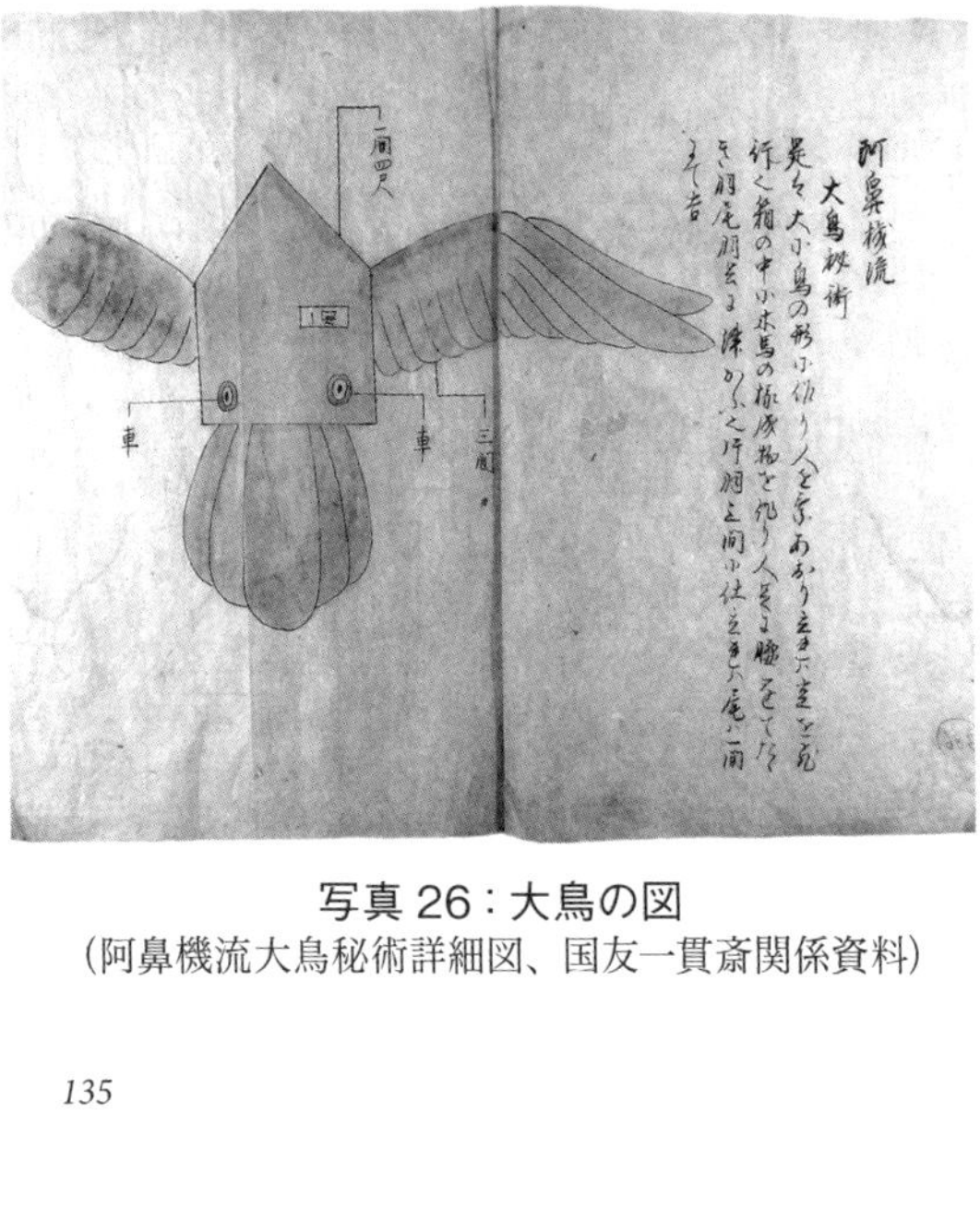

写真 26：大鳥の図
（阿鼻機流大鳥秘術詳細図、国友一貫斎関係資料）

機体を作って飛ばしたかどうか記録はありません。でも、幸吉よりしばらく後の方で、駿府と滋賀は比較的近いので、科学に興味津々の二人のことですから、多分この人は幸吉の飛行の話を詳しく聞いていただろうと、私は勝手に思っています。

一貫斎はもともと鉄砲鍛治で、ヨーロッパで反射望遠鏡が発明され、太陽や月をきれいに見ることができるということを見聞きして、一年ほどの間に日本の技術で作り上げてしまった人なのです。ほとんど向こうと同じレベルのものを作っていて、その反射望遠鏡は現存していて、今でもそん色なく使用できることが分かったというわけです。一貫斎は、太陽の黒点が毎日変化するさまを1年以上にわたって記録し、月のクレーターもきれいに書き残し、今でもその絵が残っています。

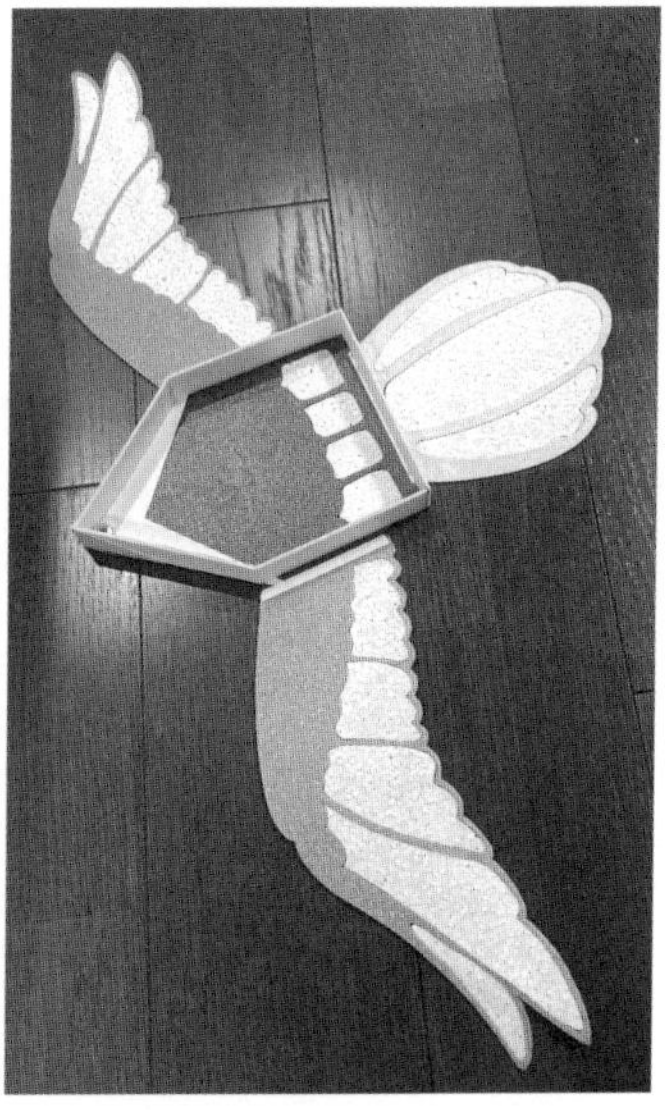

写真27：
一貫斎モデルの模型飛行機

私の私見になりますが、一貫斎は、ヨーロッパの発明を見聞きして、国内の技術で同等のものを作り上げた偉人です。しかし幸吉の偉業は、世界のどこにも手本が無く、空を飛ぶなど永遠にできもしないと考えられていた中で、ゼロから考え、作り、飛ばすという全てを独力でやり遂げました。つまり真の発明を成し遂げたわけです。一貫斎は、おそらく21歳年上の幸吉を高く評価したことでしょう。であれば、もし一貫斎が幸吉の業績を知っていたとすると、図面は幸吉を深く思いながら、そっと残されたのかもしれません。

幸吉のその後ですが、静岡で飛んだという噂があります。しかし、どこまでが本当なのか私の調べた限りでは、確たることは分かりません。

その後、竹内正虎という方が出て、1940（昭和15）年になりますが、『日本航空発達史』という本を書きます。この中に付録として、「浮田幸吉考」という五十五ページ程の記述があります。竹内正虎は陸軍大佐正五位勲三等の方です。このまま放っておくと記憶が消えてしまうということで、竹内正虎が自分の足で静岡に行き、岡山に行き、静岡の伝承と岡山の伝承が同一人物だと気づき、過去帳を調べ、関わる人の家に行き、「直接私が聞きました」という証言をかき集めたものが記述されています。竹内正虎の『日本航空発達史』は幸吉の飛行の記録書としては、最も貴重なものになります。

死亡時期については、はっきりしません。お墓は、静岡県磐田市の大見寺《だいけんじ》（写真28・29）に現存していて、戒名は「演誉清岳信士」とあります。「富士山より高く飛ぶことを演じた」という意味だそうです。ちなみに住職に尋ねたところ、墓石は動かしていないとのことでした。

浮田幸吉の墓は別にもう一つあるのですが、これは2代目幸吉のもので、系図を調べてみると、この幸吉の後

写真29：幸吉の墓

写真28：幸吉が眠る大見寺

に、同じ幸吉という名前のつく者が何名か出ています。ですから、過去を遡ると少しややこしい話になりがちです。

先ほどの北斎の凧の絵に戻りますが、当時の絵師たちは、単にきれいな絵を描くだけではなく、時代や出来事を風刺し、それらを巧みに組み込んだ絵で、人気を博したと言われています。今でいうと週刊写真雑誌のように、旬の話題を切り取って絵にしたわけです。私の勝手な私見ですが、凧の形も含め何か不自然さを感じるのです。右側の凧には北斎流の力強さが感じられず、それが富士山より高く揚がっています。

左側の四角い凧は強い風を受けて高く揚がっていますが、尻尾はまるで無風の中にいるように一直線に真下に垂れています。垂れた尻尾の先は、ちょうど静岡県駿河の位置を示しています。この版の初版発行は１８３０〜31年ですから、もし幸吉の死を悼む思いが込められ製作されたとすれば、幸吉の死はその前の１８２８〜29年かとも思えてきます。

幸吉の道のりは、飛ぶために用意されていたと思えるほどの人生ですが、この中で一貫した哲学、飛躍的な技術が生み出される素地というものが見えてきます。

1　源内や一貫斎などの優れた科学技術者は、関わる無数の要素をすでに身につけており、先行技術を提示されるとこれらを応用することで、短期間に製品を具体化させ得た。

2　無数の要素のほとんど全てはすでに幸吉の中にあった。しかしだれもできるとは思わなかった「飛行」を実現するために、何をどう組み合わせると目的（飛行）に辿り着けるか、これを思案したのだと石井の経験から感じられる。

3 幸吉は基礎や公式を、船宿の船乗りや船大工から吸収し、自ら構築、これを「大鳩（オオバト）」にどう応用したら飛べるかを考えた。

4 幸吉ほどの腕前であれば、本物の鳩と見間違えるほどの作品を作れたはず、しかし外見をまねただけの鳩には飽き足らなかった。

5 自分の腕で作るなら、鳥のように大空を飛べる作品を作り上げたいと、強く思うようになった。

6 試作と実験を繰り返し、自分を乗せて飛ぶ機体ができたとの確信の前に、広く人に見てもらいたい、知ってもらいたいとの思いが募り、抑えきれない気持ちの中で、裁きを受けるかもしれないが岡山城すぐ下の京橋から飛んだ。

7 所払いを命じられ船に乗った幸吉は、失ったものも大きかったが「自分には誇れるものがある」、また何か面白そうなテーマを見つけ積み重ねていけばいいと、案外明るい気分だったのではないかと、私自身の経験から思います。

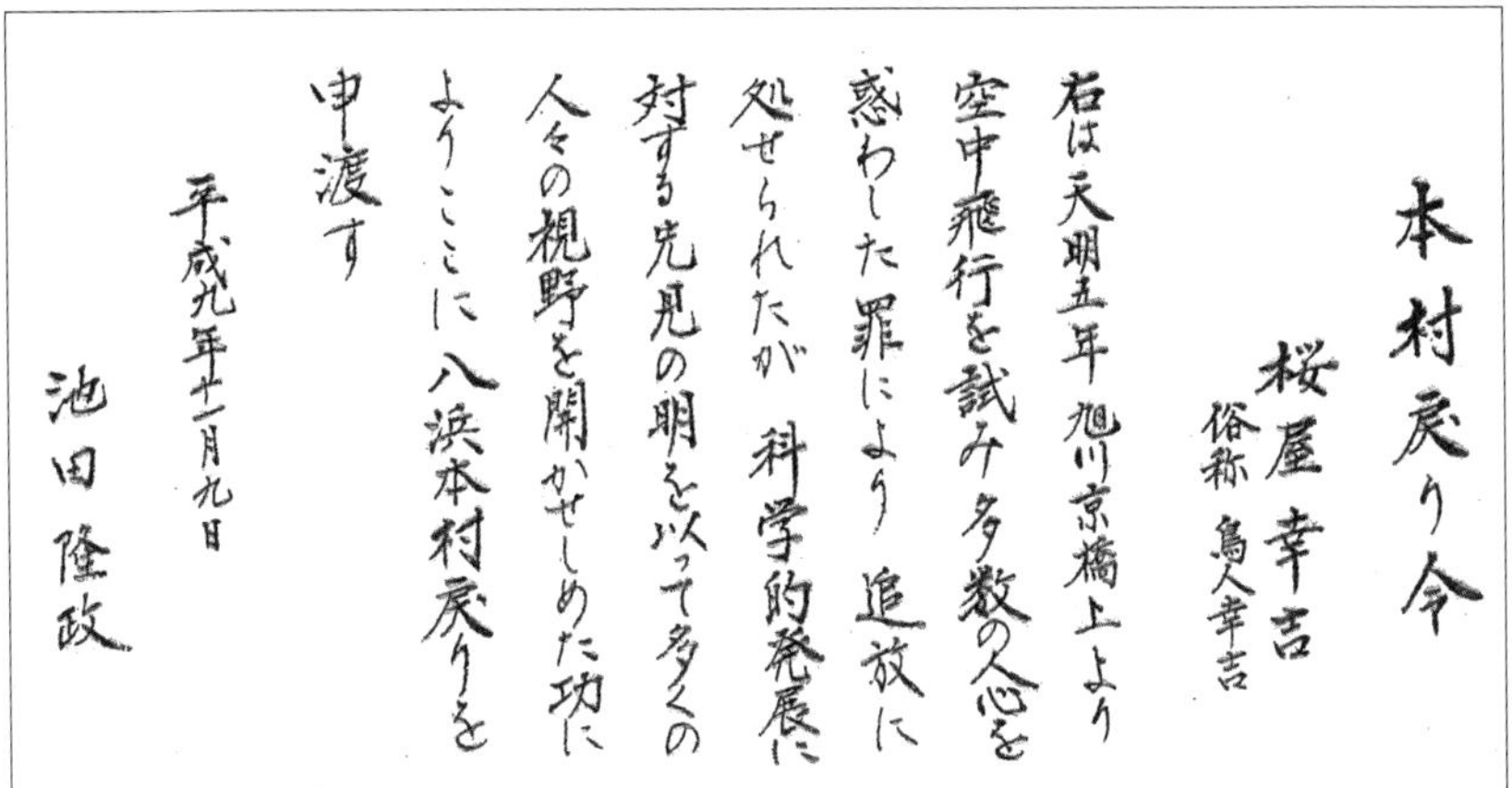

本村戻り令

桜屋幸吉
俗称 鳥人幸吉

右は天明五年旭川京橋上より空中飛行を試み多数の人心を惑わした罪により追放に処せられたが 科学的発展に対する先見の明を以って多くの人々の視野を開かせしめた功によりここに八浜本村戻りを申渡す

平成九年十一月九日

池田隆政

写真30：「本村戻り令」

最後に名誉回復なのですが、池田隆政さんというと、岡山の人は知っていると思います。旧岡山藩主池田家の第16代当主になります。飛行から２１２年後の１９９７（平成９）年11月９日、池田隆政さんから幸吉に宛て「右は　天明五年　旭川京橋上より空中飛行を試み　多数の人心を惑わした罪により追放に処せられたが　科学的発展に対する先見の明を以って多くの人々の視野を開かせしめた功により　ここに八浜本村戻りを申渡す」との書状を以て、名誉回復が図られました（写真30）。

私の話はここまでなのですが、一つ思うのは、幸吉はふすまや屏風、そういうことを仕事にしていました。ふすまは、表面に貼るふすま紙の下張りとして、要らない紙をたくさん張って補強しているのです。描き損じたものとか、ちょっと秘密にするものとかを張ることがあると聞きます。江戸時代の表具を１枚１枚捲っていくと、幸吉の描いた図面でも出てこないかなと思うのですが、出てくると、世界的な大発見になります。

資料①　『航空関連年表』

1769	ワット、蒸気機関（イギリス）
1772	平賀源内「エレキテル」
1774	杉田玄白『解体新書』
1776	アメリカ「独立宣言」（アメリカ）
1783	モンゴルフィエ、気球で人類初めて空に浮く（フランス）
1785	浮田幸吉　旭川河原で滑空に成功（日本）
1789	フランス革命（フランス）
1797	ガルヌラン、高度1000mから落下傘飛び降りに成功（フランス）
1809	ケーレー、模型滑空機による飛行実験に成功（イギリス）
同	ケーレー、湾曲翼型、上反角、水平垂直の舵、プロペラ推進の原理発表（イギリス）
1842	ヘンソン、飛行機の特許、補助翼が無い以外、現在の飛行機とほぼ同じ（イギリス）
1848	ヘンソンの理論による蒸気機関付き模型飛行機が、飛行に成功する（イギリス）
1868	江戸城開城、明治に改元（日本）
1869	スエズ運河、米大陸横断鉄道開通
1885	ダイムラー、ガソリン機関を発明、オートバイを試作（ドイツ）
1891	二宮忠八、プロペラ模型飛行機の飛行に成功（日本）
同	リリエンタール、滑空機の研究を始める（ドイツ）
1896	リリエンタール、滑空機で飛行中突風にあおられ墜落死（ドイツ）
1897	飛行船「ドイツ号」、空中爆発（ドイツ）
1900	ツェッペリン飛行船「LZ1」号、初飛行に成功、長さ128m直径11.7m（ドイツ）
1900	ライト兄弟、実験用グライダー第1号機を製作（アメリカ）
1903	ライト兄弟、キティーホークで飛行機による世界初飛行、340㎏、16馬力、高度2.5〜3m、時間59秒、距離260m（アメリカ）
1907	ブレゲー及びリシェ、人の乗ったヘリコプターを離昇、成功、540㎏、40馬力（フランス）
1908	ウィルバーライト（兄）、フランスで223㎞、2時間10分の飛行（フランス）
1910	ドラグランジュ、ブレリオ機が空中分解、荷重試験を行うきっかけ（フランス）
1910	ファーブル、水上飛行機グノーム50馬力で飛行に成功（フランス）
1910	ロールズ、ライト機で初めての英仏海峡横断往復飛行に成功（イギリス）
1910	モーラン、ブレリオ機グノーム100馬力で106㎞／時の速度記録（フランス）
1910	オリーラージェール、ブレリオ機で392.75㎞の世界周回距離記録（フランス）

1910	山田猪三郎製作の「山田式飛行船」初飛行
1910	パーマリー、デートン〜コロンバス間94㎞を初めて航空貨物輸送（アメリカ）
1910	エリー、カーチス機で巡洋艦バーミンガムから離昇（アメリカ）
1910	徳川大尉、アンリファルマン機グノーム50馬力（高度70m、距離3㎞、4分）で、日野大尉、グラーデ機24馬力（高度45m、距離1㎞、1分20秒）で、公開飛行
1911	奈良原三次の奈良原式2号機が国産機として初めて飛行に成功
1913	第一回シュナイダーカップ競走、優勝機は「ドペルデュッサン水上機」平均71㎞／時
同	ペグー、ブレリオ機で初めての宙返りに成功（フランス）
1914	第一次世界大戦（〜1918）
同	初めての全金属性飛行機が「ユンカースJ-1」により成功（ドイツ）
1918	アメリカ陸軍、ワシントン〜ニューヨーク間の定期郵便飛行開始（アメリカ）
1922	アメリカ陸軍、デボセザット式ヘリコプターで1分42秒の飛行に成功（アメリカ）
1926	バード、スピッツベルゲンを出発し北極上空に達し帰着（アメリカ）
1927	ドーリットル、逆宙返りを行う（アメリカ）
同	リンドバーグ、スピリット・オブ・セントルイスで大西洋単独無着陸飛行に成功
1931	ブースマンは、「S6B水上機」ロールスロイス2600馬力で548㎞／時でシュナイダーカップ競走に優勝、トロフィーを永遠にイギリスの手におさめる（イギリス）
1935	レーンの大会で、滑空機により540㎞の飛行に4名が成功、滑翔の研究が進む
同	飛行船「ヒンデンブルク号」、大西洋横断後米レークハーストで爆発、飛行船輸送に終止符
1935	ムフリ、ゴム発射型人力飛行機で235m飛行（ドイツ）
1936	五十嵐博士、超々ジュラルミンを世界で最初に開発
1937	飯沼、塚越、「神風号」で立川〜ロンドン間1万5357㎞の飛行（平均300㎞／時）に成功
1938	藤田、高橋、関根、「航研機」で飛行距離1万1651㎞、62時間22分の世界記録樹立
同	ヘンケ及び乗員、ベルリン〜ニューヨーク間7400㎞の無着陸飛行に成功（ドイツ）
同	ペッチ、「カプロニ161型」700馬力で1万7083㎞の高度記録樹立（イタリア）
1939	中尾、外6名、「日本号」で5万2860㎞、194時間の世界一周飛行に成功
同	「ハインケルHe178型機」、ターボジェットによる試験飛行に成功（ドイツ）
1939	第二次世界大戦始まる（〜1945）
1941	竹内正虎『日本航空発達史』を出版

参考文献

■幸吉資料■
竹内正虎『日本航空發達史』 相模書房 1940年
仁村俊『航空五十年史』 鱒書房 1943年
吉備外史『おかやま風土記 下巻』 日本文教出版株式会社 1957年
斎藤茂太『ヒコーキ談義』 番町書房 1975年
斎藤茂太『飛行機とともに 羽ばたき機からSSTまで』 中央公論社 1972年
吉川圭三『日本随筆大成』 吉川弘文館 1975年
小池丑蔵『表具屋渡世泣き笑い』 有限会社三樹書房 1985年
長谷川正康『江戸の入れ歯師たち 木床義歯の物語』 一世出版株式会社 2010年

■鳥・生物■
秋篠宮文仁+西野嘉章『鳥学大全』 東京大学総合研究博物館 2008年
フランク・B・ギル著 山岸哲監修・㈶山階鳥類研究所「鳥類学」 株式会社新樹社 2009年
川上和人著／中村利和写真「鳥の骨格標本図鑑」 株式会社文一総合出版 2019年
Jean-Baptiste de Panafieu『EVOLUTION』 Seven Stories Press 2007年
スティーブ・N・G・ハウエル『トビウオの驚くべき世界』 株式会社エクスナレッジ 2015年
東昭『生物の飛行』 講談社 1979年
東昭『生物の泳法』 講談社 1980年
Akira Azuma『The Biokinetics of Fling and Swimming』 AIAA,Inc 2019年
ラース・レーフグレン『オーシャンバード 海鳥の世界』 株式会社旺文社 1985年
デビッド・バーニー『ビジュアル博物館 第1巻 鳥類』 株式会社同朋舎出版 1990年
野上宏『小鳥飛翔の科学』 築地書館株式会社 2017年
久保泰『翼竜の謎─恐竜が見上げた『竜』』 福井県立恐竜博物館 2012年

■凧■
芳賀徹監修『平賀源内展』 東京新聞 2003年
川原崎次郎『凧あげの歴史 平賀源内と相良凧』 羽衣出版有限会社 1996年
村上節太郎『伊予の凧・日本の凧』 五十崎凧博物館 1989年
デイヴィッド・ペラム(広井力訳)「世界の凧」 美術出版社 1978年
広井力『凧』 毎日新聞社 1973年
日本の凧の会『日本の凧大全集 彩と形の民芸』 株式会社徳間書店 1976年

■和船■
和船文化・技術研究会『船の科学館叢書1』 重要文化財阿波藩御召鯨船千山丸 船の科学館 2004年
茂在寅男『古代日本の航海術』 小学館 1992年
西村美香『ムダマハギで海にでよう 和船の操船技術』 みちのく北方漁船博物館 2004年
杉浦昭典『帆船 その艤装と航海』 株式会社舟艇協会出版部 1972年

■航空開拓■
ベルトルト・ラウファー『飛行の古代史』 博品社 1994年
レオナルド・ダ・ヴィンチ『鳥の飛翔に関する手稿』 トリノ王立図書館蔵 原典翻刻アウグスト・マノリーニ 翻訳解説 谷一郎・小野健一・斎藤泰弘 岩波書店 1979年
オットー・リリエンタール『鳥の飛翔』 東海大学出版会 2006年
Arthur・G・Renstrom『Wilbur & Orville Wright』 Library of Congress Washington 1975年
橋本毅彦『飛行機の誕生と空気力学の形成』 財団法人東京大学出版会 2012年
木村秀政・田中祥一『日本の名機百選』 中日新聞本社 1985年
木村秀政監修 ブイヤント航空懇談会科学技術開発センター『とべ!飛行船』 山と渓谷社 1976年

■模型飛行機■
東昭『模型航空機と凧の科学』 電波実験社 1992年
木村秀政『模型飛行機讀本』 大日本飛行協會 1943年
岡本正人『紙飛行機の空力データ』 知活舎 2002年
『昆虫サイズ翼の空力データ』 発行責任者／岡本正人 編集制作／知活舎 2022年
小池勝『フリーフライト F1B』 ㈱スタジオタッククリエイティブ 2022年

■航空工学■
谷一郎『飛行の原理』 株式会社岩波書店 1965年
内藤子生『飛行力学の実際』 社団法人日本航空技術協会 1970年
山名正夫・中口博『飛行機設計論』 株式会社養賢堂 1968年
大日本飛行協會『滑空機便覧』 大日本飛行協會発行 1944年
木村秀政『航空学辞典』 株式会社地人書館 1959年

■人力飛行機■
石井潤治他『人力飛行機の設計・製作』 日本大学理工学部 昭和五十年度卒業実験報告書 1997年
おおえとしこ『ガンピの翼ストーク』 文芸社 2021年
日本大学理工学部航空研究会『あすも飛ぶ』 デザインエッグ株式会社 2016年
Keith Sherwin『Man Powered Flight』 Model & Allied Publications Ltd. 1971年
DON DWIGGINS『Man-Powered Aircraft』 TAB BOOKS 1979年
Morton Grosser『GOSSAMER ODYSSEY』 Houghton Mifflin Company Boston 1981年

■航空スポーツ■

平田実『新版ハンググライダー　鳥になる本』　成美堂出版　１９８８年
荻原久雄・平田実『ハンググライダー』　株式会社東京印書館　１９８０年

■浮世絵■
浅野秀剛／ティモシー・クラーク「北斎─富士を超えて─」　あべのハルカス美術館　２０１７年
松井英男「浮世絵の見方」　株式会社誠文堂新光社　２０１２年
永田生慈「北斎美術館⑤物語絵」　株式会社集英社　１９９０年
横地清「遠近法で見る浮世絵」　株式会社三省堂　１９９５年
千野境子「江戸のジャーナリスト葛飾北斎」　国土社　２０２１年
長澤陽子「日本の伝統色を愉しむ」　東邦出版株式会社　２０１４年

質問に答えて

八幡浜市美術館学芸員　井上千秋
日本航空宇宙学会会員　石井潤治
司会
アナウンサー　田中　愛

司会：それでは質問コーナーに移ります。皆さまからいただいているご質問です。まず、井上先生にお伺いします。

忠八と同じ時代を生きたライト兄弟は、動力があり操縦できる飛行機で空を飛ぶことができ、二宮忠八はそれができなかったわけですが、ライト兄弟と忠八の差というのは背景としてどういったものがあったとお考えでしょうか。

井上：ライト兄弟が飛ばした12年前に、忠八は飛行の原理を発見していたわけですから、それから12年もあれば、資金さえあればできていたのではないかと思っています。やはり資金面かなと考えます。そのほかには情報面だと思います。

日本において飛行機研究はそんなにはされていたわけではなく、また外国の情報も日本には入ってきていないと思われます。フランスのアルフォンス・ペノーという研究者がゴム動力模型飛行機（プラノフォア）というのを1871（明治4）年に実験して成功していて、ライト兄弟の場合は、その模型を買ってもらって遊んでいたという話も聞いています。ドイツのオットー・リリエンタールやイギリスのジョージ・ケイリーなど、外国の飛行機研究者の文献や論文を読み、それをもとに研究をしていったということなので、情報とお金ということではないかと思っています。石井先生、どうですかね。

石井：先ほど鳥の話をしましたが、自然のもので、飛行するものには普通垂直尾翼が付いていません。

あるのはトビウオくらいだと思います。人間や機械が縦・横・高さ、三軸方向に思うように飛ぼうとすると、方向安定はどうしても必要です。後退角をつけるという方法では非力ですし、これはごくまれなケースになります。忠八さんの飛行機を見ると、垂直尾翼がありませんし、後退角もありません。当時は自然をお手本にするしかなかったのでしょう。その後、復元機を飛ばすということで、先ほどのビデオにありましたが、この復元機の設計と飛行を担当した野口さんは、私の大学の先輩に当たる方で、よく知っている人です。この復元機は、安全に飛ばすため忠八さんの図面には無い、垂直尾翼と水平尾翼が取り付けられています。

もし忠八さんが実用的な機体を作るチャンスに恵まれていたとすると、このままではうまく飛べないという場面に遭遇したことでしょう。その後、方向安定の不足が問題だと気づき、他にも課題があって改良を繰り返し、時間が許せば最後には飛行にたどり着けたのではないかと思います。模型が飛んでいる以上、忠八さんならやりきると思います。

残されている図面そのままに大きく作って、飛んで安全に帰って来る、ということについては、「？《ハテナ》」が残ります。

司会：飛ぶために重要なポイント、やはり技術面ですね。

先ほど、井上先生は金銭的なお話を挙げられましたが、逆にライト兄弟などはしっかりと継続的な資金提供があった、スポンサーというようなかたちがあったということなんでしょうか。

石井：ライトは兄弟で自転車屋を始めているのです。それまでに家庭の中のいろいろな道具を発明するのが大好きで、どこにもないものをどんどん作っています。結局大人になって自転車の製造販売を始めるのですが、当時としては最先端なんです。自分で稼いだお金で飛行機の開発をやるわけです。だから、どこからも茶々が入らなかったということです。

司会：事業と同時並行で研究を進めていたということですね。ありがとうございます。
それでは、続いての質問ですが、忠八はカラスを見て着想を得て、飛行原理にまで思いがいったということですが、ほとんどの人はカラスを見ているのにもかかわらず、どうして忠八はそういうことにまで思いが至ったのでしょうか。常にそういう問題意識を持っていたということでしょうか、という質問をいただいています。

井上：忠八は幼い頃から頭が良くて、いろいろなことを考えていた。凧づくりもその一環ではあるんですが、人が思いつかないようなことを思いついていたという話があります。たとえば、子どものころにみんなで神社で遊んでいたときでも、みんなは虫取りをしていたのに忠八は地面を見つめてセミが地面から這い出てきた様子を見ていたという具合で、ちょっと一風変わった子どもであったという逸話も残っています。発明をする人たちというのは、同じものを見ていても、人とは違うところに気がつくということがあるので、そういうところだと思います。

司会：続いては、石井先生にお伺いします。最近ではテクノロジーの進化とかで「空飛ぶ自動車」がいろいろと話題になり、いつ実用化するんだろうかというニュースも目にすることもありますが、この「空飛ぶ自動車」というのは「小型飛行機」とどういったことが違うのでしょうか。ドローンなどとの原理の違いは何でしょうか、という質問です

石井：空を飛び道路を走って手軽に思う場所に行きたい、というのが「空飛ぶ自動車」だろうと思います。スタイルとしたらたぶん二つあります。

ローターが多数上向きに付いて、ヘリコプターのように上がって、機体を傾けて進んで行く、模型によくあるドローンタイプのもの。これはすでに模型が飛んでいますから大きく作れば良いわけで、試験として人を乗せて飛ぶのは何の不思議もありません。現に人を乗せて飛ぶものが試作されています。

もう一つは、翼の揚力で飛行する飛行機タイプの機体に、ハイパワーなプロペラを取り付け、プロペラの向きを上向きにして離陸、その後プロペラを進行方向に向けて飛ぶ、オスプレイタイプになります。

この二種類の機体に、タイヤをつけて公道を走れば、空飛ぶ自動車と言えるものになるのでしょう。ただ発明家は思いもよらぬアイデアで、別タイプのものを考えだすかもしれませんから、これについては予測がつきません。

私はお客さま向けに飛行機を造って売ったことがあるのですが、販売には国の安全検査を受ける必

要があります。つまり航空機用の型式証明と自動車用の型式証明の両方を取らないと運用できないわけです。私はレジャー用の飛行機を設計製作し、検査項目を全て証明し、認可を取って販売した経験があります。

航空機では安全を担保するため、全ての要素の確実性を極限まで高める必要があります。飛行機の設計や製作、運用は、あらゆる要素の確実性をビックリするくらい高い水準にする点に特徴があって、これを維持することにエネルギーを費やすのです。

例えば飛行機では、万一エンジンが止まってもグライダーのように滑空しながら、操縦して広場に降りるだけの性能があります。旅客機ではジェットエンジンが全て止まった場合、小型の風車が出てきて発電をし、最低限の電力供給で操縦して降りることができます。

ヘリコプターでは、万一エンジンが止まった場合は、オートローテーションという方法で、ローターを風車として回しながら降り、着陸寸前にローターの回転惰力でフレアーをかけ安全に着陸することができます。これはパイロットの技量試験にも含まれています。

空飛ぶ自動車に、航空機と同等の安全性を求めるならば、アクシデントがあったとき、許されるスペースに安全に降りる性能があるかどうかが設計段階で求められることになります。上向きローターのドローンタイプでは、ローターが止まったらアウトです。またプロペラ推力で上向きに持ち上げるというのは、ものすごいパワーが必要なので、手を差し込んだら腕は一発で切断されるでしょう。鳥がドローンを捕まえに来るシーンがテレビで流されたことがありましたが、ローターで鳥の足が無くなるのです。それで最近では見なくなったと思います。

模型でそのレベルです。人を乗せるにはもっともっと大きなパワーが必要ですが、試作機を見ると人のすぐ横に露出したローターがあります。乱気流とかアクシデントに見舞われて、あの中に人が入るとどうなるでしょう。

パワーが止まった場合、安全に降りてくるだけの性能も必要です。

こうした条件をクリアできて初めて、空飛ぶ自動車として利用できることになります。

事故が起きれば、世界中で運行停止になります。航空は世界を直接つないで飛ぶので、ルールは世界同時に作動します、そういうものなのです。パワーが止まっても、グライダーとして降りていけるような性能を残したものであれば、実用に向かうことができるでしょうけれど、その余地の無いものは、火山の上空に行くとか、戦争区域で使うなどの特別な使命がある場合に限って役立たせることになると思います。現時点で見られるようなアイデアの範囲であれば、その下で安全だと思って暮らせませんから、僕だったら許可しないですね。

司会：なるほど。私が生きている間に、普通に空飛ぶ車で出掛けるようになるのかなと、ちょっと考えたりしていたんですが。

石井：若い人にこの話をすると、ボタンを押せば機体が丸ごと蒸発するように設計すればよいと言う人もいます。でもそんな技術は出てこないでしょうから、簡単にはいかないと思います。

司会：飛ぶということは、そんなに簡単なことではないのですね。続いて井上先生にお伺いします。忠八が1894年に却下された飛行器設計の上申書には、その目的や用途についてどのように書かれていたのでしょうか、というご質問です。

井上：上申書に書かれている内容では、馬でやっている各隊間の連絡・伝令も空を飛んでする方法に変えられる、上空から敵情偵察も可能で、作戦計画を立てるのにも極めて有力な戦力になると、軍用機として有益であることを説明しています。また彼は看護兵であったので医薬品の輸送にも役立つと考えていたと思います。

司会：あくまで、輸送の目的ということですね。ありがとうございます。ではもう一点、こちらは石井先生にお伺いします。レオナルド・ダ・ヴィンチの考えたヘリコプターや羽ばたき式飛行機は、実際に浮上、飛行ができたのでしょうか。さらに時代がさかのぼった質問ですが。

石井：私はレオナルド・ダ・ヴィンチの手稿の復刻版を持っていて、皺の入り方まで精密に再現した本です。そこに空を飛ぶ仕組みについて克明に書いたページがあります。ダ・ヴィンチは、筋肉があって関節があって、これで羽ばたいて、鳥のように動くということに焦点が当たっているのです。機械としてのメカニズムの再現に焦点が当たっていますが、飛行の科学に対しては鈍いのです。ダ・ヴインチは羽ばたき機を描いていますが、小さな羽で人間の力で羽ばたいて飛ぶというのはもともと物理的に無理なので、羽ばたき機は飛びません。

それからヘリコプターですが、ねじ状につながった形のローターです。あれでも風は下向きに流れるでしょうから、メチャクチャなパワーで回せば上向きの力が発生するでしょうけれども、羽ばたき機以上にもっとすごいパワーが必要です。ですから、当時それが実用できたとは思えません。アイデアはいけるが、実現はしないというわけです。

ダ・ヴィンチが描き残したものの中には、四角錐の形をした布を張ったものの下に人がぶら下がっている絵があります。それをスケールに合わせて作った人がいて、実験したら落下傘としてちゃんと機能したということです。レオナルド・ダ・ヴィンチが描いたものの中には、おそらく実験に成功して絵を残したものもあると思います。

レオナルド・ダ・ヴィンチの門下生の記録の中には、山の上から白い白鳥様のものを造って飛んだ、という文章があります。飛んだら良かったね、という話ではなかったかとは思いますが。

司会：なるほど。技術的なことを考えると、記録に残っているものから空を飛ぶということは難しいだろうということで……。

石井：糸が切れたタコが飛ぶ現象を「飛行に成功した」と解釈してよいのであれば、何千年も昔から飛行に成功しているだろう、とお話ししました。実験では、板に重りを付けるだけで飛びましたね。

何千年か何万年か昔、これを探り当てた人がいて、その後も世界のあちこちで自然発生的に飛行実験に成功しただろうなと思っています。

司会：そうですね。飛行の定義、実験の定義ですね。ありがとうございます。

もう少しだけ時間がありますので、最後の質問なんですが私からの質問もよろしいでしょうか。二宮忠八、浮田幸吉の二人はいろいろと実験を重ね、構想を練っていたと思うのですが、単独で実験を繰り返したのか、誰かとチームとして協力体制を組んでやっていたのか。新しい技術を追い求めるときに、昔の人はどのように取り組んでいたのかという素朴な疑問があるのですが、先生方、いかがでしょうか。そういった記録はあるのでしょうか。

井上：カラス型飛行器をつくるときは、竹職人の人に協力してもらって素材を集めて一緒につくったということはあるんですが、あくまで図面は忠八が描いて、その通りに技術を提供してもらったという感じでしょうか。誰かと一緒に共同研究するとか、誰かの知恵をもらって二人で研究を進めたというのはやはりないですね。

石井：幸吉の場合ですと、当時空を飛ぶものといえば、妖怪とかお化けとか天狗というふうに考えられていて、世間が大騒ぎをしたという時代なので、隠れ隠れこっそりやっていたと思います。弟にちょっと手伝ってもらった程度で、幸吉は自ら身につけた技術や体験から全てを一人で創りあげたのだと思います。だから、恐らく幸吉は一人で隠れながら、周りからちょっと注意されながら、やってのけたのだろうと思います。

井上：忠八も同じですね。幼い頃、カラスが飛ぶ姿と、石を投げて水面を飛ばした水切り遊びが結びついたという話があるので、やはり経験してきたいろいろなことが頭の中にストックされているということだと思います。

もう一つ、先ほどの質問で誰か協力者がいたかということでしたが、幸吉と同じように忠八も丸亀の練兵場で初めて「カラス型飛行器」を飛ばした時は、結局、夕方にこっそり一人で行って飛ばしているんです。空気抵抗を確認するために、傘を持って橋の欄干から何度も飛び降りたということもあって、飛ばす前から変人だと思われていたので、それを誰かに見られたら、それこそ変人だと言われてしまうので。

司会：幸吉と忠八の人物像をさらに深めることができました。ありがとうございました。

ここで、お時間となりましたので、質問コーナーを終了とさせていただきます。

井上先生、石井先生、どうもありがとうございました。

図版所蔵・提供一覧　講演1

74頁　写真1：二宮忠八（22歳頃）　宗教法人飛行神社蔵
75頁　表1：二宮忠八関連年譜　井上千秋氏作成
76頁　写真2：新川と旧明治橋　八幡浜市教育委員会蔵
78頁　写真3：忠八が作った凧の自画帳　宗教法人飛行神社蔵
写真4：忠八自作凧　八幡浜市教育委員会蔵
写真5：忠八自作凧　八幡浜市教育委員会蔵
写真6：凧図（だるま凧）　宗教法人飛行神社蔵
写真7：凧図（風船凧）　宗教法人飛行神社蔵
写真8：凧図（凧の凧）　宗教法人飛行神社蔵
79頁　写真9：飛行原理を発見したという樅ノ木峠　宗教法人飛行神社蔵
80頁　写真10：『飛翔の実現』　八幡浜市教育委員会蔵
写真11：飛行原理等が綴られている　八幡浜市教育委員会蔵
81頁　写真12：忠八自作のカラス型模型飛行器（八幡浜市指定文化財）　八幡浜市教育委員会蔵
写真13：カラス型飛行器設計図（正面）　八幡浜市教育委員会蔵
写真14：カラス型飛行器設計図（平面図）　八幡浜市教育委員会蔵
83頁　写真15：忠八自作の玉虫型模型飛行器（八幡浜市指定文化財）　八幡浜市教育委員会蔵
写真16：玉虫型飛行器設計図（正面）　八幡浜市教育委員会蔵
写真17：玉虫型飛行器設計図（平面図）　八幡浜市教育委員会蔵
84頁　写真18：忠八の上申書　宗教法人飛行神社蔵
写真19：上申書に添付した設計図　宗教法人飛行神社蔵
85頁　写真20：日清戦争従軍時の忠八（左から2人目）　宗教法人飛行神社蔵
86頁　写真21：飛行神社二宮忠八資料館の展示　八幡浜市教育委員会蔵
87頁　写真22：○囲みが忠八の自邸（飛行神社）　宗教法人飛行神社蔵
88頁　写真23：飛行神社を創建　忠八は神主に　宗教法人飛行神社蔵
写真24：薬光神社　宗教法人飛行神社蔵
89頁　写真25：白川義則　宗教法人飛行神社蔵
90頁　写真26：『帝国飛行』第五巻四号（１９２０年）　一般財団法人日本航空協会蔵
写真27：『帝国飛行』第五巻四号の記事　一般財団法人日本航空協会蔵
91頁　写真28：長岡外史とわび状を掲載した『飛行』一周年記念号（１９２１年）　長岡外史　宗教法人飛行神社蔵、『飛行』　一般財団法人日本航空協会蔵

92頁　写真29：勲六等瑞宝章を受章した忠八（右は妻の寿世）　宗教法人飛行神社蔵
写真30：斐光園の記念碑前にて（1926年）　宗教法人飛行神社蔵
93頁　写真31：朝鮮京城府に建てられた記念碑（左から2人目が忠八、1932年）　宗教法人飛行神社蔵
写真32：自作の書画（鳥の飛翔）　八幡浜市教育委員会蔵
94頁　写真33：現在の飛行神社　宗教法人飛行神社蔵
95頁　写真34：伊藤飛行機研究所の卒業写真（前列左が兵頭精、右隣が加藤正世、1921年）　個人蔵
96頁　写真35：二宮忠八翁飛行記念大会　八幡浜市教育委員会蔵
写真36：忠八資料室（晩年の住居を八幡市から移築）　八幡浜市教育委員会蔵
写真37：忠八ミュージカル（2016年）　八幡浜市教育委員会蔵

図版所蔵・提供一覧　講演2
101頁　写真1：菅茶山（重要文化財 菅茶山関係資料）　広島県立歴史博物館蔵
102頁　写真2：浮田幸吉（イラスト）　©kosaka
105頁　写真3：バナナの木の皮で作られたカガディ凧（インドネシア）　石井潤治氏撮影
写真4：『富嶽三十六景』より「江都駿河町三井見世略図」
107頁　写真5：スチレンシートと重りで実験　石井潤治氏撮影
108頁　写真6：尾を調整して飛ぶトンビ
109頁　写真7：トビウオ　岡野哲也氏撮影
111頁　写真8：『富嶽三十六景』より「上総の海路」
112頁　表1：浮田幸吉関連年譜　石井潤治氏作成
113頁　写真9：山室さんの野点傘　大江利子氏撮影
写真10：野点傘　石井潤治氏撮影
115頁　写真11：サモトラケのニケ　大江利子氏提供
写真12：天女（イラスト）　©kosaka
117頁　写真13：リリエンタール　ディヴィッド・ベラム『世界の凧』より
写真14：リリエンタールの飛行　ディヴィッド・ベラム『世界の凧』より
写真15：リリエンタールの模式図　ディヴィッド・ベラム『世界の凧』より
118頁　図1：ヨットと飛行機　石井潤治氏作成
121頁　写真16：備前京橋渡り初図（国富文庫）　岡山市立中央図書館蔵
123頁　写真17：ハト
図2：ハンググライダーとハトの比較　石井潤治氏作成

平賀源内

万能の異才

平賀源内　（ひらが・げんない　1728〜1780）

讃岐国志度浦（現さぬき市）に生まれた平賀源内。博物愛好の大名、高松藩5代藩主松平頼恭《よりたか》にも注目され、本草・博物・物産学の才能を発揮し、藩士としてその期待に応えたが、やがて藩を脱して自由な活動を求めた。その足跡や交際人脈はどんどん広がり、文学・芸能・美術・鉱山開発・商品開発など多様な分野で才能が開花していった。時は江戸時代の宝暦・明和期、後に「田沼時代」と呼ばれた経済や学術の変革期であったが、その成果は結実、称賛されたものもあれば、焦燥や失意につながったものもあった。

2003〜4年、全国5館を巡回した「平賀源内展」。約20年の歳月を経て、展示の構築や展開に関わった2人が、平賀源内の栄光と挫折、「源内がやりたかったこと」と「源内がやらなかったこと」を解き明かすとともに、そのマルチぶり、遊び心の極みにも迫る。

講演

源内がやりたかったこと

香川県立高等学校教諭（日本史）
藤田彰一（ふじた　しょういち）

専門は近世対外交渉史（日蘭関係）。青山学院大学文学部史学科卒業後、香川県立高校の地歴・公民科教員となる。開設準備室の1年を含め、香川県立ミュージアムに7年間勤務。近世讃岐の人物、満濃池の歴史、松平家博物図譜などの調査研究・展示を担当。２００３年11月から全国5館を巡回した「平賀源内展」を企画・担当した。県立高校に戻った後も、平賀源内やハンセン病問題の探究・普及活動を続けている。

皆さん、こんにちは。ご紹介にあずかりました藤田彰一です。紹介にありましたように、私はこの県立ミュージアムに１９９８年から２００５年までの７年間勤務して、調査研究や教育普及、展示に関わってまいりました。ただ、学芸員ではありません。一高校教員でありまして、ここでの勤務で最後の一番大きな仕事は『平賀源内展』を務め終えるということでしたが、私の生涯にとっても、予算規模も含めて一番大きな仕事になったと思っています。現在は香川西部養護学校（２０２３年４月か

ら香川西部支援学校）の高等部に勤めておりますが、やはりかつて関わった者として心の片隅にはずっと在りました。実は10年近く前に、あるものが目に留まりまして、今日の話にも少し出してまいりますけれど、それを私の生涯における最後の源内さんへの贈り物にしたいなという思いは持っておりました。そういうところへ、山陽放送財団さんから声をかけていただいたので、既にご存じの方もいらっしゃる、使い古された話になろうかと思いますが、少し付き合っていただけたらと思います。

源内を象徴する誹諧

まず、皆さまにお訊ねします。平賀源内（写真1、表1）といえば、まず「エレキテル」（写真2）をイメージし、話題にすることが多いと思います。しかし源内は、「エレキテル」を自分の代名詞のように語られることを果たして望んでいたのでしょうか。私が源内を考えていくときにい

写真1：平賀源内

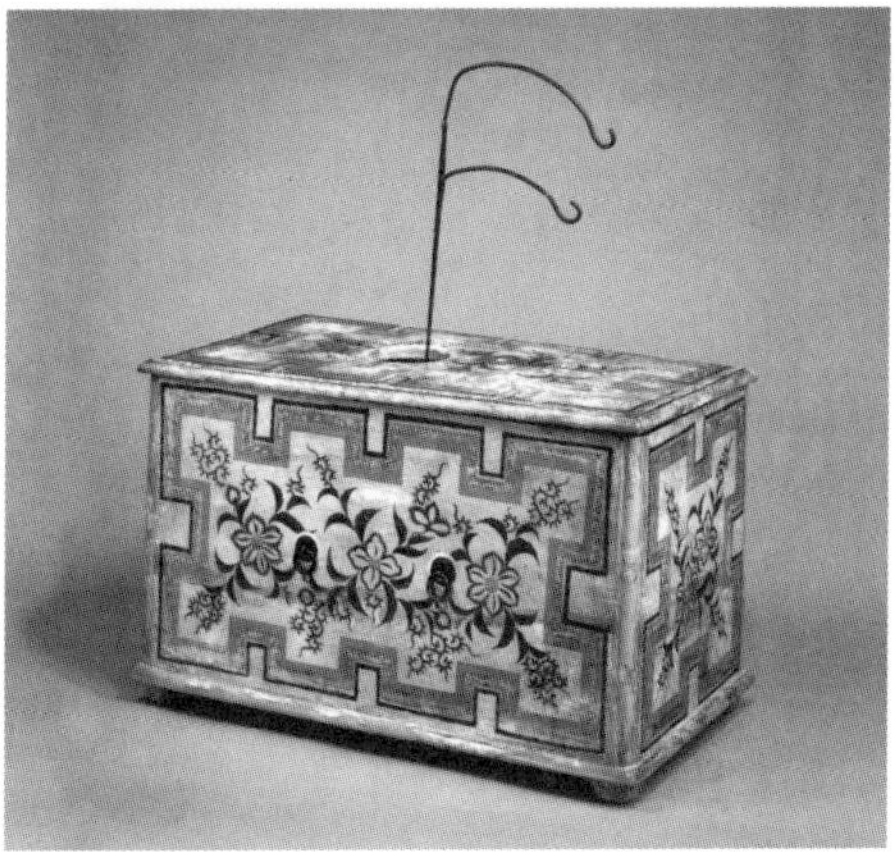

写真2：エレキテル

つも最初に思うのは、『平賀源内展』のときに本当にお世話になって、もう亡くなられた芳賀徹先生の本にも書かれていますけれども、「湯上りや　世界の夏の　先走り」という俳諧です。源内が長崎へ一回目に行って、江戸へ上るまでの間に、先ほどの講演で出てきた渡辺桃源さんや俳諧のふるさとの友人たちと、有馬温泉に湯治に行きます。その中で源内が詠んだもので、非常によく知られた句なのですが、この中に象徴的に「世界」という言葉と「先走り」という言葉が使われていて、私は源内さんを一言で象徴するならこの俳諧だろうと常々思っていまして、芳賀先生と意気投合したところです。では、源内さんの言う「世界」とはどうだったのだろうということで、彼の世界認識について捉えていきたいと思います。

まず、当時、長崎は誰でも行けるわけではありません。源内も最初に、今で言う大学を卒業して社会人になって暫くぐらいの年齢で、連れて行ってもらいました。長崎といえば、オランダ人が毎年のようにやってきていた、扇型をした出島。今はだんだん再現をされてきて、かつての空間が体験できるようになりました。私もほぼ完全に再現されてからまだ行っておりませんが、橋が一つあってここで出入りをチェックされるわ

写真3：出島図（「寛文長崎図屏風」より）

けです。「寛文長崎図屏風」（写真3）によると、後に、この辺り一角は西役所といって、長崎奉行所の本庁が立山役所に置かれると、その出先扱いとなりました。この絵図が描かれた寛文は源内が生きた時代よりもまだ前ですが、出島内や付近の様子もよく描かれていて、源内もそういう風景を見たのではないかということです。

オランダ船が４隻ほど港入りしてきていて、着岸はできませんから、ここから小舟に荷物などを載せて、乗組員も小舟に乗り換えて、こちらの波止場に着岸して荷揚げをしていくわけです。そういうところを源内は遠目には見られたかもしれませんが、出島の中に入れたわけではありません。ただ、出島の出入りが許されている人たちと話したり、また場合によっては外国人とすれ違ったりしたかもしれません。そういった長崎体験をしてきたということは、源内にとっては一番大きな体験だったろうし、最初の西洋認識はここから始まったと言っても過言ではないと思います。

こちらの絵図（写真４）は安永年間です。源内が亡くなった直後に木版でよく出されたもので、私も

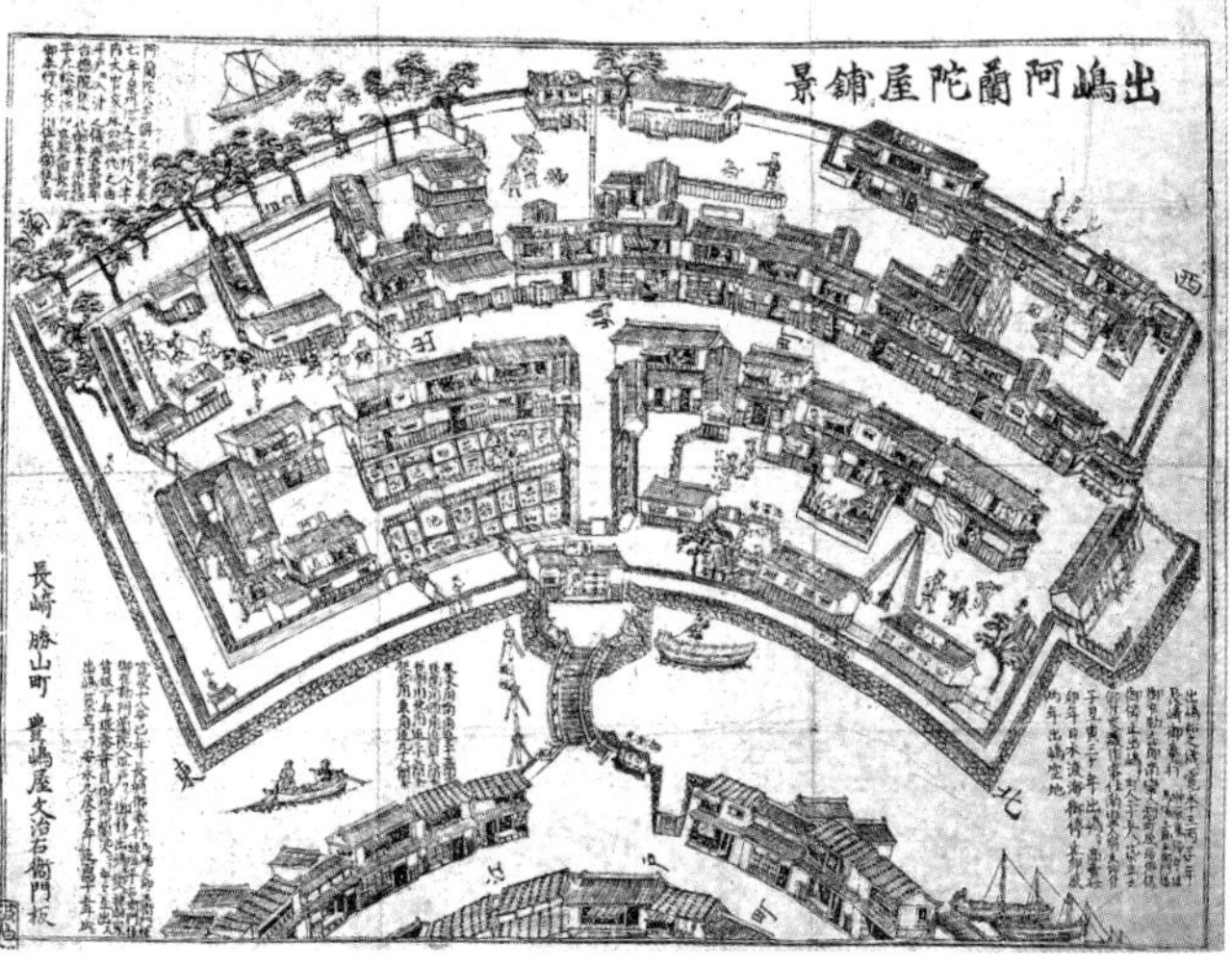

写真４：出嶋阿蘭陀屋舗景

表1：平賀源内関連年譜

西暦	和暦	
1728年	享保13年	讃岐国志度浦（現さぬき市）に高松藩士の三男として生まれる
		＊1729年誕生の説もある
1745年	延享2年	俳書『つくしこと』に李山（源内の俳号）の句。以後、俳書に名が見える
1749年	寛延2年	父の死去に伴い家督を継ぐ（一人扶持切米三石）。平賀姓に改める
1752年	宝暦2年	1回目の長崎遊学
1754年	4年	7月蔵番退役願い。8月退役許可、妹の婿に平賀家を継がせる
1755年	5年	量程器、磁針器を製作。源内焼を始める
1756年	6年	桃源、文江らと有馬温泉に赴き、『有馬紀行』を編む
		江戸に出て、田村藍水（元雄）に入門（または翌年か）
1757年	7年	藍水と相計って湯島（江戸）で物産会を開く
1759年	9年	9月再び高松藩に抱えられる（医術修業につき三人扶持）
1760年	10年	薬坊主格に昇進（四人扶銀十枚）。相模・紀伊等で採薬調査
1761年	11年	2月藩に辞職願提出。9月ようやく許されるも「他家への仕官禁止」
		伊豆で芒硝を発見。幕府の命を受け芒硝製作
1762年	12年	閏4月、江戸湯島で最大規模の物産会「東都薬品会」を主催
1763年	13年	『物類品隲』全6巻を刊行。平線儀を製作
		戯作『根南志具佐』前編、『風流志道軒伝』を刊行
1764年	明和元年	秩父で石綿を発見、それにより火浣布の隔火を織ることに成功
		『浄貞五百介図』稿本をまとめる
1765年	2年	『火浣布略説』刊行。「大小の会（絵暦交換会）」に参加
1766年	3年	秩父中津川で金山開発を始める。冬、大田南畝と出会う
1768年	5年	タルモメイトル（寒暖計）を模造。『日本創製寒熱昇降記』著す
1769年	6年	『根無草後編』を刊行。この年、秩父中津川の金山開発を中止
1770年	7年	初の書下ろし浄瑠璃『神霊矢口渡』、2作目『源氏大草紙』を初演
		秋頃、阿蘭陀翻訳御用を命ぜられ長崎へ
1771年	8年	『陶器工夫書』を天草代官に提出。5月頃「西洋婦人図」を画く（?）
		長崎からの帰途大坂に滞在。摂津多田銀銅山の水抜工事を工夫
		毛織物（国倫織）の試織に成功
1772年	9年	目黒行人坂大火で源内留守宅も焼ける。秋江戸へ帰着
1773年	安永2年	春、秩父中津川鉄山の採掘を始める（翌年休山）
		秋田藩の鉱山調査・指導。角館にて小田野直武に西洋画法伝授
1775年	4年	荒川通船工事が完成し、秩父木炭の江戸積出しを図る
1776年	5年	春から菅原櫛を売り出す。11月エレキテルの復元に成功
		12月『天狗髑髏鑑定縁起』刊。この頃、江戸戯作者との交流盛ん
1777年	6年	夏、エレキテルの見物客で賑わう。田沼意次の愛妾も見物に来る
1778年	7年	1月 戯書「歳旦」「歳暮」「冬籠の吟」を記す。戯作の刊行続く
1779年	8年	11月21日朝 誤って人を殺傷、12月18日 獄中で死亡　52歳
		（西暦1780年1月24日）　＊享年51歳という説もある

大学時代に最初にこれを見てゼミで学びました。真ん中に牛を引っ張っている様子があり、牛を飼っていたり、食事に肉食をやっていたりしたんだなということが分かります。先ほどの荷物を揚げる船着き場があり、ここに蔵が二つあって、満載されたいろいろな荷物が収納されるわけです。かなりの数が刷られていますから、この木版さえ手に入れれば、出島とはこういうところだと、江戸時代のこれより後の人は、出島の様子を随分知っただろうと思います。源内は実際に行っているわけですから、2回行っているうちに、いろいろなことを吸収して帰ってきたと思われます。

ただ、源内が西洋のことを知る直接のきっかけは、長崎と

写真５：長崎屋を描いた『画本東都遊３巻』

写真６：オランダ商館長の定宿「長崎屋」の跡

いうよりも江戸です。オランダ商館長の一行は、貿易をさせてもらっているお礼に、前半は毎年のように、大体旧正月の時期に長崎を立って、3月の終わりくらいまで江戸に逗留しています。お城に上って将軍にお礼を言ったり、いろいろな人と交わったりするわけですが、後に北斎が描いて木版で刷られた「長崎屋」の挿絵（写真5）には、いろいろな人が下で見物しています。オランダ人の一行も屋内からのぞいたりしています。最近はこれよりずっと克明な絵が発見されたりしていますが、ちょっと図版が使えないので、今日は一般的によく使われているものを出しました。この長崎屋の絵は、現在は中央区日本橋室町三丁目交差点の一角の、東京駅からＪＲの総武本線という地下を潜る線路の地上への出口のところに、中央区が紹介のために設置したプレートにも載せられています（写真6）。

後でまた言いますけれども、源内は宝暦、明和、安永という三つの年号を渡り歩いた人生ですが、真ん中あたりの明和年間は、毎年のようにこの長崎屋を訪れて洋書を手に入れていこうとするのです。そういったところも今日は話をしていきます。

こちらの皿は、源内さんの監修によって焼かれたといわれている源内焼です。ほかの焼き物にはあまり見られない世界図だと言われています。明の時代、マテオ・リッチのころの非常にアバウトなもので、一方にはアフリカ大陸、ユーラシア大陸、南極がメルカトル図法の原形ですから下に広く描かれていて、メガラニカという名前で紹介されています。こちら（写真7）は南アメリカと北アメリカの大陸で、二つセットであったり、片方だけであったりということでよく出ていて、源内さんはこの程度の世界図しか見ていなかったのかとよく言われてきました。

ところが、実は20年近く前の『源内展』のときに、何度かプロモーターをやっていた東京新聞のオフィスで会議をすることがありました。そこで、展示物として出るもの出ないもの、各館で違ってくるけれど、トータルしてこれだけのものを借りようということを確定していく最終会議で、芳賀先生が、「源内が持っていた洋書の蔵書は全部で8種類ある。8種類のうち7種類までは分かっているのだけれど、源内の『物産書目』の中の「世界図」（写真8）と呼ばれるものだけの正体が分からない。私も実物を見たことがない。なんとか展示の中で全部を並べられないかなと願っていた。でも残念だな。間に合わなかったね」と、私のそばでつぶやかれたのです。

それで、5館の担当者の中で私が唯一、蘭学・洋学を大学時代にかじっておりましたので、なんとかしたいなと思いました。今でこそ、インターネットでひいたらバッと出てくるのですが、ちょうどミレニアムに入ったころで、まだまだインターネットでいろいろなことを検索したり調べたりということを皆さんはあまりされていなかったんです。私はそれを聞いて、飛行機で高松に帰ってきて、翌日出勤したときに、ネットで調べたらどうだろうと思って、「ブルックネル」と打ってみたのです。そうしたらいくつかヒットしてきて、その中に横文字がありましたので、それを打ってみたら、まさにこのブルックネルの世界図に該当するようなものがあり、ブルックネルとは一体何者かというのがだんだん分かりかけてきたのです。そこで、インターネットの

写真7：源内焼「世界図皿」（南北アメリカ大陸）

力はすごいな、恐ろしいなというのを、私はそのときに実体験しました。源内さんが生きていたらもっとびっくりしていると思います。

　でも、国内には残念ながらなかったのです。書かれていたのはイサーク・ブルックネルという名前の人で、アイザック・ブルックナーとドイツ語で発音することもできるのですが、スイスのバーゼルの生まれ育ちで、フランスのルイ15世だったか、王立科学アカデミーというところで地図編纂にかかわっていたということが分かりました。だから、スイスのバーゼルに問い合わせて実物を借りるには、予算も無理だしできない。せめて、ポジフィルムのデュープの複製を取り寄せてほしいと東京新聞の垣尾さんにお願いして、取り寄せてもらって、『源内展』の図録に全部並べましたが、それを全部並べた中で、国内にその単票があるということが実は分かりました。

　そのうちの一つがこれです（写真９）。大阪大学附属図書館に２枚ありました。この中には、フラン

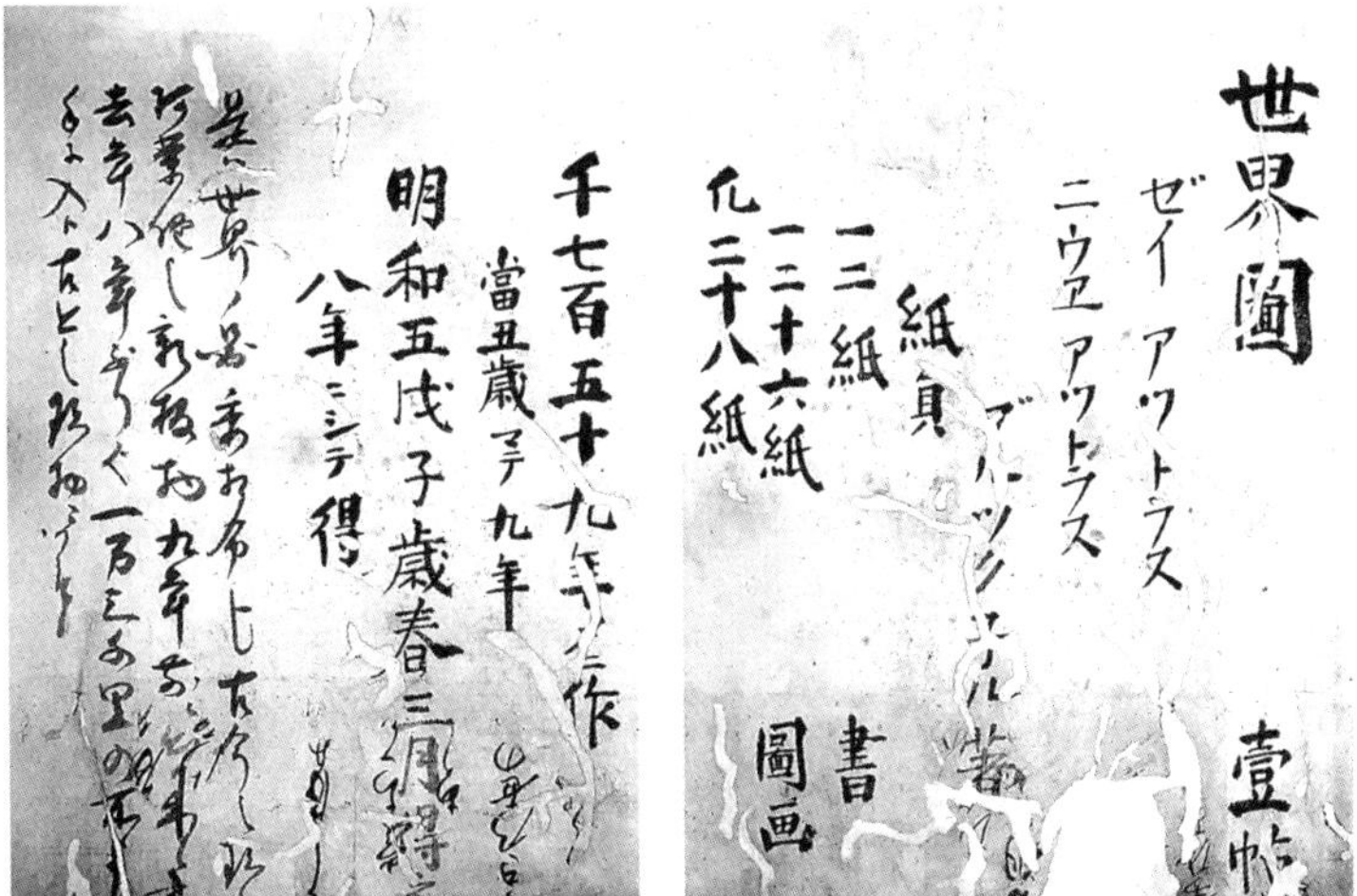

（朱書き）

写真８：『物産書目』より世界図のデータ部分

ス語で「NOUVEL ATLAS DE MARINE」とあり、北緯82度から南緯60度までのものをここに載せているとか、いろいろなデータの大体のことが書かれていたのです。この部分の記述があったのでいろいろなことが分かりかけて、大学時代の先輩に何人か西洋史の研究者がいるので、先輩に頼んで翻訳をしてもらうなど、後の源内さんのようにお願いして解明に努めていきました。

写真9：ブルックネル「北シベリア海岸図」

これ（上図中央あたり）は、ちょうどベーリング海峡です。ベーリングが探検した直後くらいにこの地図ができあがっていくので、当時としては最新の情報がここには実は描かれています。これに続くもの、さっきの部分の西横がこれ（下図）です。だからこれは北極海に面した部分です。これは、ATLAS DE MARINE とあったように、海岸線は克明に記されています。でも、内陸部のデータは現在の地勢図のようには入っておりません。当時は世界に船で乗り出していくということで、航海の目的が一番大きかったわけですから、海岸線を明らかにすることが先行したのです。

もう一つの極めつけは近畿大学中央図書館所蔵のこれでした（写真10）。日本がここ、右下に描かれています（⬅印）。伊能忠敬よりも前です。当然日本は、いわゆる海外情報を統制していましたので、オランダ人といえども日本の実測図などはこの時代はまだ持っておりません。だから本当にアバウトなかたちでしか描かれていないものなのです。ちょっと拡大してみます。ここに日本があって、ここに「JESSO」と書かれていますけれど、北海道

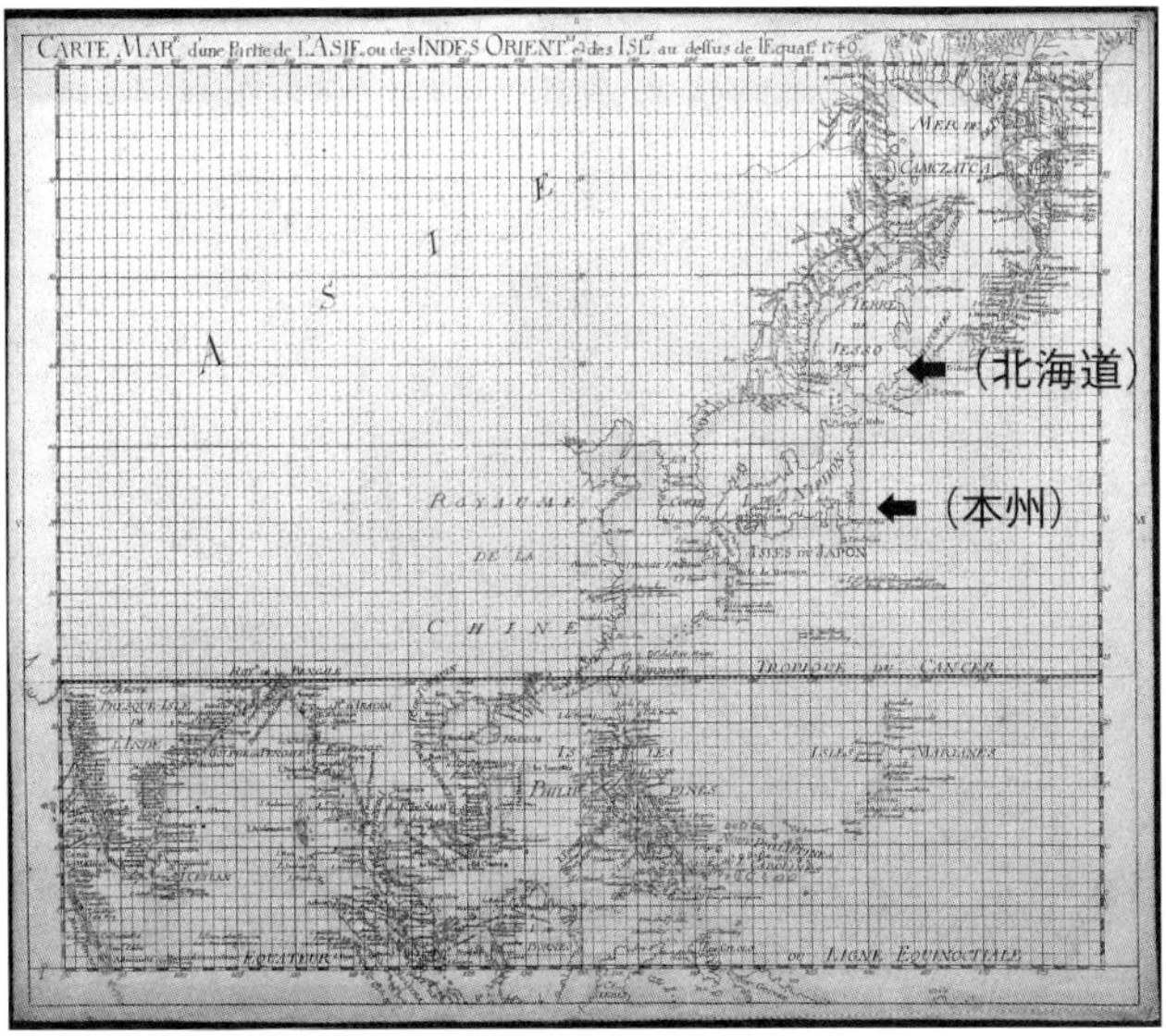

写真10：ブルックネル「東アジア図」

です。北海道も非常にいびつだし、大きさで言うとほかの日本の地域よりも相当大きく描かれています。カムチャッカ半島と千島列島は、探検したベーリングやロシアの情報が詳細に伝わっていますから、結構克明になっています。ただ、後に間宮林蔵が解明していく樺太などは、きちんとは描かれていません。大陸とくっついているようなかたちで海岸線も非常に曖昧です。

源内さんは、少なくとも明和8（1771）年にはこれを手に入れて、自分の書斎で自由に見ることができたということなのです。だから、先ほどの源内焼の一時代も二時代も前の明の地図ではなくて、当時の最新情報を仕入れることができていたということが分かりました。国内にある3枚は、地図帳仕立てになっているもののうちの単票にし直された3枚ということになります。ポジションで言うと、こんなかたちに並びます（写真11）。こうつながって、ここからカムチャッカ半島までつながっていきます。実はこっちのほうも私は見ているのですが、この北米の太平洋岸の辺りは探検が全然できていないので、海岸線が描かれていない部分もいっぱいあります。

これがその位置で、Ⅰ、Ⅱ、Ⅲ、Ⅳと横並びにいって、ここまでで、3×4で12で24枚（図1）。先ほどの『物産書目』の「世界図」の中で、「一　二十六紙　図画」と書いてあるところです。谷折りにして背中とじでとじ合わせた地図帳になっていると想像できますので、見えていない1枚というのは、分割ではなくて全図がおそらく入っていたのだろうと私は思っています。残念ながら私の場合は、実物を手に取って見ることがまだできていませんので、これはぜひ源内の生誕地であるさぬき市の記念館あたりが将来構想として、「世界図」がどこかで売りに出ていたら手に入れていただきたいと思っています。源内自身も、「是ハ世界ノ図委相分申候古今之珍書」と朱で書いています。「阿蘭陀之新板物

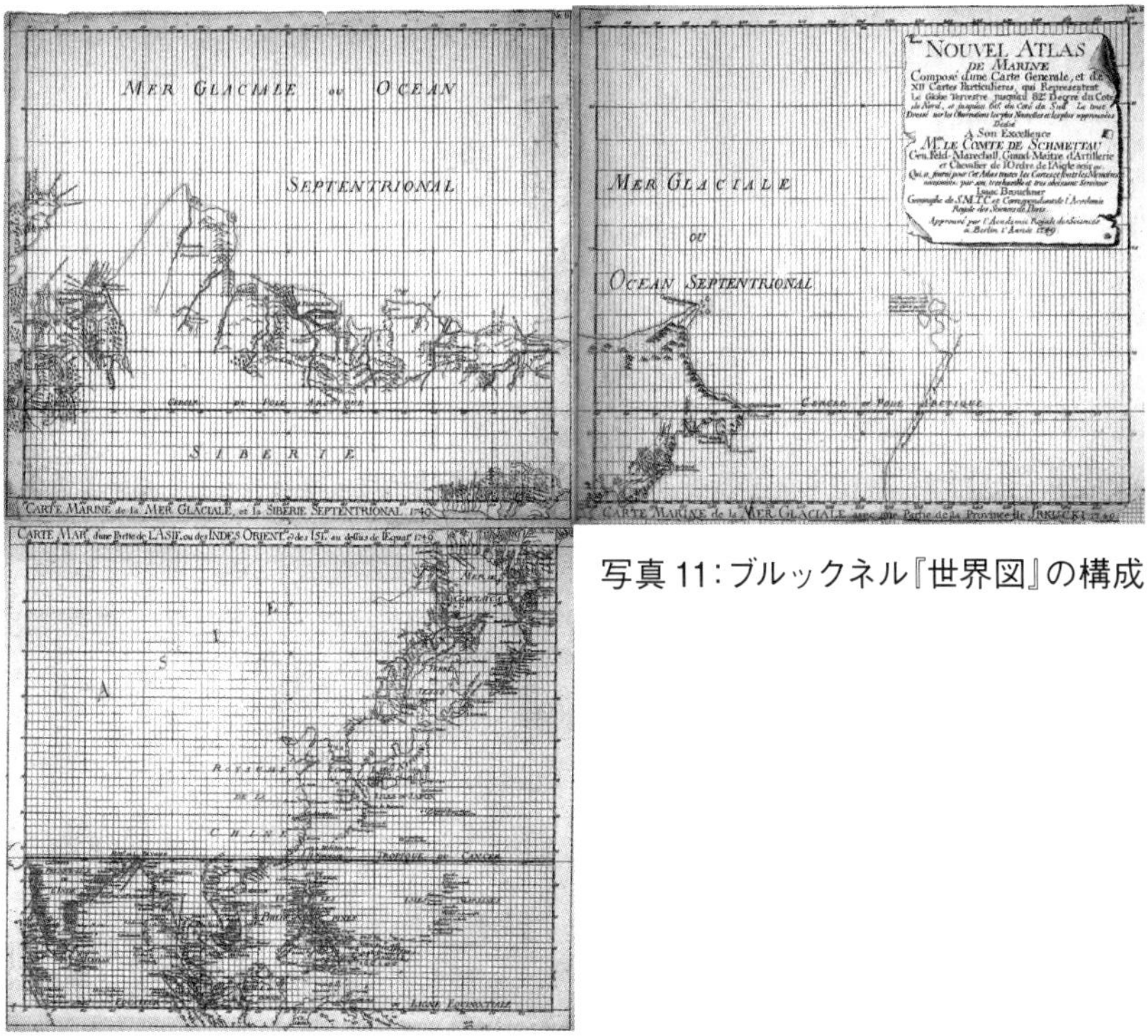

写真 11：ブルックネル『世界図』の構成

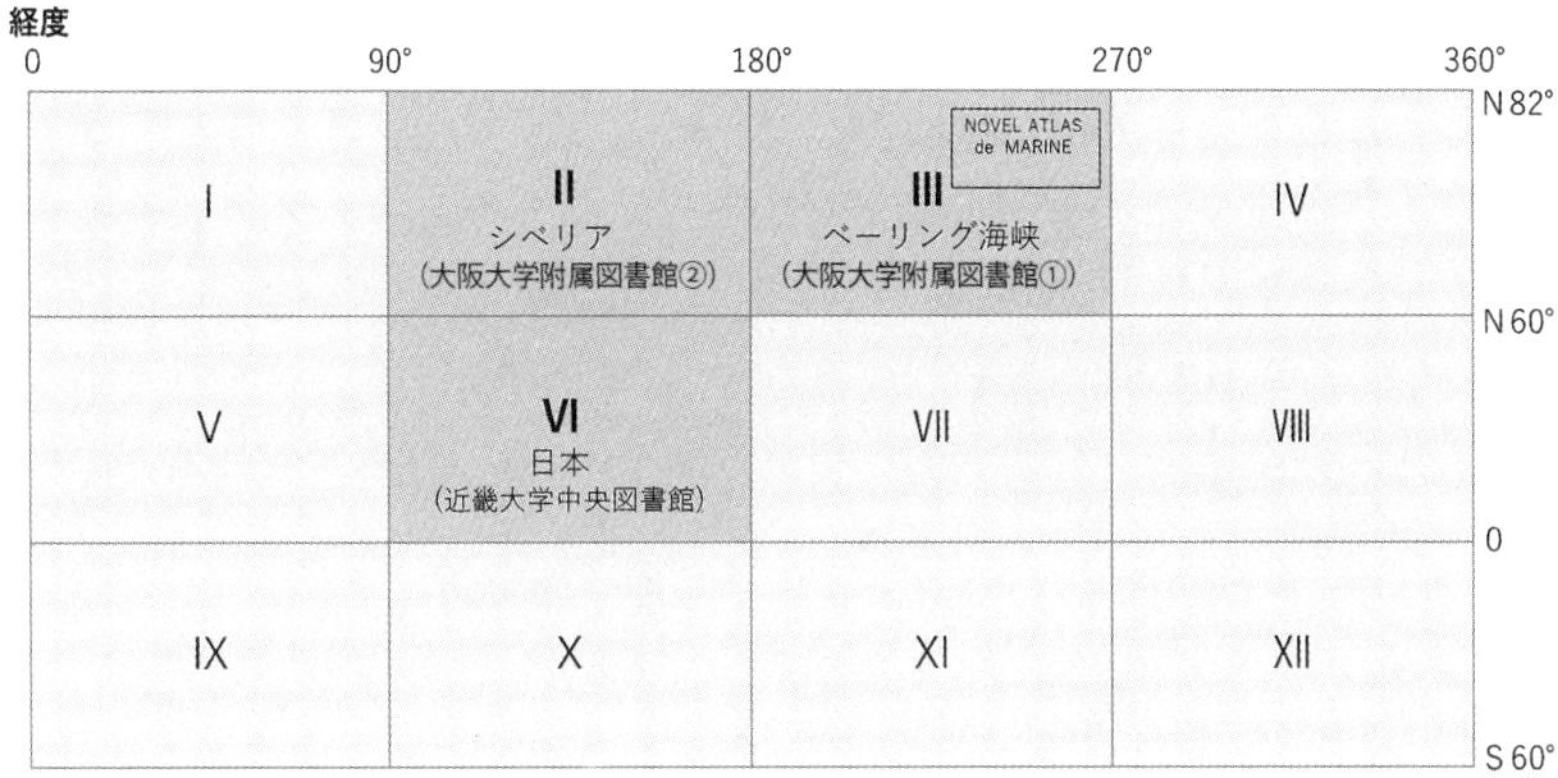

図1：ブルックネル『世界図』の構成

九年前ニ出来候書　去年（明和8年）八年ぶりニて一萬三千里之所より」とあり、源内はオランダ辺りからの距離を計算したのでしょう。そういうところから「手に入候古今之珍書ニ御座候」と朱書きを入れて、非常に大事にしていたということが分かります。また、源内は、これ以降、田沼意次とどんどん懇意になっていきますから、田沼あたりが北方探検をしていくということへの誘いにも、この世界図はなったのではないかと想像できるわけです。

高松藩に召し抱えられ知識・才能を発揮

それでは、明和から宝暦年間にちょっと戻ります。先ほどありましたように、宝暦の半ばあたりから、源内は高松藩主の松平頼恭の目にとまって召し抱えられました。ここにあるように、博覧会である薬品会にいろいろ出品していて、源内さんがそうした本草学、博物学に詳しい人間だということをいろんなかたちで知った頼恭は、ぜひ自分の手元でいろいろ手伝ってほしいと思ったのでしょうね。松平頼恭は、また後でも言いますけれども、特に海のもの、魚が大好きで、魚の観察をとにかく一生懸命にやっておりました。だから、そういったことをやりたい。それから、植物もたくさん図鑑を作って残しています。そういったことに、源内の知識や行動力や才能というものをぜひ使いたいと思ったのだと思います。

高松藩は源内を召し抱えて、ここに仙台公の伊達重村の名前が出てきています（図2）。伊達重村という人も、源内の著書やいろいろな資料を見ていると、たくさんの植物図譜や動物図譜を自分でも持っていて、それの貸し借りを大名間でやっているということが既に分かっています。もう一つ、私たちが源内と江戸時代の特に大名との関わりを考えていくときに、藩主はそのときにどこにいたのか。国元にいたのか、江戸にいたのか、また別の場所にいたのか。特に源内のように、付いてこいと言われて付き添って行き来しないといけない者は、どの場面でどこにいたのかというのは、大名の動きとリンクしているので非常に重要です。

採用されて2年目の1年間は、ここにあるように（表2）九代将軍の徳川家重の代観で京都へ行っています。高松松平家は将軍家に連なる親藩中の親藩の一つです。水戸とのつながりが深い家ですから、代わりに行ってくれということで、源内も一緒に京都に行きました。その帰り道、江戸に近い相模国に差し掛かったときに、「お前ちょっと、相模の海岸に行って貝殻の採取をしてこい」と言われて、そこの調査に行くのです。

それから、今度は国元へ帰ります。江戸を出発して高松に戻ってくる参勤交代の国元への帰り道で、今度は「途中伏見から別れて紀州に行け。和歌山県の海岸地帯をずっとまわってそこで貝の採取をしてこい」という命を受けて、源内は律儀に行くわけです。そして、貝の標本をたくさん収集して、紀州の貝は

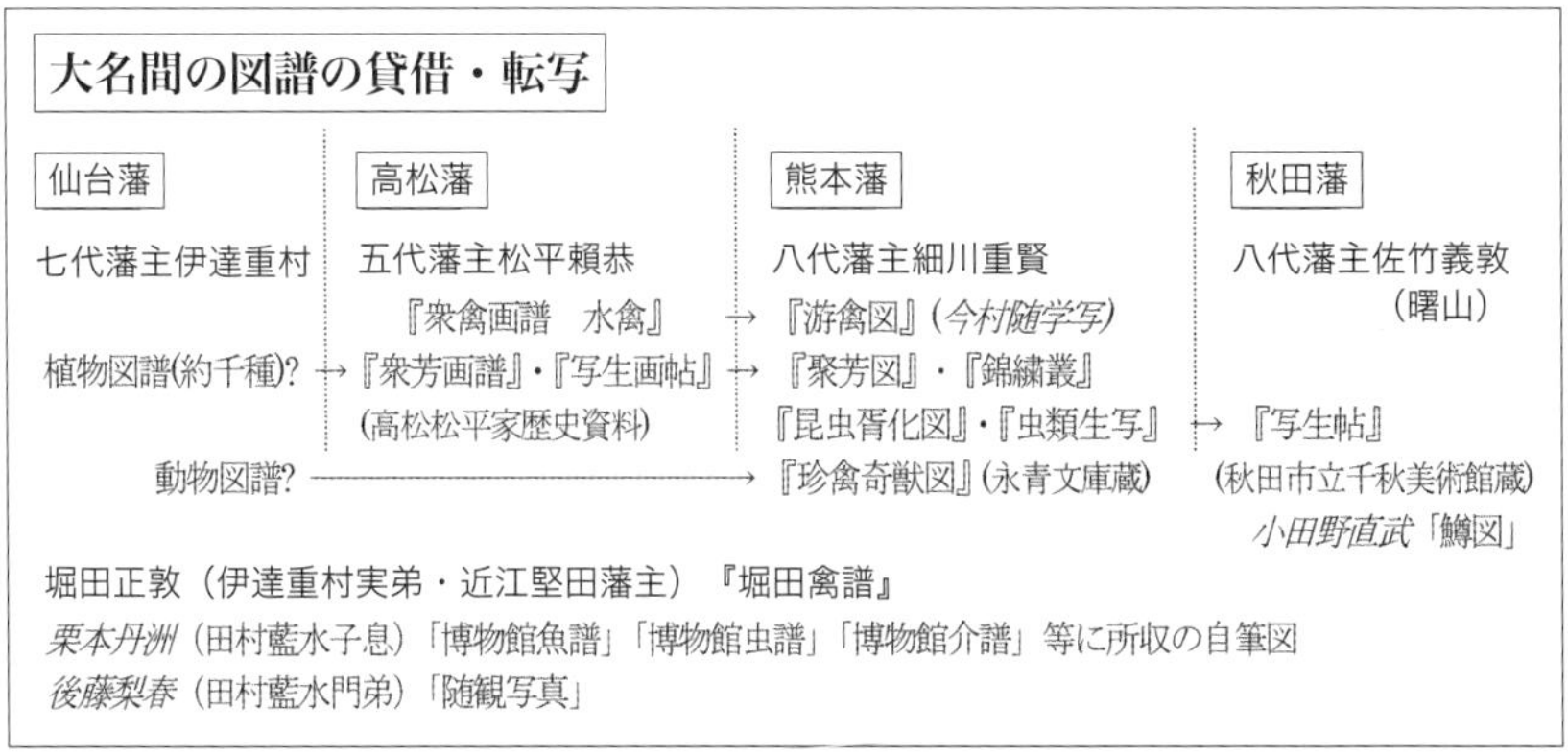

図2：博物愛好大名たちの交流・情報交換

表2：源内再仕官期の松平頼恭と源内

年号	月	日	松平頼恭の動向		平賀源内の動向
宝暦8年（1758年）	4				第2回薬品会に出品
	5	23	江戸出発		
	6	16	帰国		
	9	18～21	庵治行		
	11	4	金毘羅参詣	在国	
宝暦9年（1759年）	3		高松城門外に投書箱設置		
	4	16	国元出発		
	5	9	江戸到着		
	8				第3回薬品会を主催50品目出品
	9	3	源内を召し抱える		再仕官（三人扶持）
	10	5	伊達重村来訪	在	
	11	4	伊達重村招饗	府	
宝暦10年（1760年）	3				オランダ商館長一行のバウエルと会う竜骨について質問など
	3	4～21	将軍の代役で京都へ	京	京都へ同行
	4	6～22	京都から江戸へ戻る	都	帰途相模の海浜調査
	4	15			大坂の戸田旭山主催薬品会へ出品
	5				同薬品会記録『文会録』に跋文を寄稿
	5	12			薬坊主格に昇格（銀十枚四人扶持）
	6	28	江戸出発		帰国へ同行
	7	20	帰国		途中伏見から別れて、紀州調査～大坂へ
	8				帰国し、貝標本と「五百介図」写本提出、調査報告
	9	1	木村季明を老中に昇格させる		領内の採薬調査へ
	9	21～24	庵治行		
	10	8	白鳥宮参詣	在	
	10	21～24	庵治行	国	

年号	月	日	松平頼恭の動向		平賀源内の動向
宝暦11年（1761年）	1				戸田旭山「病名補遺」に序を寄せる
	2				藩に辞職願いを提出
	3	17～19	乃生崎行		
	3	22～24	庵治行		
	4	16	国元出発		
	5	8	江戸到着		洋書初入手、スウェールツ『花譜』
	7	10	9代将軍の葬儀に木村らを、桜田門外へ配備させる。		
	9	21	源内の辞職許可「仕官御構」	在	再度辞職かなう
	10	27	嫡子頼真、紀州家息女と成婚	府	神田白壁町へ居住
	10				東都薬品会趣意書で参加呼びかけ
	12				9月に報告した伊豆の芒消について、幕命で調査に行く
宝暦12年（1762年）	1	29	10代将軍家治に「衆鱗手鑑」献上		
	閏4	10			東都薬品会主催

見事だったという話が後でいっぱい出てきます。ただし、源内は貝の専門家ではありませんから、貝のことを探るにあたって何か先人の研究がないかということで、いろいろ探っていると、浄貞という京都で研究していた先人がいて、貝の図と貝の名前を詳しく書いたものがあると。これが『五百介図』です（写真22、187ページ参照）。それの写本を知って、源内はその絵も名前も自分で書き写して、貝標本と一緒に殿様に献呈したということが、文字資料では実際に記録されています。ですから、この1年間はほとんど貝殻研究に没頭しているのです。貝標本を探して集めて整理して分類してということに、追われています。

そして、戻ってくると今度は、庵治、白鳥神社、庵治、翌年にかけて乃生崎（五色台の海際の辺り）、それからまた庵治というように、庵治も乃生崎も両方とも高松藩の別荘があったところですけれども、北の海沿いに行っています。当然ですが、こういうところに同行させられて、海のもの、それ以外のときには山のもの、領内の琴平やいろいろなところに行っています。だから源内さんは、休む暇がほとんどないのです。自分がもし同じ立場だったら、皆さんはどうですか。殿様の命で、あっち行け、こっち行けと言われて、報告をすぐに出せと言われたら、寝る暇も惜しんでやらなければいけない。疲れて息が詰まって嫌になってくると思うのです。私だったらそう思います。源内さんもやっぱり、自分の流儀でやりたいこと、自分なりの採集や研究をしたかったでしょうが、そういうことができないわけです。

ただこのときに、スウェールツの『花譜』を手に入れているのです（写真26、190ページ参照）。後でまたお見せしますけれど、これは源内が一番最初に手に入れた洋書で、先ほどの世界図はずっと後なのです。辞職前に手に入れているのです。これもはっきりはしないのですけれど、源内が自分でお金を払って買ったのではなくて、おそらくですが、高松藩が何らかのかたちで資金的な援助をしているのではないかという想像ができるわけです。それが5月のことです。9月には辞職。ただし、さっきの「仕官御構」というものが付けられてです。辞職した後に、一番大きな東都薬品会という5回目の博覧会もやっていまして、この翌年の宝暦13（1763）年には、『物類品隲』という自分の主著となる博物学書を出版しています（写真12）。これが宝暦年間です。

博物愛好大名といいましたが、先ほど言った仙台藩、それから高松藩五代藩主松平頼恭。高松藩には『衆禽画譜』、これは水禽と野鳥があります。それから、『衆芳画譜』『写生画帖』、それともう一つは『衆鱗図』という魚の図鑑で、一番立派です。熊本藩八代藩主細川重賢《しげかた》と呼ばれる人は、そのお姉さんが頼恭の妻で、義理の弟になります。そういった関係もあって、私も永青文庫という細川家の文庫に行ってつぶさにこういったものを見せてもらいましたけれども、植物が非常にたくさんあるのです。そのうち、『写生画帖』にあるような図柄と一致するものがいっぱいありました。ということは、こちらから借りて写しているものもある。実際に植物標本も残っていました。貝の標本も残っていました。おそらくは、植物を食い荒らす虫をなんとかしたいという思いから始まったと思うのですが、芋虫系統、それからいろいろな虫に及ぶ、虫の観察をやっていて、克明に虫を描いています。そういったものも随分ありました。

そしてこれ（写真13）を見ていただいたら分かるのですが、ここは今、国立科学博物館の分館である自然教育園で、目黒の駅のすぐ側にあり、ここにあった高松藩の下屋敷に何回となく、源内ももちろんですが頼恭も通っています。例えば、そのすぐ先っぽ、現在高輪ゲートウェイの駅の高台を登っていった辺りに、今は上皇さまの仙洞御所の屋敷がしつらえられていますけれども、この辺り一角が細川家の中屋敷で、重賢は大体ここで生活することが多かったのです。この間、距離的なもので言うと、約1キロあるかないかなのです。江戸大名の屋敷

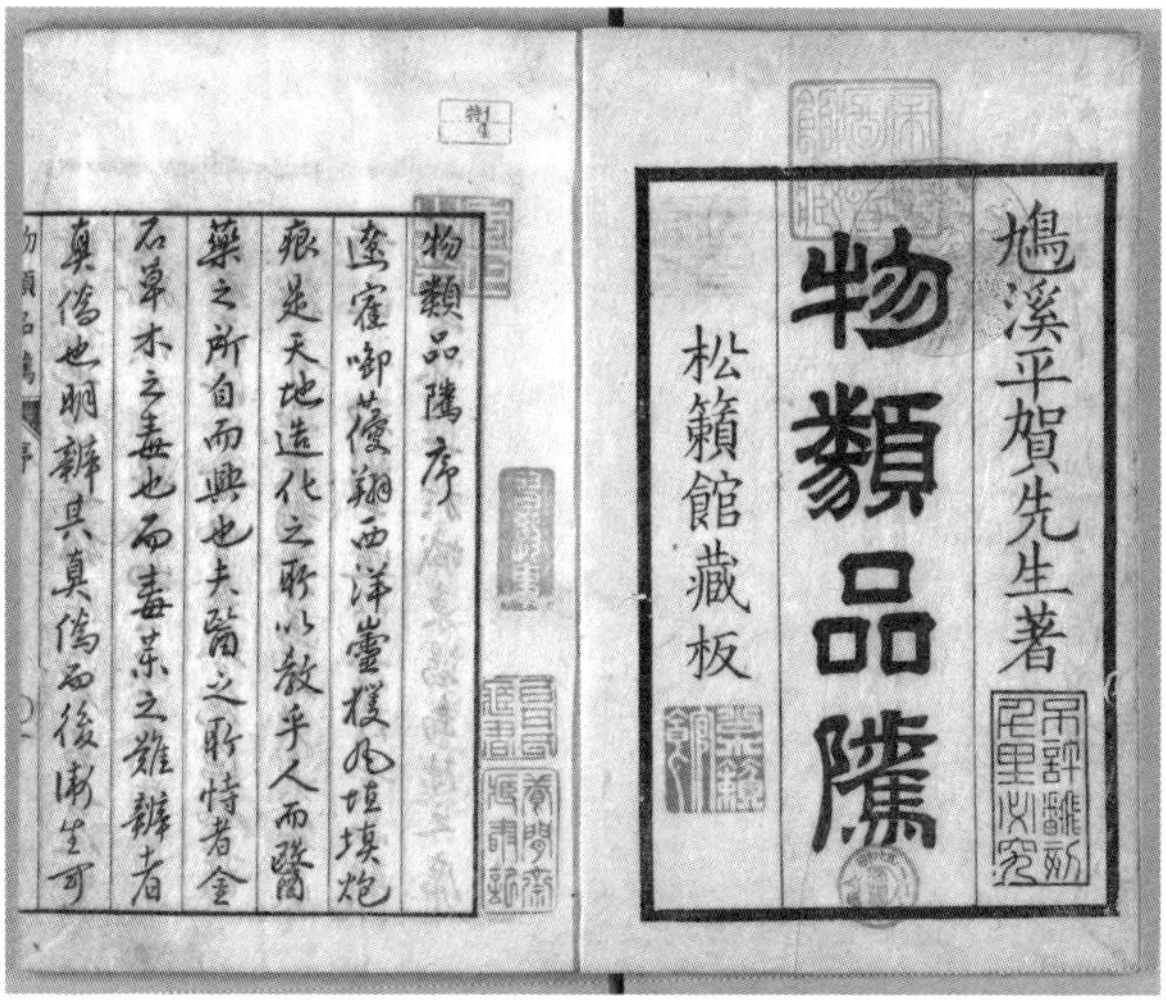

写真 12：物類品隲 1 巻

の距離感とか、親戚関係かどうかとか、趣味が一致するかというのは、この時代を考えていく上では非常に重要な要素、キーワードになってくるということです。

どんなものを描いているかということですが、例えばこれは『衆鱗図』のノコギリガザミ（写真14、沖縄辺りに生息）らしいのですが、この絵で一番注目してほしいのはここです。皆さん、カニを食べるときに口の辺りを見たことがあるでしょうか。こういうところをちゃんと描いているのです。こちらはナマコ（写真15）です。ナマコも、上側と下側、腹のほうの両方を描いたりしています。ナマコはご存知のように、イリコといって、ゆでて乾燥して長崎から高級中華料理の食材として、特に田沼時代は盛んに力を入れて輸出しました。主要な輸出品になっていくのです。こういうところも、物産に力を入れていこうということとリンクする部分が感じられます。

それから、これは後で出てくる鮭（写真16）なのですが、鮭の絵の下に、いわゆる筋子、腹子（イ

写真13：高松松平家下屋敷と肥後細川家中屋敷の位置関係

クラ）をちゃんと描いているのです。こういうところもおいしくて残すことなく利用できるよということを、『衆鱗図』ではちゃんと描いているのです。こういうところは、テレビ局が取材に行ったときに「この絵がほしいな」とディレクターの人が言ったりしますが、そういうことを源内は随分やっていたのではないかと想像できるわけです。本当に生々しい感じで、ほぐれていくところが出ています。

こちらは、お正月が近づくと栗きんとんを染めるクチナシの実です。黄色い色を出します。そういう部分も、花だけではなくて植物の場合は利用できるところを描いている（写真17）。それから、これはクサギという木です（写真18）。これは残念ながら花の部分しか描いてないのですが、この花にカラ

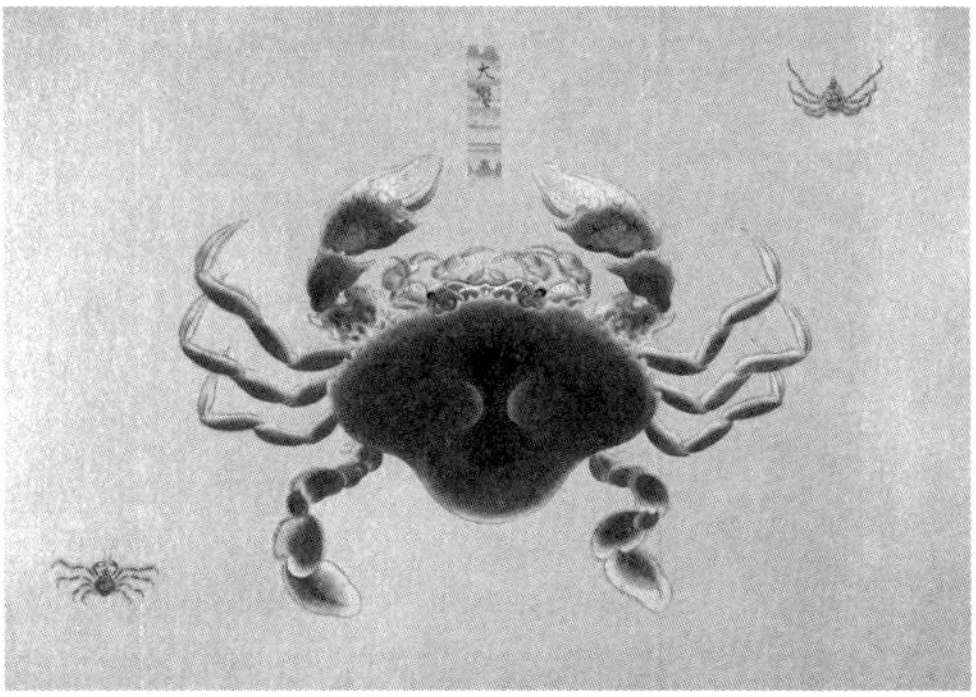

写真 14：ノコギリガザミ

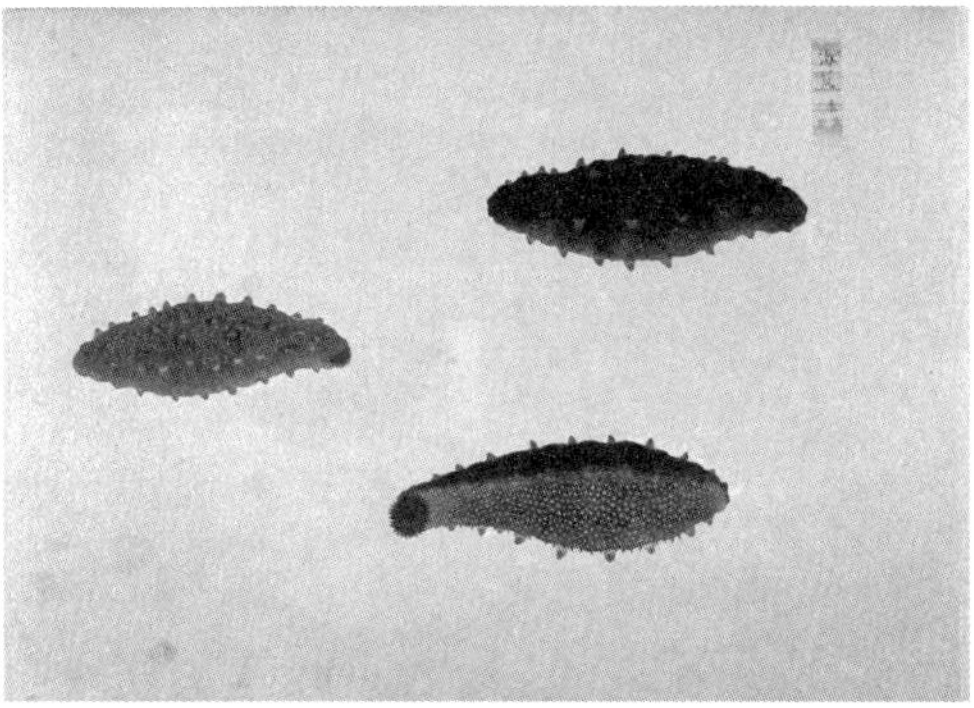

写真 15：ナマコ

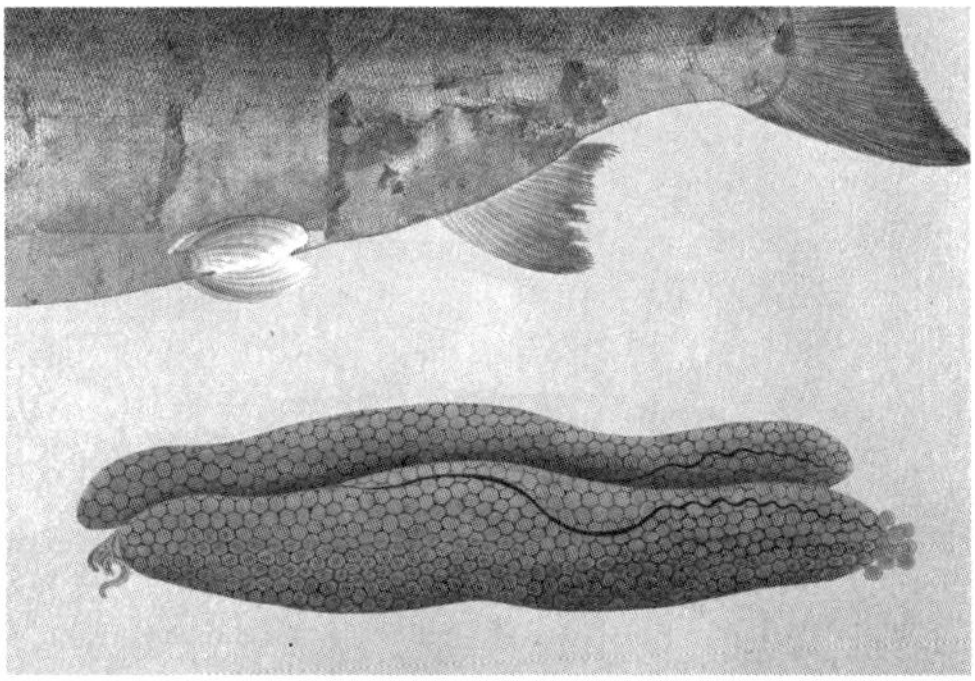

写真 16：鮭の卵

スアゲハ系のチョウが来て、やがて受粉するとこういう実（赤い星型の萼に美しい青色の実がついている）ができます。この実は染め物に使われます。草木染めをする人は自分で取りにいく人もいるくらい、水色がきれいに出ます。次の稲の葉が繁っているような植物、これはアマモです（写真19）。もう随分減ってきていますが、瀬戸内海のあちこちで、香川県の水産課が力を入れてアマモの増殖に今邁進《まいしん》していますが、葉についた白く粒のように見えるもの、これは気泡を描いているのです。水の中でアマモは光合成で酸素を発生させますけれども、そういった気泡まで描いているというのがすごいところです。鳥を描いた『衆禽画譜』は少なくて、水禽と野鳥の2帖です。その中から今回は2つ紹介しましょう。「イソヒヨドリ」（写真20）と「ハハテウ」（写真21）。2つのどちらも、このような鳥

写真17：クチナシ

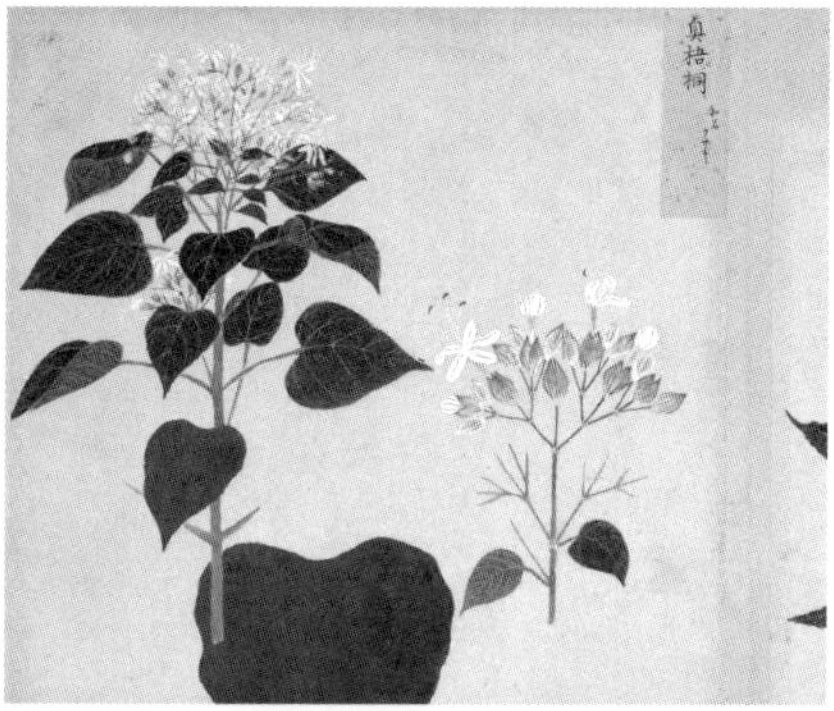
写真18：クサギ

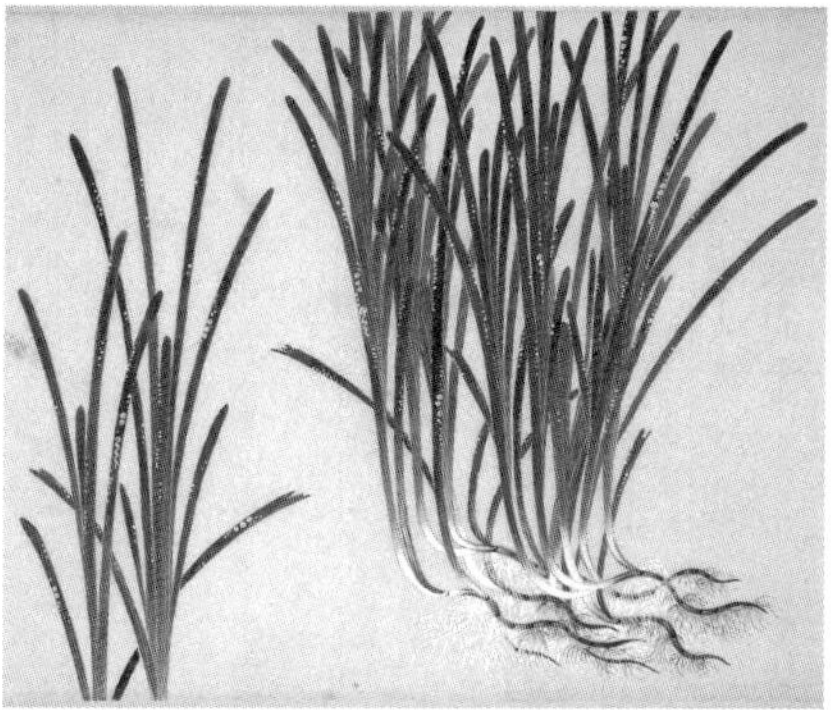
写真19：アマモ

が存在することを、私は『衆禽画譜』から教わりました。そこに描かれた姿や色の特徴が脳内にインプットされていたので、身近なところで見かけて、気に留めるようになりました。イソヒヨドリ（オス）は、観音寺市から三豊市の仁尾地区に向かう父母ケ浜手前の海沿いの道路で最初に見かけました。今では個体数が増えたのか、我が家の庭や近所でも見かけます。「ハハテウ」とはハッカチョウで、八哥鳥・叭々鳥として障壁画にも描かれているのを見かけますが、本来は東南アジアなど南方に生息する外来種です。黒い体だけに両翼の白羽部と冠羽が目立って印象的です。本来県内で見かけるはずのないハッカチョウを数羽、土器川沿いの倉庫の軒下で見たのです。どうやらレジャーランドから逃げ出して野生化したらしいのです。今では観音寺市界隈でもよく見かけます。鳴き声も印象的なのですぐ分かります。現代の野鳥観察でも役立つのがすごいですね。実物をしっかりと見つめて描いた証です。動きが速いだけに、源内や絵師たちが、どこでどのように観察していたのか気になりますね。

そして、さっき言った浄貞です。『紀州産物志』には、源内

写真21：ハハテウ

写真20：イソヒヨドリ

は、自分はそのとき「海辺ばかり詮儀仕り候故、山中は探薬も仕らず候」。すなわち、海辺ばかりずっと探索していて、山の中でいろんな薬草なども探したかったけれどできなかったと言いながら、このように貝が出てきます。貝殻というのは「薬用にて御座無く候へ共、風雅の一助にて御座候」とあり、言ってみれば、見た目で楽しんでいく。貝殻はこんな模様でこんな形で美しいなと私たちも思いますが、確かにそういうことの一助にはなるよと言っていて、忙しいながらも貝の研究に没頭したことは、源内にとって非常に思い出に残ることになったに違いないのです。

ところが残念ながら、高松藩には差し出したはずの貝殻の標本が伝わっていないのです。どこかにないかと思っているのですが、ここではまだはっきり言えないので、文字のデータ（文書史料による裏付け）を確実にさせてから、今後5年間の間に明らかにしようと思っています。もし文字史料がはっきりすると、ここに源内さんが集めた貝の標本があったということが言えるかもしれないということで、楽しみにしていてください。

この『五百介図』（写真22）は源内さんが写したもので、東京大学の史料編纂所にあります。それをもとに、『浄貞五百介図』という書物を源内は出版しました（写真23）。これは稿本ですから、自分で書き写した貝の図を貼っているのです。赤でいろいろな名称や表現などの間違いを指摘されたりしています。先ほどの『五百介図』の方の絵と一致するものがあります。やがて源内は、『アンボイナ島奇品集成』という貝をいっぱい描いた洋書を手に入れます（写真24）。そういったものに比べて劣るかもしれませんが、それに近いことをやりたいというふうに思っていたことは確実であろうと思われます。

ただ、これは杉田玄白の有名な『蘭学事始』という回想記（写真25、図3）ですけれども、『解体新書』の翻訳のことが出てきて、その中に源内さんが登場してきます。「平賀源内と云浪人者あり」とあり、高松藩仕官を離れているということですね。「業は本草家……敏才にしてよく時の人気にかなひし」と、特に江戸では人気があったということを言っています。カランスというのは、実際にはヤン・クランスというオランダ人の商館長なのですが、この人と結構会っていて、源内もいろいろと贈答品

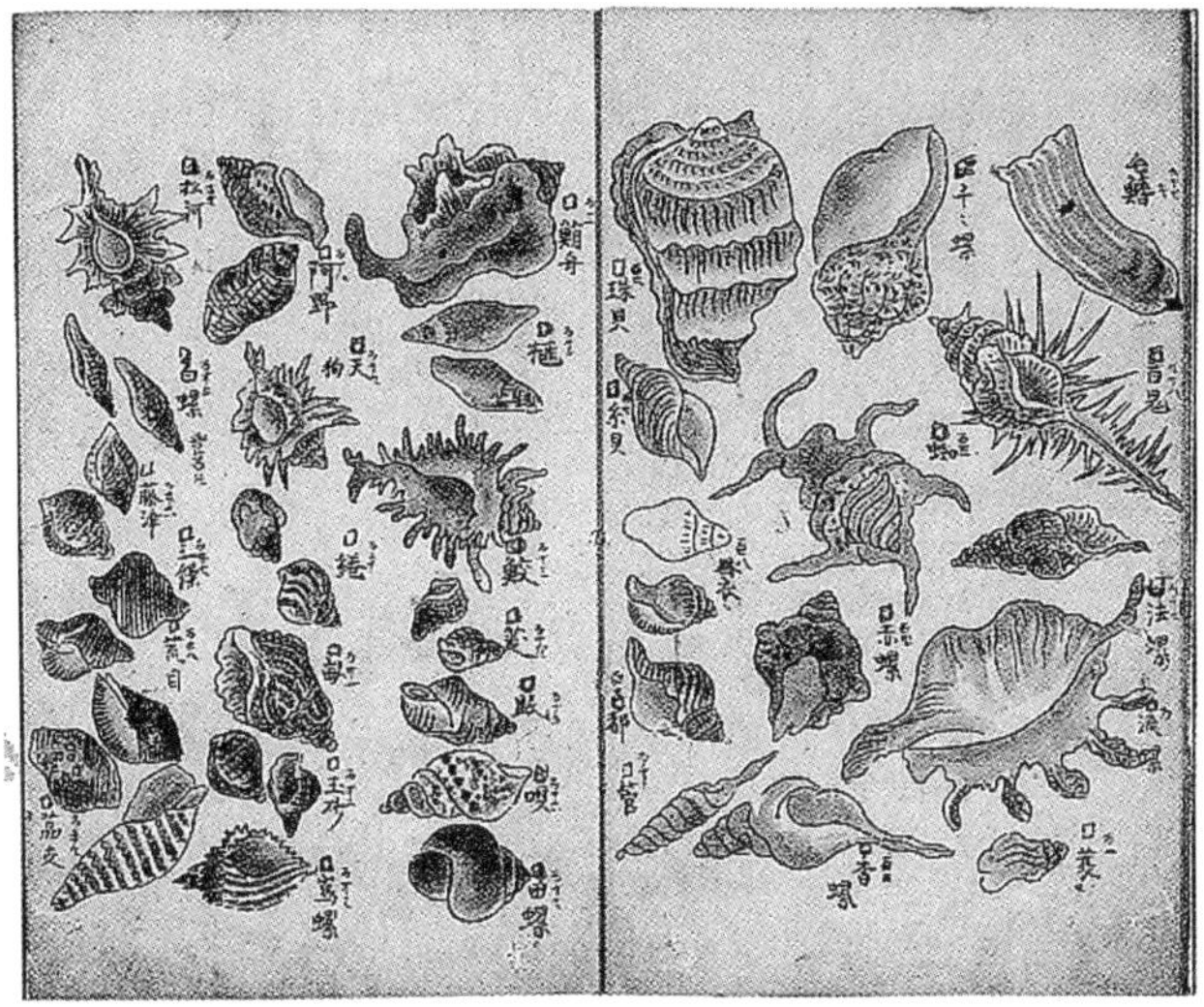

写真 22：源内筆「五百介図」

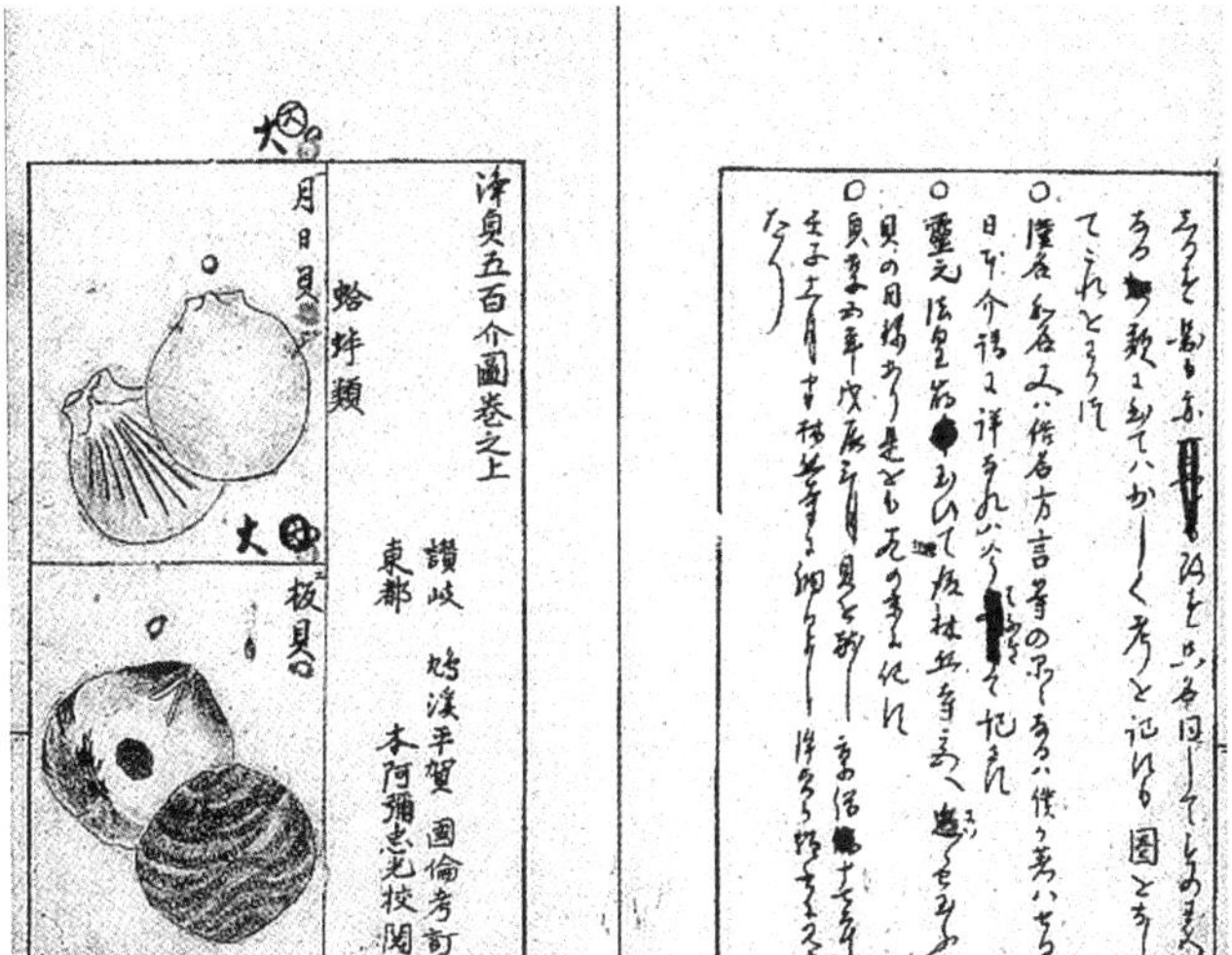

写真 23：源内筆「浄貞五百介図」

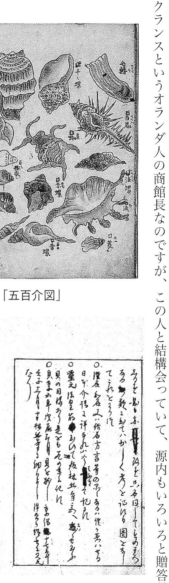

をあげた代わりに、「ヨンストン禽獣譜」(『動物図譜』)、「ドヽニュース生植本草」(ドドネウス『紅毛本草』)、「アンボイス貝譜」(『アンボイナ島奇品集成』)をもらったと書かれていますが、(3冊とももらったわけではないようで) 玄白さんもいろいろ覚え違いもあると思います。

そうしたものを源内は手に入れながら、杉田玄白と会ったときによく、「前々平賀源内などに出会いし時に語合しは、逐々見聞する所、和蘭実測窮理の事共は驚入りし事ばかりなり、若し直に彼国書を和解」、つまり翻訳してみるならば、「格別の利益を得る事は必せり。されどもこれまで其所に志を発する人のなきは口惜しき事なり」、誰か実行してくれないかと思っているのだけれども、それができないなら、「長崎の通詞に託してよみ分けさせ度事なり、一書にても其業成らバ大ひなる国益とも成べし」というふうに言っているのだけれど、お互いにため息をついては、「無理だよな」「無理だよな」ということばかり玄白さんと源内さんは言っていたということなのです。

写真24：
ルンフィウス『アンボイナ島奇品集成』

このほかに資料としてお見せしたい絵などもあるのですが、時間がないので飛ばしていきます。志度に伝わっている『物産書目』には、8種の洋書のそれぞれデータが書いてあるのです。これが最初に手に入れたスウェールツのもの (写真26) です。国立国会図書館にあるものは、手彩色といって全部一筆一筆色を入れたもので、源内も色を入れたものを持っていたと思われます。これを源内さんは、2回目に長崎に行ったときに持っていって、通詞の本木良永に訳してほしいと頼むのです。でも、オランダ通詞といっても、文字を全部訳せるわけではないのです。思った以上

写真 25：杉田玄白『蘭学事始』

源内とオランダ商館長カランス

其頃**平賀源内**と云**浪人者**あり。此男、業は**本草家**にて生得て理にさとく、**敏才**にしてよく**時の人気にかなひし**生れなりき。……

カランス聞て大いに驚き、益々其の奇才に感じたり。これにより本草綱目を求め、右の龍骨を源内より貰得て帰れり。其返礼として、**ヨンストンス禽獣譜**、**ドヽニュース生植本草**、**アンボイス貝譜**などいへる物産家に益ある書物共を贈りたり。是等の事も直対接話にて弁じたることにはあらず。附き添いたる内通詞部屋附などいへる者にて其情を通じて弁ぜしことにて、一字一言通知せしことにはあらず。其後源内彼地へ遊歴し、蘭書、蘭器なども求め来り、且エレキテルといへる奇器を手に入れ帰府し、其機用の事をも漸く工夫して、遍く人を驚せり。

図３：『蘭学事始』の説明

に拙いのです。だから苦労しながら一部分は訳しましたよということで、源内に返してきています。

ドドネウスの『Cruydeboeck』植物図鑑はこんな感じです（写真27）。志度の平賀源内記念館にもあると思います。それから、先ほどのルンフィウスの図鑑は、貝だけではなくて甲殻類、扉絵も美しいカラーです。カラーでないものもあります。それからスワンメルダムは虫です。一番よく出てくるのは、顕微鏡で見たような蚊（カ）の拡大図が載っているものです（写真28）。それから、ウィラビーの魚譜、先ほどウナギの絵が出ていましたが、こういったヒラメとかサメもあります。それと、ヨンストンの動物図譜です。ライオン（写真29）はさすがに来ていませんが、ゾウやラクダといったものは長崎に来て、ゾウは享保年間に江戸まで旅をして連れて行かれたりしていますから、運良く渡来の大きな動物を見た人も江戸時代にいたと思われます。

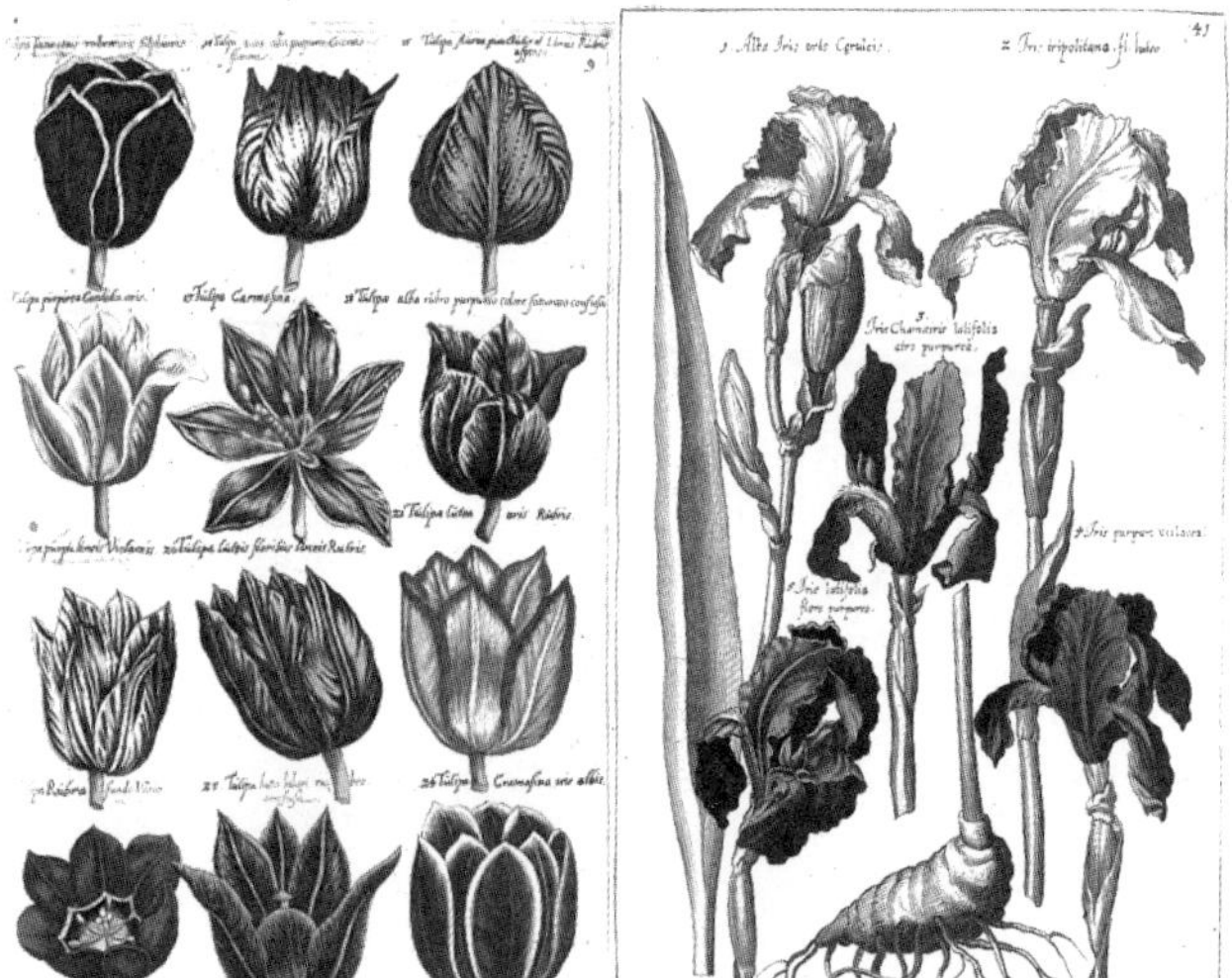

写真 26：スウェールツ『花譜』

そして、もう一つ技術的な図解書です。後のエレキテルなどにもつながってくるかと思われますが、植物の図鑑や動物の図鑑ではなくて、全部で8冊から9冊あるプリューシュの百科事典、技術解説書みたいなものも手に入れています。

そういったことをやりながら、源内さんはまず『物類品隲』を出版したときその末尾に、やがては出したい、次回はこんなものを出しますよと予告をしているのですが、ここに『浄貞五百介図』と『日本介譜』と、『日本魚譜』が載っています（写真30）。これはまだ洋書類を手

写真27：
ドドネウス『紅毛本草』の扉

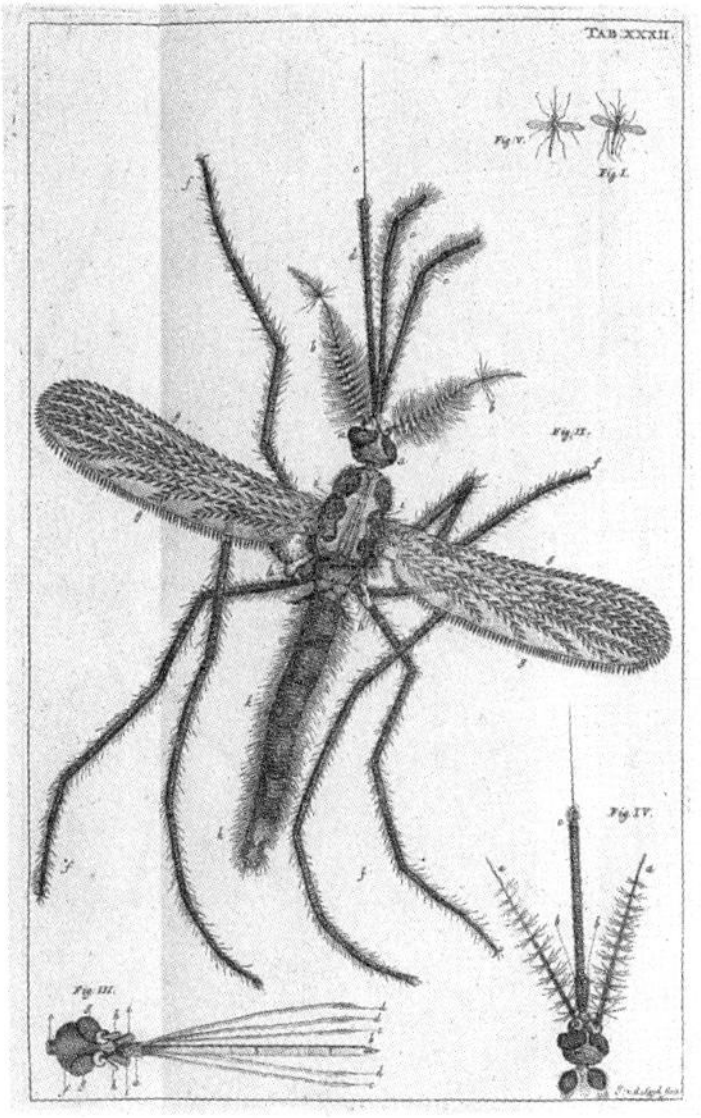

写真28：蚊
（スワンメルダム『紅毛虫譜』より）

写真29：ライオン
（ヨンストン『動物図説』より）

に入れる前の段階です。ここではやはり藩主松平頼恭に気を遣ってか、海のものが中心になっています。

先ほどの洋書（表3）ですが、スウェールツだけはちょっと違うのですが、ドドネウス、ルンフィウス、スワンメルダム、ウィラビー、ヨンストン、ブルックネル、プリューシュとこれら7種類を入手したのは、全部3月なのです。ということは、オランダ商館長が江戸参府に来たときに、長崎屋まで行って、お金を出して買うか交換するか、いろいろなかたちで手に入れている。このうち、隔年でヤン・クランスという商館長が来ていますし、源内とは非常に親しかった通詞の吉雄幸左衛門という人も何度となく会うチャンスがあったということです。

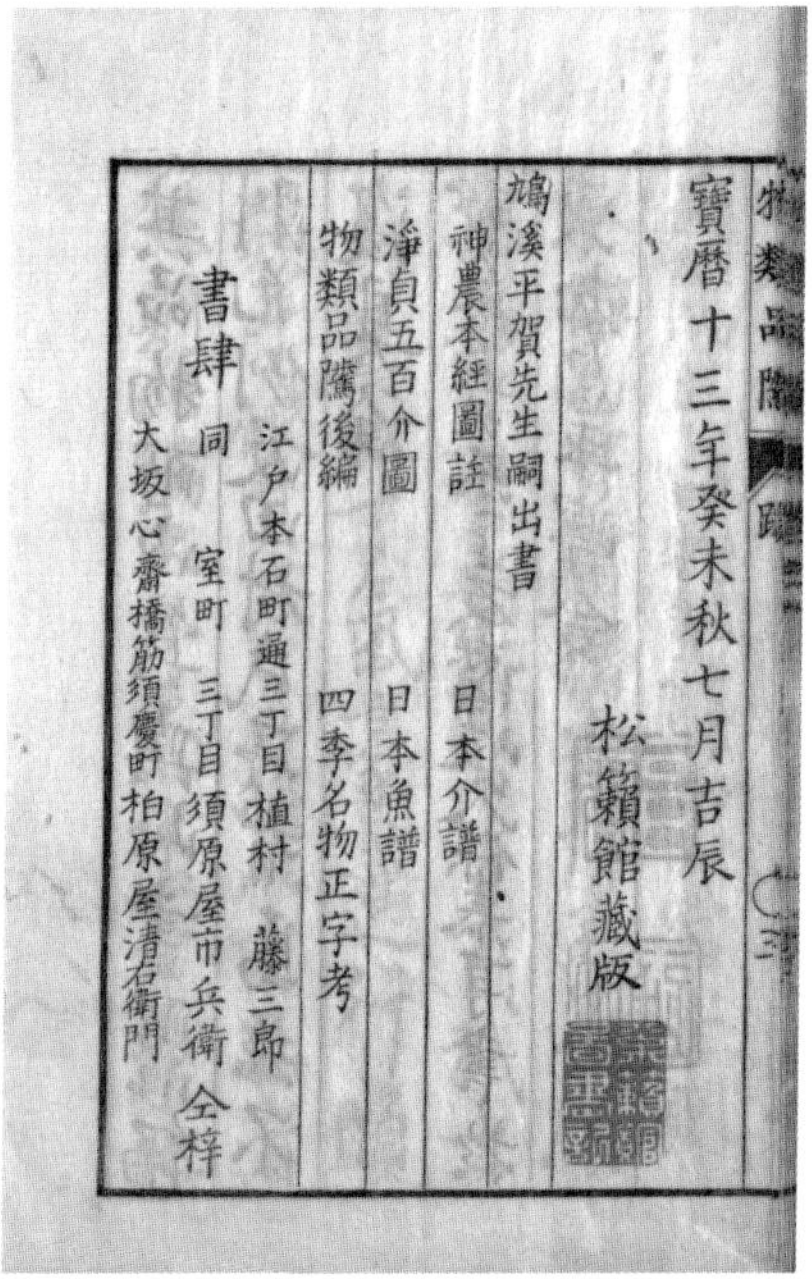

写真 30：『物類品隲６巻』嗣出書目

こうしたものを手に入れて、手に入れ終わった翌年に2回目の長崎に行くのです。源内としては、先ほどの本木良永ではないですけれど、通詞に翻訳をしてほしかった。だから抱えていったと思われます。ところがその翌年には、江戸では前野良沢が一番語学力がありましたので、良沢を中心としながら『ターヘル・アナトミア』の翻訳作業が開始されます。これは、その3年後の8月に見事に刊行されていくのです。だから、源内は通詞の力を借りなければどうしようもないと思っていたのだけれど、

表3：源内の洋書入手関係年譜

年号	洋書の入手状況	オランダ商館長	江戸番大通詞	備考
宝暦11年（1761年）	5月 スウェールツ『紅毛花譜』	マルテン・ハイスホールン	吉雄幸左衛門	9月　他家等への仕官禁止条件付で辞職が許可される
明和元年（1764年）		ヤン・クランス	今村源右衛門	2月　秩父の石綿で火浣布「隔火」作る 10月　『浄貞五百介図』稿本成る
明和2年（1765年）	3月 ドドネウス『紅毛本草』	フレドリック・ウィルレム・ウィネケ	吉雄幸左衛門	4月　『火浣布略説』刊行 末尾嗣出書目に博物図譜構想
明和3年（1766年）	3月 ルンフィウス『紅毛介譜』	ヤン・クランス	西　善三郎	
明和4年（1767年）	3月 スワンメルダム『紅毛虫譜』	ヘルマン・クリスティアーン・カステンス	名村勝右衛門	11月　川越藩儒者河津善蔵あて書簡 博物図譜出版構想を示す
明和5年（1768年）	3月 ウィラビー『紅毛魚譜』 ヨンストン『動物図譜』 ブルックネル『世界図』	ヤン・クランス	今村源右衛門	1～2月　タルモメイトル模造～ 『日本創製寒熱昇降記』
明和6年（1769年）	3月 プリューシュ『百工秘術』	ヤン・クランス	吉雄幸左衛門	
明和7年（1770年）		オルフェルト・エリアス	楢林重右衛門	10月　阿蘭陀翻訳御用のため2度目の長崎へ
明和8年（1771年）		ダニエル・アルメノールト	名村勝右衛門	3月　杉田・前野『ターヘル・アナトミア』の翻訳開始（1774年8月刊行） 7月　高松5代藩主松平頼恭死去

玄白のほうは、そうは言いながら、前野さんの力を借りながらみんなでなんとかやってみようじゃないかと始めたところに、この二人の明暗みたいなものが見えてくるのです。その翻訳作業を開始された後で、頼恭が亡くなります。

私はこの頼恭さんに対しては、いろいろ気遣いをしながらも、頼恭も源内の才能を買っていたし、源内さんも頼恭の存在にはやっぱり注目していたと思います。だから、源内は頼恭の死去に、ある意味非常に大きなショックを受けているのではないかと思うのです。頼恭は江戸で亡くなっているのですが、石上先生の話では、源内は当時大坂にいてこの報を知ったと。私は長崎かな大坂かなと思っていましたが、石上先生は大坂だとおっしゃっていたので、きっと大坂で頼恭の死を知ることになると思います。ショックなのですね。

資金不足で出版できないものも

その後に、源内は出版計画があるのですけれど、さっきの『火浣布略説』の最後にこれ（出版予告書目）（写真31）が出てきます。『日本穀譜』『菜譜』、栽培食物です。それから、『草譜』『木譜』、自然植物です。『石』『禽』『獣』『魚』『介』『蟲』、自分が持っている西洋の洋書と一致するようなものを全部出したい。ただし、木版で出して手彩色をやっても、さすがに大名が作るような立派な、非常に写実的なものは作れません。それでも源内さんは、それを出すことによって、世の中の人に、こういったものを西洋人は見て、こういうところに視点をもってやっているんだというのを知らせたい、見せてやりたい、ぜひ自分はやってみたいと熱望したと思うのです。ところが、これをやるにしても木版を起こすにしても、全部資金がいるのです。ある程度出資金を出して、版本にして、それが売れれば返ってくるかもしれないけれど、そこにこぎつけるだけの資金力が、到底源内にはなかったのです。

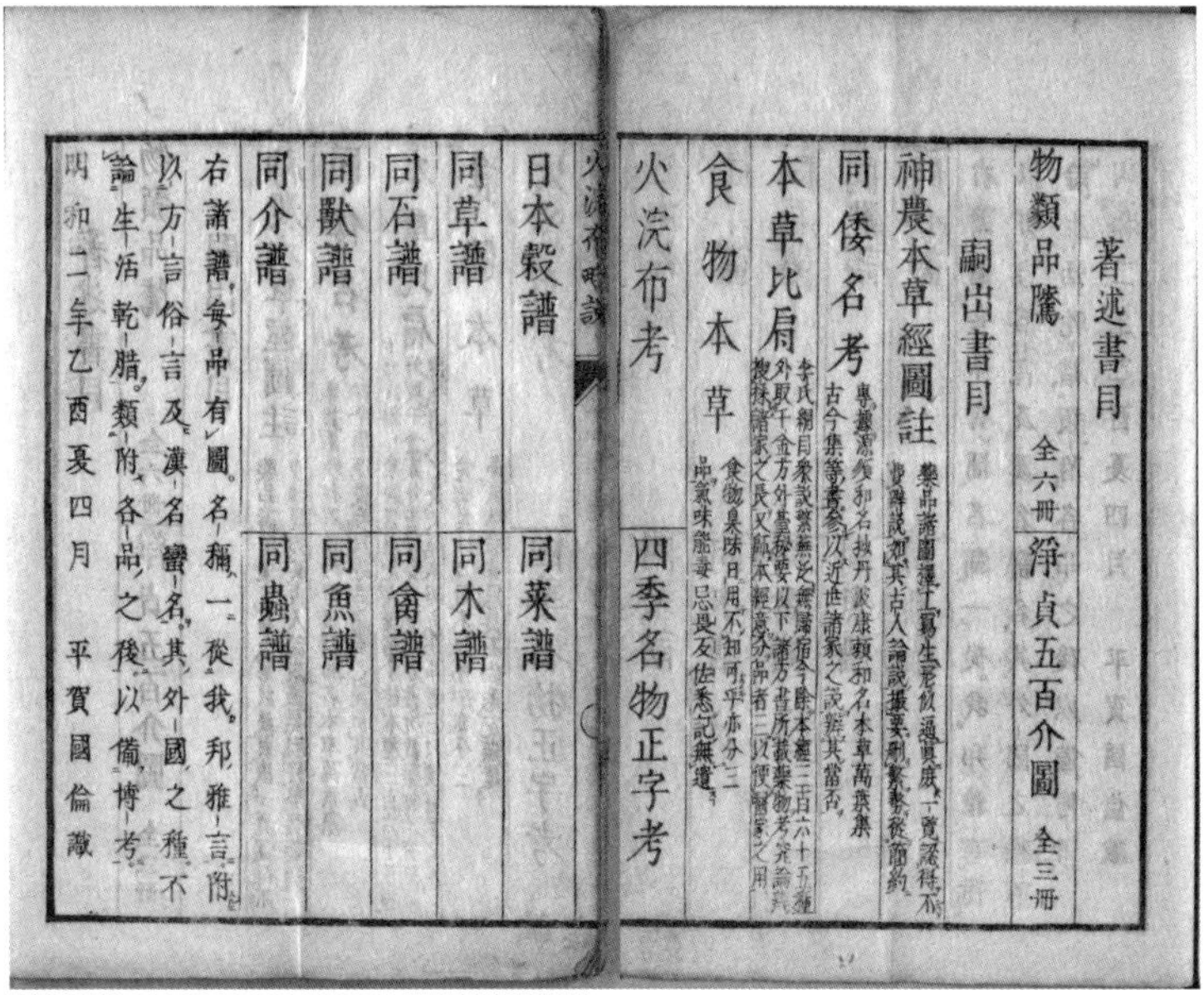

著述書目

物類品隲　全六冊

嗣出書目

浄貞五百介圖　全三冊

神農本草經圖註

同倭名考

本草比肩

食物本草

火浣布考

四季名物正字考

火浣布略説

日本穀譜　同菜譜

同草譜　同木譜

同石譜　同禽譜

同獸譜　同魚譜

同介譜　同蟲譜

右諸譜毎品有圖名称一従我邦雅言俗言及漢名蠻名其外國之種不論生活乾腊類附各品之後以備博考

明和二年乙酉夏四月　平賀國倫蔵

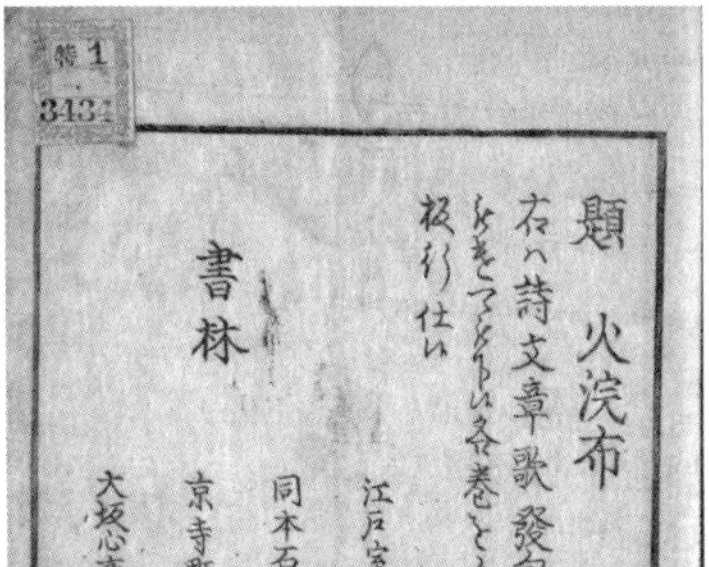

題　火浣布

書林

江戸室町三丁目　須原屋市兵衛

同本石町通三丁目　植村藤三郎

京寺町通松原下ル　梅村三郎兵衛

大坂心斎橋順慶町　柏原屋清右衛門

写真31:『火浣布略説』の嗣出書目（出版予告）

当時の川越藩に河津善蔵という儒者がいるのですが、この人からいろいろな本草学の相談を受けて、その返事がこの手紙です（写真32）。「ドド子ウスと申す本草手ニ入れ、且又、極彩色之紅毛花譜」、ここにちゃんと極彩色のと銘打っていますから（源内所蔵のスウェールツ花譜は）間違いなくカラー版です。「幷ニ介譜・虫譜などハ各日本ニ一部之書と、秘蔵仕り置き候。形状真ニセまり、実ニ古今之珍物」というふうに書いています。「火浣布略説ノ末ニ出し候書目取立て」、それを出したいのだけれど、「助力之人も御座無く候故、止むを得ず、秩父山中ニ而金山ヲ思ひ立ち候」と、いわゆる資金繰りをしようとしているわけです。ここから本当にあれこれと、浄瑠璃の脚本を書いたり、金唐革紙の開発をしたりと、いろんなかたちで、源内にとってはサイドジョブとは言えないかもしれないけれども、本当にやりたいことの資金を稼ぐために、見境なくいろいろなことをやっていく。それは、ある意味評価されているものもあれば、そうでないものもあると思うのですけれど、私はそういったことをやったことは決して無駄ではなかったと思っています。

あと、私が博物館に勤務していたときに、源内よりも先に、最初に『衆鱗図』のテーマ展覧会を松平の部屋（高松松平家歴史資料展示室）でやってくれと言われて、いろいろなネタを探しているとき

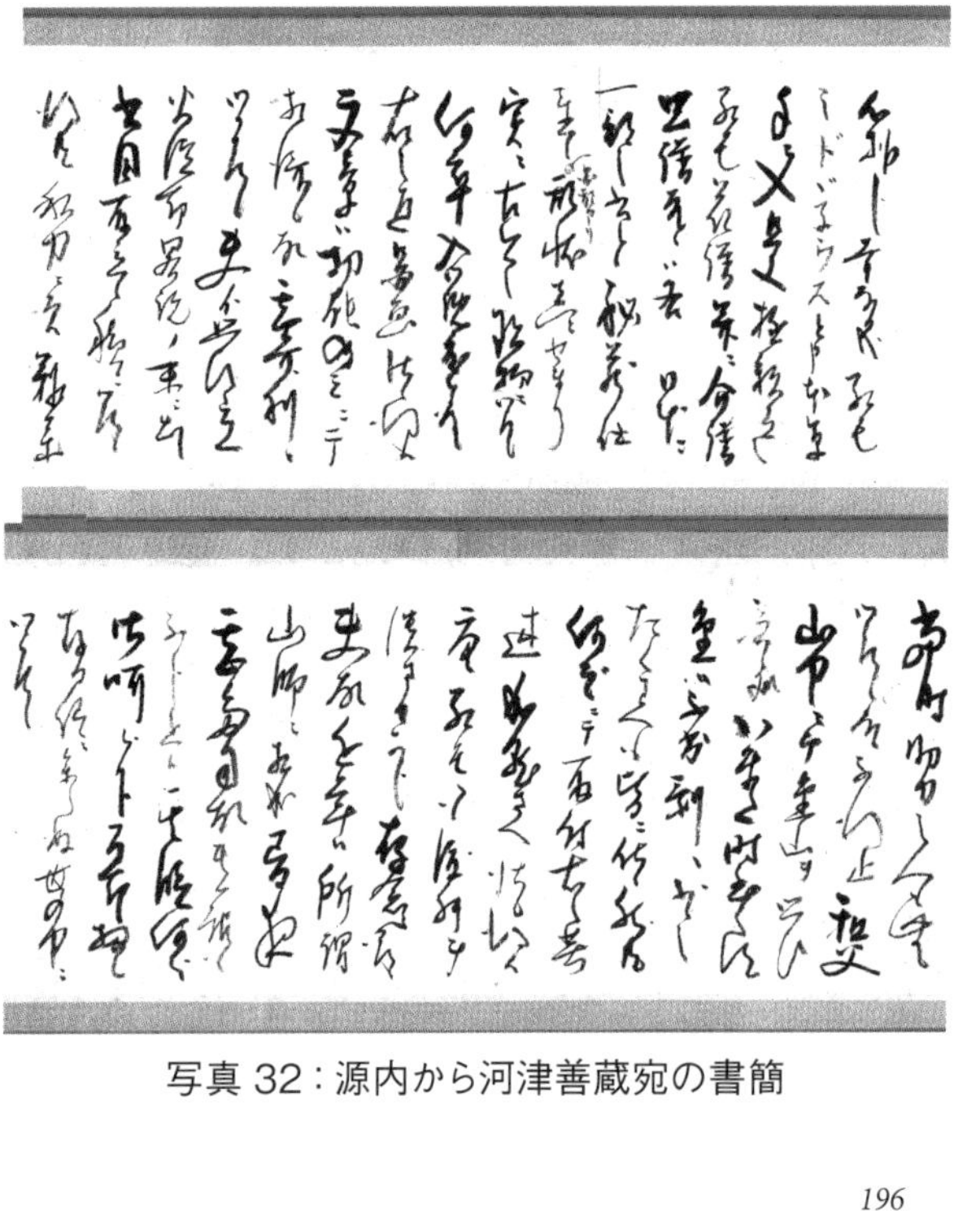

写真 32：源内から河津善蔵宛の書簡

に、『日本の美術』シリーズの「秋田蘭画」の本があったので見ていたのです。そうしたら、これが出てきました。白黒で後ろのほうに載っていたのです。秋田県立美術館に、ここに直武と銘がある一幅の画幅で、「鱒図」と題打たれたもの（写真33）があると分かった。これはどこかで見たことがあるなと思っていたのです。そっくりなのです。白黒の写真でしたから、カラーだったらどうだろうと思いました。これは『衆鱗図』の鮭（写真34）で、この右下辺りに筋子がありました（写真16、183ページ参照）。その上に2枚見開きに渡って大きく広がるかたちで鮭が描かれています。この寸法とカラーの状況などを、電話でのやり取りでしたが、逐一、秋田県立美術館の学芸員山本丈志さんに問い合わせを

写真 33：小田野直武『鱒図』

写真 34：『鮭』

して見てもらいました。そうすると山本さんも、「初めて知りました。どうも一緒だと思われるので、ポジを送ります」ということで、ポジを送ってもらって照合したら、ヒレの数や、肛門を描いていたり、細部に渡って黒く塗っているところなど全部一致してきたのです。ただ、この目の部分だけは「鱒図」の方は黒くなっているのです。これはポジでもよく分からなかったので、もう一回聞き直しました。そうすると、山本さんの話では、後に劣化して黒変してしまっていて、もともとはここに黒目があってまわりが白かったんだということが分かりました。

『源内展』のときにはぜひこれを二つ並べて展示したいと思って、下に鮭の図を置き、壁に「鱒図」の画幅を掛けました。比べてもらえるように。そして、皆さんが展示から帰った後に、私は展示にも関わりましたので、もう一回ここ（「鱒図」の目の部分）ばかり見ていました。やはり目視すると、ここが劣化して黒変したというのが分かったのです。銀か何かを使っていたのかもしれません。

ということで、高松藩で残っている『衆鱗図』の鮭と、秋田に残っている直武が描いたと言われている鱒は、鮭と鱒の名前は違いはありますけれど、明らかに一致したのです。転写例の明らかな一つとして、これは定説として今はいろいろなところで紹介されています。そう思ってみると、直武は不

写真35：小田野直武『雷魚図（ハタハタ）』

忍池の遠近感が非常に有名ですけれども、もう一つだけ魚の絵を描いています。秋田名物のハタハタを描いた『雷魚図』（写真35）ですが、これもやはり物産のにおいがして、一方はこういうふうにおなかの部分がふくらんでいます。おそらくメスだから、ここに子どもがいるのです。おそらく、オスとメスを二つ並べて描いているのではないかということが分かります。

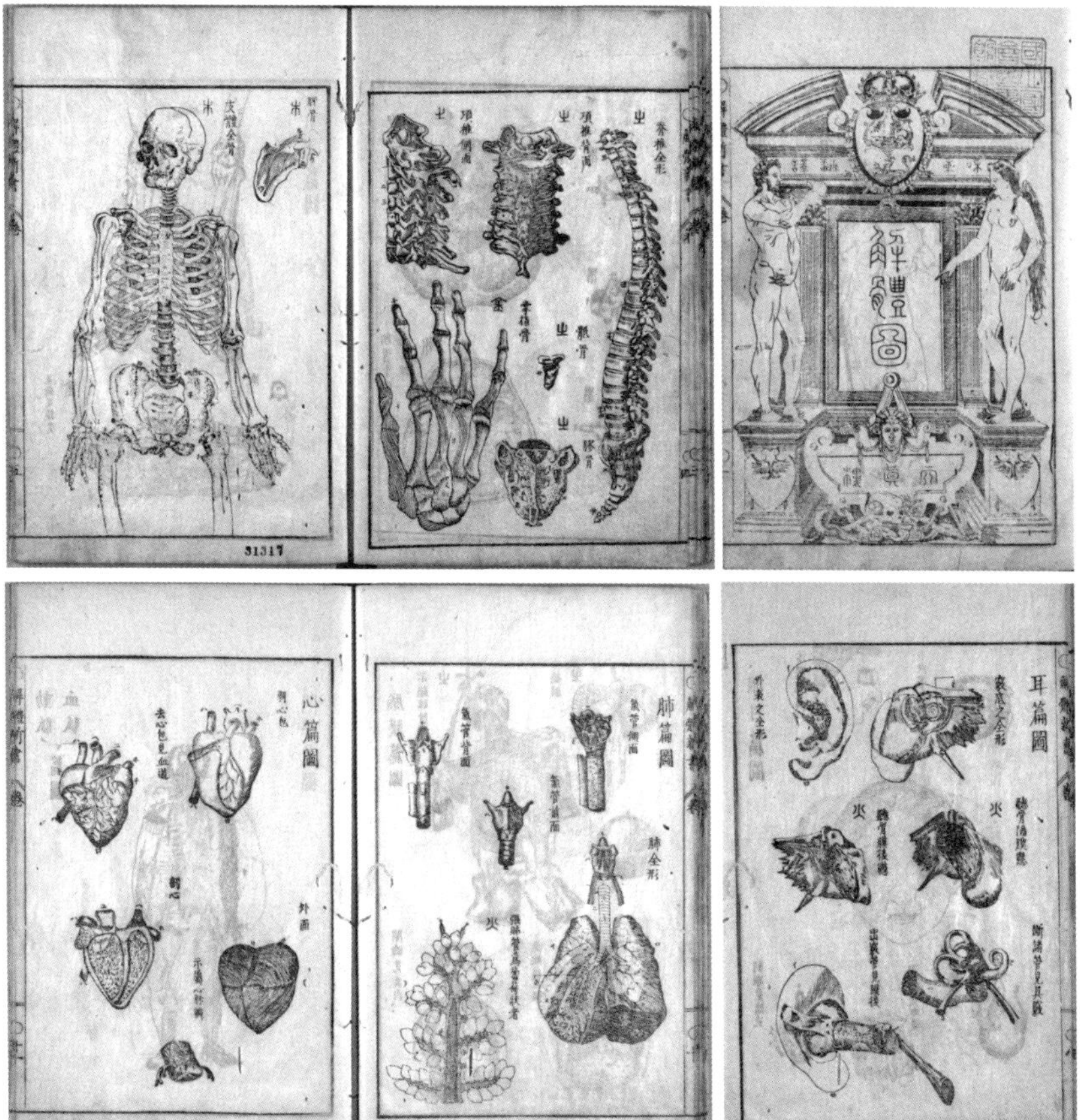

写真 36：『解体新書』

そしてこれが『解体新書』です（写真36）。洋書翻訳したいと願った二人のうち、玄白さんは一生懸命やったのですが、実は、『解体新書』の中でポイントになってくるのは絵だったのです。やはりこの時代、絵というのは迫力がありますから。玄白さんは、誰か絵を描いてくれる人がいないかなということで、源内の紹介で小田野直武が抜擢されて受けることになりました。

そして小田野直武は、解体新書の跋文（後書き＝写真37、図4）で源内らへの思いをこのように述べています。

「我ガ友人杉田玄白譯スル所ノ解體新書成ル。予ヲシテ之ガ圖ヲ寫サシム。夫レ紅毛之画ヤ至レルカナ。余ノ如キ不佞者」、実に拙い者が、「敢テ企チ及ブ所ニ非ズ」、自分が加わってはたしていいのだろうか。「然リト雖モ又、圖クベカラズト云ハバ、怨ミ朋友ニ及バン」、この朋友というのがおそらく源内さんのことを指していると思われます。「嗚呼、怨ミヲ同袍ニ買ハンヨリハ」、源内さんがそうした仲間から恨みを買うよりは、「寧ロ臭ヲ千載ニ流サンカ」、後々まで拙いと言われるかもしれないけれど、私が受けることにしました。

続いて「四方ノ君子」とあり、これは志度の人は喜ぶと思いますけれど、「よもの君子」と読むべきではないかなと。すなわち、「四方吉《よもきち》」というのは源内さんの幼名なのです。直武は、実はそういうところに隠して、ほかの人に分かるか分からないかは別にして、「四方吉さんにそういうことが及ばないように、自分が描くても四方吉さんだったら許してくれるかな」と。直武はあまり文章を残していないのです。本当に控えめな最後の後書きですけれども、これだけが残っているという状況なのです。『解体新書』は絵ばかり注目されますが、こういう直武が残した文章の中で、そういうことを言うのは私くらいかもしれない、学者の方からお叱りを受けるかもしれませんが、私はこれ（「四方ノ君子」）は、実は源内のことじゃないかと思っています。

源内がやりたかったのは、こうした西洋の学術、知識をいわゆる図鑑のかたちにすること。玄白さんはやりました。評価を受けて、後の時代の人にも成功者として言われていますが、実は前野良沢の力は大きいのです。なんと言ってもやっぱり絵です。絵から入っていく。そして言葉の壁をどう乗り越えたか。自分で頑張ったのか、それとも人に頼もうとしたのか。源内さんの

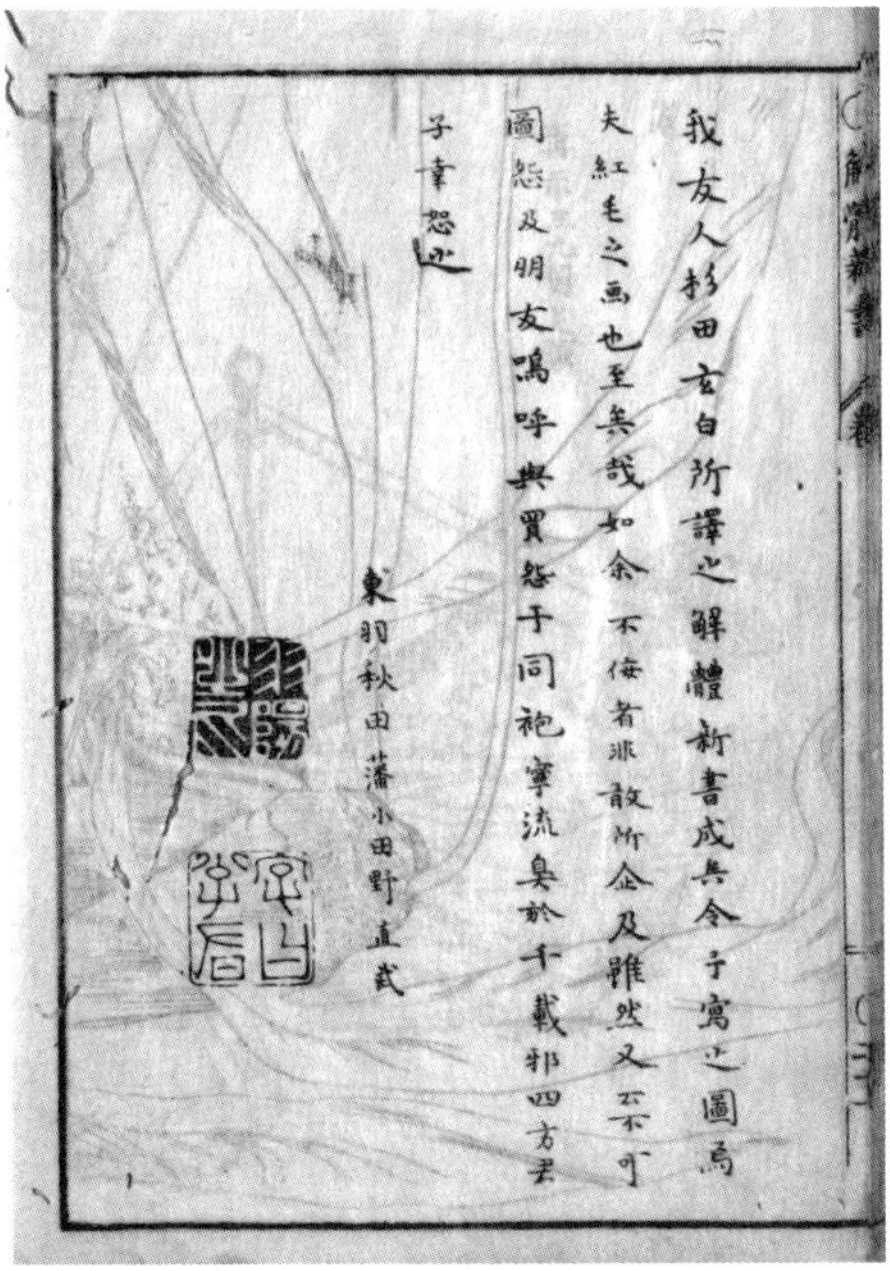

写真37：小田野直武の跋文

我ガ友人 **杉田玄白** **譯スル**所ノ
解體新書 成ル。予ヲシテ之《これ》
ガ圖《ず》ヲ寫《うつ》サシム。夫《そ》レ
紅毛之画ヤ至レルカナ。余ノ如
キ不佞《ふねい》者ハ、敢テ企《つまだ》チ
及ブ所ニ非ズ。然リト雖《いえど》モ
又、圖《えが》クベカラズト云ハバ、
怨ミ**朋友**ニ及バン。嗚呼、怨ミヲ
同袍ニ買ハンヨリハ、寧《むし》ロ
臭ヲ千載ニ流サンカ。**四方ノ君子**、
幸ヒニ之ヲ恕《ゆる》セヨ。
東羽秋田藩　小田野直武
（1774安永3年8月）

図4：『解体新書』の跋文の説明

限界はそこにあったのではないかなと思うのです。でも仕方がないです。通詞だって、オランダ語が自由に操れるわけではないのです。長崎屋の2階で翻訳を見ていた玄白さんも書き残しています。一字一句間違いなく訳していたわけではない。なんとなくの雰囲気でやり取りしているんだということを、『蘭学事始』に書いています。資金、挫折、でもだからこそ、私は源内さんに対して、ものすごく親近感を今も感じています。転び、つまずき、そういうことをやったから。我々人間はいろいろなときに挫折を感じます。源内さんだって挫折している。だから親近感を感じるのです。

生誕300年の2028年に向けてですが、これは私が書いたほとんど唯一の論文ですが、この『平賀源内展』図録の中の論文にこんなことを書いています。「次なる大きな機会は、生誕300年を迎える2028年から、没後250年を迎える2030年にかけての3年間であろう。今からちょうど四半世紀、すなわち、25年先のことである。それまでに私たちは、今ある源内ゆかりの資料を確実に後世に伝えなければならない。それと同時に、源内の実像に近づくためのピースをどれぐらいたくさん見いだし、拾い集めることができるだろう」ということで締めくくっていました。久しぶりに自分でまじまじ読んでみて、こんなことまで書いていたのだなと思いました。先ほど言いましたが、貝です。貝の正体を突き止めて、皆さんに、「こんなものがありました」「源内さん、こんなものを見つけましたよ」とこの5年間で言えるかどうか。今年度で教職も定年退職になります。少し自由度が出てくると思うのですが、東京の国文学資料館に行って、一カ月くらい資料をあさらなければいけません。すぐにはできないかもしれませんが、久しぶりに研究者もやろうと思っています。

最後までご清聴ありがとうございました。

質問に答えて

香川県立高等学校 教諭（日本史） **藤田彰一**

司会
ＲＳＫ山陽放送アナウンサー **谷口笑子**

司会：それでは質問コーナーに移ります。

香川県立高校教諭の藤田彰一先生にお答えいただきます。藤田先生、よろしくお願いいたします。

では、最初の質問です。平賀源内のような知識人が、香川からなぜ誕生したのかというご質問をいただいております。

藤田：よく香川はひとくくりに考えられることが多いのですが、随分地域性があります。特に江戸時代の場合は、「香川」という枠組みではなくて、高松藩、丸亀藩、多度津藩がそれぞれあり、丸亀藩と多度津藩は京極家ですからよく似た親戚筋で、西の方と東の方では、藩政ということに関しても随分カラーが違ってきます。ただし、源内さんの場合は、藩を離れて行動しました。ですから、香川が生み出したとか高松藩が生み出したというよりは、西洋体験をいろんなかたちでやっていった。その都度その都度そういうものを進んで吸収し、それを自分のものだけにせず、広めていきたい、伝えていきたいという気質があったんだろうと思うのです。その気質がどこで育てられたのかということは、おそらく志度の方々は、御神酒天神など、幼いころからの彼の育ち、人となりみたいなことを言われるのではないでしょうか。

司会：ありがとうございました。では、次の質問ですが、なぜ源内は高松藩以外で仕官しなかったのか詳しく教えてくださいといただきました。お話の中でも少しありましたが、いかがでしょうか。

藤田：実は、先ほど出てきた川越藩の河津善蔵ですけれども、その手紙を書く少し前に、当時川越藩は秋元公という大名でしたが、秋元さんのほうから、それとなく召し抱えの話が出てくるということは、手紙で既に芳賀先生や城福先生がレポートされています。ただ、それを源内は断っているのですね。その断る背景には、一つは頼恭という偉大なる博物好きな大名に対する敬意もあったのだと思いますし、もう一つは、先ほど来の私の私論ですけれども、フリーランスで、現場でやっていきたかったのではないかと。仕えてしまうと、どうしても拘束されます。さっきの宝暦のときにがんじがらめにされて、それはそれでやっていくのだけれど、成果の部分は殿様に奪われてしまいます。だから、自分がやったんだということを言うためには、やはりきちんと出版をしたい。そうするならば、やっぱりフリーランスでやっていきたいという部分があったのではないかと。

ただ、最後のほうになってくると、どうしても金がほしいんだけれども、その金がなんとかならないか、やっぱりどこかからサラリーをもらったほうがいいかなと。私ももう定年退職で、そんな悩みを抱えています。『源内展』があったころは40代前半でしたが、もう源内の年齢をとっくに超えて10年も余分に生きていますので、一人の人間として見た場合に、そんな思いが出てきたのではないか。源内の場合、フリーランスで風来山人ですから、ゆらゆら揺れて自分のやりたいことを追いかけていきたかったのではないかなと、僕の私論ですけれどもそう思います。

司会：ありがとうございます。それは、源内がやりたかったことをやっていく段階で生まれた負債ということなんでしょうか。

藤田：投獄されて、獄中につながれて獄死ということは、おそらく十中八九そうなんだろうと思います。疑うところはないのですけれども、そこに至るまでになんとかできなかったのかなと。いろんな作家やいろんな人が、酒も飲めないのに酔っ払ってとかいろんなことを書いていますけれども、いろんな人から借金をして事業を興し、それができないからまたそれの借金で雪だるまのようにコロコロ転がって、もう身動きが取れなくなっていく。そういう部分を思ったときに、本当にある意味精神的な切迫感が募って、まわりに声をかけようにも、声をかける人が江戸では身近にいなかったのかなと。本当に自分のことを、資金面も含めて助けてくれる人がいなかったのかなと。

ただ、やはり杉田玄白さんと志度の渡辺桃源さんの二人は、弔辞も書いていらっしゃるように、先ほどの金沢八景の能見台に碑を建てようということまで言っていますし、遺髪は帰ってきて自性院さんに埋葬されますし、そういうかたちでなんとかしたいという思いがあり、亡くなってからもっと一緒にやりたかったかなという思いが、特に玄白さんは浮かんできたのではないかと。さっき紹介した小田野直武も、源内が亡くなった翌年に若くして謎の死を遂げたと言われていますけれども、その辺りもやっぱり何かいろいろな謎が残っている部分なのです。その謎を僕らが解明することがはたしていいのかどうかというのは、また別の問題だと思っています。

司会：ありがとうございました。では次の質問です。源内と、高松藩で初めて長崎に遊学したという久保桑閑は長崎からどのようなものを持ち帰ったのでしょうか。藤以外のものを教えてくださいということです。

藤田：僕も久保家のことを詳しく調べたわけではありませんが、ちょうど志度とこのミュージアムとの間を行き来する中で、時々、ここが久保桑閑さんの元々の家があったところで、子孫はいらっしゃるはずだとかも聞いています。また、どこかのグループが桑閑さんのご子孫とコンタクトを取って、いろんなことを明らかにしていったのではないかということは、漏れ伝わって私の耳にも入っているのですが、詳しくは分かりません。

ただ、本当はこれは私がやればいいのでしょうけれど、次の世代の人にぜひやってほしいと思うのが、この博物館にいたときに、津田とかいくつかのところから、直接長崎に煎海鼠（いりこ・ナマコの乾物）を持って行っている（182ページ参照）という、数量ややり取りの実態があるはずなのです。いくつか断片的には分かっているのですけれども、それをもっともっと探っていけば、いわゆる物産のやり取りが分かる。特に田沼時代は、ナマコの乾物は高級中華料理の材料だから、それを中国に出荷して、中国から金銀を取り戻そうという構想を描いていて、長崎でそれをどんどん実行させようとします。そのナマコは、高松藩が出荷ができるもので、特に冬場にどんどん採れて、瀬戸内海で多量に採ろうと思えば採れる海産物なのです。それが高値で取り引きされて、貿易の一役を担うということになれば、オランダではなくても長崎との交易ルートを、高松藩は少なくとも丸亀藩よりずっと持っていたのではないかということが、もっともっと分かるようになってくるのではないかと考えます。そのためには、資料をどんどんひも解いていかなければいけないと思うのですが、私はそちらではなくて、貝のほうをやりたいと思っています。

司会：その貝標本の話で、こういった質問をいただきました。源内さんの貝標本は戦争で焼けてしまったのではないでしょうか。そういった可能性はないのでしょうかというご質問なのですけれども、いかがでしょうか。

藤田：私も、博物館の同僚に聞いたことがあるのです。松平家の公益会の人たちと接している専門の学芸員の3人がいたのです。その3人が口を揃えて、「藤田さん、それはあの木守でも震災で壊れたんだから、きっと関東大震災や空襲でやられた。高松に置いていたら空襲にあっていたかもしれないし、東京に置いていたっていろんなもので壊れているんじゃないかな」というふうなことを言われて、そうかなと思っていたのです。

それで、源内のものがなければ、せめて同時代の貝の標本を『源内展』で展示したいなと思いました。大阪の自然史博物館に同時代の木村蒹葭堂が集めた貝のコレクションがあり、おそらくあの時代のものでは一番保存状態が良くて、一番豊富なものが残っているのです。ただ、それを見せてもらいに行ったことがあるのですが、いくら日通の美術専門車で、エアサスペンションで詰め物をいっぱいして運んできたとしても、運ぶこと自体が貝標本はやっぱり無理だなと思いまして諦めました。熊本の永青文庫にも貝の標本がありました。それは劣化が進んでいました。だからもっと危ない状態でした。

でも、ふとあるところで、立派な貝の標本を実は見つけたのです。出会ったのです。ただそれが、文字資料としてはまだ明らかにできないのです。私は自分のひらめきや直感が過去二回当たっています。直武の鱒と衆鱗図の鮭をさっきも紹介しました（197ページ参照）。世界図のほうはインターネットの力を借りましたけれど。あれは、今は退職されてこの間も手紙をくれましたが、東京新聞のプロモーターの垣尾良平さんから、最後に電話がかかってきたのです。「藤田先生、あれ、ひょっと違うということになって文句が出たら心配なんですけど」と相談の電話がかかってきたのです。そこで僕は、「いや、大丈夫です。間違ったときは僕が責任を取りますから」と、責任の取りようもないのに大口をたたいて通してもらいましたが、間違っておりませんでした。自分ではかなりあのときは確証があったので、間違いを指摘されたらなんとでも言ってやるぞという思いもあって通してもらいました。たまたま江戸東京博物館に行ったときに、開展式の後の内覧会で、私がゼミでお世話になった片桐一男先生という厳しい先生が、たまたま来られていたのです。そこで本当に久しぶりに会って、「これは藤田君がやったのか。君、立派なことをやったね」とお褒めの言葉をいただいたし、芳賀先生からも、「ありがとう。君のおかげで8つが全部そろって、私はこれで本望だ」というふうにも言われました。

今回の場合は、ここで僕があまり明らかなことを言ってしまうと、先に動かれてしまう可能性があるんです。最後の最後、僕はこれを自分の力で位置付けて世に出したい。明治時代にやって来た大森貝塚発見・発掘者のエドワード・モースが、横浜から開通したばかりの列車に乗って貝の堆積物を自分が見つけたのです。東京大学で動物学の講義をしなければいけない。でも、あれは、「発掘調査したい。誰かに先にやられると困るな」と思って、ずっと行きたくて我慢しているのです。そのモースの気持ちが、僕は今すごくよく分かります。

その貝を見たときに、貝の所蔵館の学芸員の人に、最初に見てそうかなと思ったので、もう一回自分で個人的に行って写真も撮らせてもらいました。その写真と、貝殻目録や先ほどの『浄貞五百介図』をつぶさにやっていけば、状況的にはきっといろんなものが見えてくると思うのです。ただし、それだけでは決定的な証拠にはなりません。ただ、その貝の持ち主の元々の大本をたどっていくと、高松藩と関わりがありそうなのです。その館には残念ながらなかったのです。全部東京の国文学資料館に大名家の資料として行っていますと。だから、そこに行かないと読めないものなんです。デジタルデータ化をされていなければ、その都度貴重な古文書を出してきてもらって、自分で古文書解読辞典を見ながら読み解いていかなければいけないことになりかねないので、時間がかかるんです。

ということで、私は戦災でなくなってはいないという可能性のほうが今は高まっています。胸の中では非常にワクワクドキドキしています。それがもし明らかになったら、いろんな人に知ってもらいたいし、自分でちゃんと論文も書いて、特にその所蔵館の方に敬意を表して、そこの研究紀要か何かに久しぶりに学術論文を書きたいなという思いもあります。もちろん高松藩ゆかりのものですから、こちらでもその報告もしたいし、なんといっても、今日も前の方におられる砂山さん（長三郎＝源内記念館名誉館長）にぜひ元気でいてもらって、「やったね」と言ってほしいなと思っています。

司会：この後も、どんどん源内の研究が続いていくということで、藤田先生のお名前でまた論文が発表されることが本当に楽しみですよね。

藤田：最後にもう一言だけいいですか。僕は学芸員の人たちに反論したのですけれど、もし貝の標本が戦災でやられたということならば、では、『衆鱗図』や『衆芳画譜』といった絵図はなぜ残ったのか。そちらが残って、貝の標本だけが、実物だから壊れてしまったのでもう価値がないやと思って破棄されたのかと反論したことがあるのですが、皆さんそう思いませんか。絵が残ってなぜ貝がなくなっているのだろうと。

東京に行く前にもう一つ僕が調べないといけないのは、明治維新の段階で、もしも高松松平家の私財帳の中に貝殻標本がなければ、おそらくはそれ以前にどこかに行っちゃっているんです。だとしたら、博物図譜が誰かから誰かに。この後上に行って、『衆芳画譜』などを興味のある方は買っていただいたらいいと思うのですが、図録、写真版が随分できています。植物図鑑は一冊ないのです。それが欠けた状態ということは、誰かに貸したまま返ってこなかった可能性があるのです。ひょっとしたら貝殻だって、誰かのところに持っていったまま返ってこなかった可能性も、江戸時代のうちにあったのではないかという推論もできるわけです。でも、そうじゃないだろうというのが、実は尻尾をつかみかけている私の考えです。

すみません、今はここまでしか言えません。

司会：え！　続きを早く知りたい、興味津々の話ですね。でも、本日はここまでですね。ありがとうございました。ちょうどお時間となりましたので、これにて質問コーナーを終了とさせていただきます。藤田先生、本日は誠にありがとうございました。

図版所蔵・提供一覧　講演

164頁　写真1：平賀源内『平賀源内全集』より、高松松平家歴史資料（香川県立ミュージアム保管）
　写真2：エレキテル　郵政博物館蔵
165頁　写真3：出島図（「寛文長崎図屏風」より）　長崎歴史文化博物館蔵
166頁　写真4：出嶋阿蘭陀屋舗景　国立国会図書館蔵
167頁　表1：平賀源内関連年譜　藤田彰一氏作成
168頁　写真5：長崎屋を描いた『画本東都遊3巻』　国立国会図書館蔵
　写真6：オランダ商館長の定宿「長崎屋」の跡　藤田彰一氏撮影
170頁　写真7：源内焼「世界図皿」（南北アメリカ大陸）　個人蔵（香川県立ミュージアム保管）
171頁　写真8：『物産書目』より世界図のデータ部分　平賀源内記念館蔵
172頁　写真9：ブルックネル「北シベリア海岸図」　大阪大学附属図書館蔵、クリエイティブ・コモンズ表示—継承4・0国際ライセンス（CCBY-SA）
173頁　写真10：ブルックネル「東アジア図」　近畿大学中央図書館蔵
175頁　写真11：ブルックネル「世界図」の構成
　上2枚：大阪大学附属図書館蔵、クリエイティブ・コモンズ表示—継承4・0国際ライセンス（CCBY-SA）
　下：近畿大学中央図書館蔵
177頁　図1：ブルックネル「世界図」の構成　藤田彰一氏作成
　図2：博物愛好大名たちの交流・情報交換　藤田彰一氏作成
178頁　表2：源内再仕官期の松平頼恭と源内　藤田彰一氏作成
181頁　写真12：『物類品隲1巻』　国立国会図書館蔵
182頁　写真13：高松松平家下屋敷と肥後細川家中屋敷の位置関係　マピオン地図データを基に藤田彰一氏作成
183頁　写真14：ノコギリガザミ　香川県指定有形文化財『衆鱗図』第三帖より、高松松平家歴史資料（香川県立ミュージアム保管）
　写真15：ナマコ　香川県指定有形文化財『衆鱗図』第三帖より、高松松平家歴史資料（香川県立ミュージアム保管）
　写真16：鮭の卵　香川県指定有形文化財『衆鱗図』第三帖より、高松松平家歴史資料（香川県立ミュージアム保管）
184頁　写真17：クチナシ　香川県指定有形文化財『衆芳画譜』薬木第三より、高松松平家歴史資料（香川県立ミュージアム保管）
　写真18：クサギ　香川県指定有形文化財『衆芳画譜』薬木第三より、高松松平家歴史資料（香川県立ミュージアム保管）

ム保管）
写真19：アマモ　香川県指定有形文化財『衆芳画譜』薬木第三より、高松松平家歴史資料（香川県立ミュージアム保管）
185頁　写真20：イソヒヨドリ　香川県指定有形文化財『衆禽画譜』より、高松松平家歴史資料（香川県立ミュージアム保管）
写真21：ハハテウ　香川県指定有形文化財『衆禽画譜』より、高松松平家歴史資料（香川県立ミュージアム保管）
187頁　写真22：源内筆「五百介図」　東京大学史料編纂所蔵
写真23：源内筆「浄貞五百介図」　東京大学史料編纂所蔵
188頁　写真24：ルンフィウス『アンボイナ島奇品集成』　国立国会図書館蔵
189頁　写真25：杉田玄白『蘭学事始』　国立国会図書館蔵
図3：『蘭学事始』の説明　藤田彰一氏作成
190頁　写真26：スウェールツ『花譜』　国立国会図書館蔵
191頁　写真27：ドドネウス『紅毛本草』の扉
写真28：蚊（スワンメルダム『紅毛虫譜』より）　国立国会図書館蔵
写真29：ライオン（ヨンストン『動物図説』より）　国立国会図書館蔵
192頁　写真30：『物類品隲6巻』嗣出書目　国立国会図書館蔵
193頁　表3：源内の洋書入手関係年譜　藤田彰一氏作成
195頁　写真31：『火浣布略説』の嗣出書目（出版予告）　国立国会図書館蔵
196頁　写真32：源内から河津善蔵宛の書簡　早稲田大学図書館蔵
197頁　写真33：小田野直武『鱒図』　秋田県立近代美術館蔵
写真34：『鮭』　香川県指定有形文化財『衆麟図』第三帖より、高松松平家歴史資料（香川県立ミュージアム保管）
198頁　写真35：小田野直武『雷魚図（ハタハタ）』　秋田県立近代美術館蔵
199頁　写真36：『解体新書』　国立国会図書館蔵
201頁　写真37：小田野直武の跋文　国立国会図書館蔵
図4：『解体新書』の跋文の説明　藤田彰一氏作成

編集担当より

本書は「リレー・シンポ『輝ける讃岐人』」の内容を基に構成していますが、この回で、講師お1人が書籍化を回避されました。

郷土が生んだスターたち

笠置シヅ子　尾上松之助

笠置シヅ子　（かさぎ・しづこ　1914〜1985）

東かがわ市に生まれた笠置シヅ子。13歳で大阪松竹楽劇部（大阪少女歌劇団の前身）に入り、力強いステージで注目を集める。松竹楽劇団（SGD）や自らの楽団を率いて活動していた1947（昭和22）年、日劇のショーで歌った「東京ブギウギ」が大ヒット。以降「ジャングルブギー」「買物ブギー」など一連のブギものをヒットさせて「ブギの女王」と呼ばれた。所狭しと動き回るダイナミックさとパンチの効いた歌声は戦争で荒廃した日本人の心を励まし、戦後復興の象徴とまで言われた。

尾上松之助　（おのえ・まつのすけ　1875〜1926）

岡山市の遊郭に生まれ育った尾上松之助は、幼いころから子ども芝居の舞台に立ち、後には自ら一座を率いて地方を巡業した。やがて京都・千本座の牧野省三に見出され、『碁盤忠信　源氏礎』（1909）で映画の世界に入った。以来、忍術映画や豪傑、侠客もので人気を博し、生涯の出演作は1000本を超えるともいわれる。目をギョロリとさせて見得を切るところから「目玉の松ちゃん」の愛称で親しまれ、日本映画の草創期に国民的スターとして活躍した。

講演1

占領下のスーパースター　笠置シヅ子

ノンフィクション作家
砂古口早苗（さこぐち　さなえ）
香川県善通寺市出身。新聞・雑誌にルポやエッセイを寄稿するフリーライターを経て、主に香川県出身の文化人を研究し、評伝を執筆する。最近は遠縁にあたる反骨のジャーナリスト、香川県出身の宮武外骨の研究者としても活躍している。
主な著書に『ブギの女王・笠置シヅ子』『外骨みたいに生きてみたい』『インターナショナルを訳詞した怪優・佐々木孝丸』など

皆さん、こんにちは。砂古口早苗と申します。どうぞよろしくお願いします。今日は、こんなに素晴らしい能舞台に立てるということで、数ある私のお宝の羽織の中から一番いいものを選んでまいりました。ぴったりでしょう。これがいいと思って今日は着てまいりました。とてもうれしいです。「輝ける讃岐人」というリレー・シンポに、私はとても感動しましたし、反省もしました。香川にこんなに素晴らしい人がいるのかと、知らないことがいっぱいありました。讃岐人は輝いているのかと、ずっといじけた気持ちがありました。香川は若いころ大嫌いだったんです。早くここから出たい、高校を卒業したら絶対に出ると決めておりましたが、やはり人間は年を経て分かってくるんですね。日本一小さい香川県ですけれども、こんなに素晴らしい感動する人がいっぱいいるのだということが、この年になってあらためて分かりました。このシンポで、知らないことをいっぱい学びました。

写真には笑顔ばかり

香川県人は「讃岐男」とよく言われます。でも「讃岐女」とは言わないのです。香川県人はまず讃岐男。お隣の愛媛の女性は「伊予のマドンナ」ですし、徳島は「阿波女」。人気がありますよね。それから、高知は「はちきん」。では香川は何なんでしょう。誰も何も言ってくれません。そういう寂しい思いを今までしてきました。そこで、今日は讃岐女を取り上げていただいて、讃岐女の一人として私はとてもうれしいです。昨日はあまり眠れませんでしたが、マリンライナーで寝ました。大丈夫です。

笠置シヅ子さん（写真1）のことを思うと、心がズキズキワクワクします。なぜか。やはり笑顔なんです。笠置シヅ子さんの笑顔。新聞、雑誌などの写真を、評伝を書くために私はいっぱい探しました。何

写真1：笠置シヅ子

年もかかりました。それがほとんど笑っている写真ばかりなのです。これはちょっと不思議でした。でも、今になって思えば、笠置シヅ子さんの笑顔は、自分のためでもあり、その当時、敗戦に打ちひしがれた日本中の人に対して向けられた笑顔だということがよく分かりました。だから、楽しくて心がズキズキワクワクするんだと思います。

もう一つあります。笠置シヅ子さんのことを思うとどうして楽しいか。それはブギなのです。ブギというのはアメリカのリズムの一つでして、忘れていたので昨日一生懸命覚えましたが、ジャズ、ブルース、ロック。その他サンバ、ルンバ、ドドンパなど、軽音楽のリズムの中の一つなのですけれども、ブギは最高のリズムだとずっと言われています。それは四拍子ではなく八拍子だからです。四拍子は、４分音符が四つありますね。タンタンタンタンの繰り返しです。八拍子は８分音符です。８分音符はひげが付いています。小学校のときに習いましたね。ですから、一拍に4拍子ですとタンが四つ。８拍子では一拍がタタになるのです。二倍あります。ブギのリズムというのはエイトビート。タタタタタタタタ・タタタタタタタタのフレーズの繰り返し。簡単です。みんな誰もが大好きになって忘れられない、一度覚えたらやめられなくなるようなリズムです。やってみましょうか。この写真のポーズ（写真2）をまねして、私も何回もやってみたのです。でもこの左足が上がらない。この角度がすごい。息を止めないとできない。しかも、私の靴は今3、４センチもないと思いますが、シヅ子さんのハイヒールは10センチあるのです。10センチのハイヒールを履いたことがありますか。20歳くらいなら頑張って履けないこともないけれど、今はだめです。転びます。これは簡単なようですが、帰ったら皆さんやってみてください。絶対できませんから。もうブギは踊りませんのでご安心ください。

笠置シヅ子さん、本当に素晴らしいですね。笑顔とブギの二つで占領下のスーパースターと言われました。私は戦後生まれなので、この二つでどうしてスターになったのか分からなかったのです。謎でした。名前は知っていても、どういう人なのかよく分かりませんでした。でも、どんどんのめり込んでいくと、こんなにすごい人が香川県にいたのかと仰天しました。素晴らしい波瀾万丈の生涯です。

１９１４年に生まれましたから大正3年です。それから70年、70年は早いです。大正の初めに生まれた方が昭和に入って、短いような70年の一生なのですけれど、あっという間だったと思います。大正、昭和と一口に言いま

写真2：ブギを踊る笠置シヅ子
映画『春爛漫狸祭』(1948 年)

すが、まず大正の１９１４（大正３）年に何があったかというと第一次世界大戦そして米騒動、多分みんな貧しかったと思います。その東かがわ市、当時は大川郡相生村です。詳しく言えば、相生村に黒羽というところがあって、そこで自分は生まれたのだと言っています。笠置シヅ子さんがすごいのは、６カ月くらいしか東かがわにはいなかったのに、生涯ずっと自分の生まれは大阪ではなくて香川なんだ、私は香川の女なんだと、対談したときやいろいろなところで話しているのです。

香川では全然育ってないのです。はっきり言って、とても恵まれない出生です。今だったらできちゃった結婚という方法もあるし、別にどうってことはないと思うのですが、お父さんとお母さんの結婚は許されませんでした。生まれてすぐ、実母はシヅ子さんを抱えて引田の実家へ帰らされるのです。大正時代の話です。でも、人生そんなに悪くないんだというのはここから始まるのです。近所に住んでいた亀井音吉さんとうめさん。引田のご出身で、大阪に出て夫婦で一生懸命働いていた大正時代の庶民の夫婦です。そのうめさんが、シヅ子さんを引き取るのです。私生児という言い方はとても古くさい言い方ですし、差別的かと思いますけれど、シングルマザーで生まれてきた恵まれない子どもというのは、多分当時は今よりいっぱいいたと思うのです。でも、庶民の温かい気持ちと言いますか助け合いの精神で、うめさんが引き取った。本当のお母さんはまだ18か19だと言っております。相生の黒羽の大きなお宅に裁縫と行儀見習いとして入っていた若い19のお母さんと、そこのお坊ちゃん。二人は恋仲になり、絶対結婚するんだと両親に頼んだのですが、許されませんでした。大正時代ですからね。お母さんの実家は引田で、その同じ町内にうめさんがいたのです。それで、讃岐女ですが大阪のおばちゃんのようなうめさんが、「あんた、かわいそうやな。私が引き取ってあげるわ」と。うめさん自身も実はお産で帰ってきたのです。男の子を産んだばかりでシヅ子さんと2カ月くらいしか違わない。「私が育ててあげるから、あんたはまたお嫁にいきなさい。まだ若いしこれからだ」ということで、うめさんがシヅ子さんを引き取りました。

ここからシヅ子さんの人生はスタートしました。人生悪くありません。こうして大阪で育つことになります。6カ月くらいでうめさんは、自分の男の子とシヅ子さんの二人を抱いて、夫の音吉さんのいる大阪へ帰りました。音吉さんは「双子かいな」とびっくりしたそうですけれど、お風呂屋さんと薪炭のお店を商いしていたこのご夫婦のもとで、すくすくと育ちました。ドラマチックでしょう。ここだけの話ですけれど、今年の秋、某局で「ブギウギ」という朝ドラが始まるみたいですよ。ヒロインは笠置シヅ子さんがモデルです。他にも皆さんよくご存知のいろんな方が登場するようです。どんなふうになるのか楽しみですね。ドラマなので多分いろいろアレンジするのでしょうけれど、楽しみにしておきたいと思います。

次の写真（写真3）は17歳の時のものです。とても貴重な写真でして、亀井さんのお宅に残されていたものではなくて、現在は、引田の東かがわ市民俗資料館というところに現物の写真があります。これはうめさんの実家の写真の中に残されていたのです。かわいいですね。うめさんはシヅ子さんの出生のことを伏せてい

写真3：17歳頃の笠置シヅ子
（引田にて、1931年）

表1：笠置シヅ子関連年譜

西暦	和暦	
1914年	大正 3年	香川県相生村(現東かがわ市引田町)で生まれる
		まもなく亀井音吉、うめ夫妻の養女になり大阪へ
1927年	昭和2年	南恩加島尋常小学校卒業。宝塚音楽学校を受験するも不合格
		直ちに松竹楽劇部養成所へ入る。8月三笠静子の芸名で初舞台
1933年	8年	「女鳴神」の熱演でトップスター10選に選ばれる
		この年、東西の松竹少女歌劇部の少女たちが労働争議を起こす
		委員長は水の江瀧子。新聞で騒がれ、桃色争議と呼ばれた
1935年	10年	三笠宮家創立に伴い、芸名を三笠静子から笠置シズ子に改名
1938年	13年	春、上京。松竹が松竹楽劇団(SGD)を創設。副指揮者の服部良一と
		出会う、服部の指導でジャズを歌い、人気を呼ぶ
1939年	14年	コロムビア専属歌手。服部作曲「ラッパと娘」をレコーディング
1940年	15年	ジャズが適性音楽になり、丸の内界隈の劇場出演が禁じられる
1941年	16年	松竹楽劇団解散後、「笠置シズ子とその劇団」を結成。工場慰問など
1943年	18年	吉本興業の吉本頴右と出会い、同棲
1945年	20年	8月富山県高岡市で工場慰問公演中(公演は中止)、敗戦を知る
		11月有楽町の日劇が再開され戦後第1回公演「ハイライト」に出演
		12月服部良一が上海から帰還
1946年	21年	有楽座でエノケン(榎本健一)との共演舞台が始まる
1947年	22年	2月日劇「ジャズカルメン」に主演。5月吉本頴右死去。6月ヱイ子誕生
		9月服部良一作曲「東京ブギウギ」録音。10月日劇で「東京ブギウギ」を歌い踊る
1948年	23年	1月「東京ブギウギ」発売、大ヒット。映画「酔いどれ天使」(黒澤明監督)に出演
		服部作曲のブギシリーズ「ジャングル・ブギー」「さくらブギウギ」「ヘイヘイブギー」
		「博多ブギ」「大阪ブギウギ」「ホームランブギー」と矢継ぎ早に唄い、いずれも大ヒット
		映画出演、舞台、エノケンとの共演など、日本中を駆け回るスーパースター「ブギの女王」に
1949年	24年	生まれ故郷引田町で凱旋公演
		東京財務局が著名人の高額納税者として、作家の吉川英治に継いで2位と発表
		美空ひばりが正式にデビュー
1950年	25年	6月から4か月間、服部らと米国へ。「買物ブギー」が大ヒット
1951年	26年	世田谷区弦巻に新居完成、引っ越す
1952年	27年	1月第2回NHK紅白歌合戦に初出場。「買物ブギー」を歌う
1953年	28年	1月第3回NHK紅白歌合戦に出場、紅組トリで「ホームラン・ブギー」歌う
		2月テレビ本放送開始。日比谷公会堂での生放送に出演
		12月31日第4回NHK紅白歌合戦に出場、「東京ブギウギ」歌う
1954年	29年	子どもの命と引き換えに金を要求する脅迫状が届くが、犯人逮捕
1956年	31年	「たよりにしてまっせ」が最後の吹き込みレコードに
		年末の第7回NHK紅白歌合戦に出場。大トリで「ヘイヘイ・ブギー」歌う
1957年	32年	この年から歌手を廃業宣言し、俳優、タレントとして活躍。芸名を笠置シヅ子とする
		映画、舞台、テレビドラマ、CMなどで活躍
		この年から始まったTBS「家族そろって歌合戦」の審査員を1980年まで務める
1981年	56年	有楽町・日本劇場(日劇)閉館
		サヨナラ日劇公演最終日の2月15日、長谷川一夫、山口淑子(李香蘭)とともに舞台挨拶
1985年	60年	3月30日　笠置シヅ子死去　70歳

たわけですけれども、このときに親戚の法事に行けと言われて引田に帰ってくるわけです。その法事のときに写した写真だと思われます。実はその法事は、本当のお父さんの法事だったのです。本当のお父さんは23、24で亡くなってしまったんです。それを後で知るのですが、本当のお母さんも実はその法事に来ていたのです。シヅ子さんは17歳で自分の出生の秘密を知ります。びっくりしますよね。

でも、薄々分かるじゃないですか。弟が自分と2カ月くらいしか違わないのは、いくら考えてもおかしいなということは、子供心にずっとあったでしょう。また、下町の大阪のおばちゃんは、悪気はないんでしょうけれどいろいろと言うわけです。まわりからいろいろ聞いて、それがやっと分かるのです。自分の出生の真実、ルーツは何かを知りたい、聞きたい、本当のお母さんに会いたい。ドラマや映画のようですが、そういう願いをずっと持ってきて、やっと17歳で、「実はあんたの本当のお母さんも法事に来てたんや」と聞いて、親戚のおばさんに「母親は誰や」と問いただすのです。そしてこのときに会いに行ったりもします。でもそのお母さんは黙って何も言わなかったし、シヅ子さんも何も聞かなかったと自伝には書いています。この写真、かわいいですね。17歳にしてはちょっと小柄かもしれませんが、今の高校生です。でも、もう松竹楽劇には入っていたんです。

ちょうど同じころでしょうか、引田はしょうゆ屋さんがいっぱいあるのですが、井筒屋さんというところの引札（写真4）が残されていました。この原本は香川県立文書館にあります。今はコピーが東かがわ市民俗資料館にあります。この引札に載っているのかわいい女の子が笠置シヅ子さんです。そこをアップにしてみました。「松竹レビュースター　笠置シズ子」と書いています（写真5）。年代が詳しく分からなかったのですけれど、限定できました。笠置シヅ子という名前になっていますね。1

927（昭和2）年に松竹楽劇部に入ったときは、三笠静子という芸名を付けてもらいました。三笠静子が笠置シヅ子になったのは1935（昭和10）年。松竹の上の人から、当時の崇仁親王が三笠宮という宮家を創設したので恐れ多いから別の名前にしろということで、芸名が笠置シヅ子になりました。三笠山から笠置山にしたわけです。安易なつけ方ですね。ですからこれは1935（昭和10）年以降になります。でも1938（昭和13）年には、笠置シヅ子さんは松竹レビューはもう退団して上京するのです。ですから、改名してから東京へ行く2、3年の間のなかなか珍しいかわいい写真です。

　笠置シヅ子さんは、実は最初宝塚に落ちるのです。13歳になる年に、「あんたは宝塚に行きなはれ」と近所のおばちゃんに言われました。歌はうまいし踊りもうまい、5歳から日本舞踊を習っていました。近所で有名な子どもだったのです。もう絶対この子はスターになるよというような子が、今でもちょいちょいいますよね。シヅ子さんも

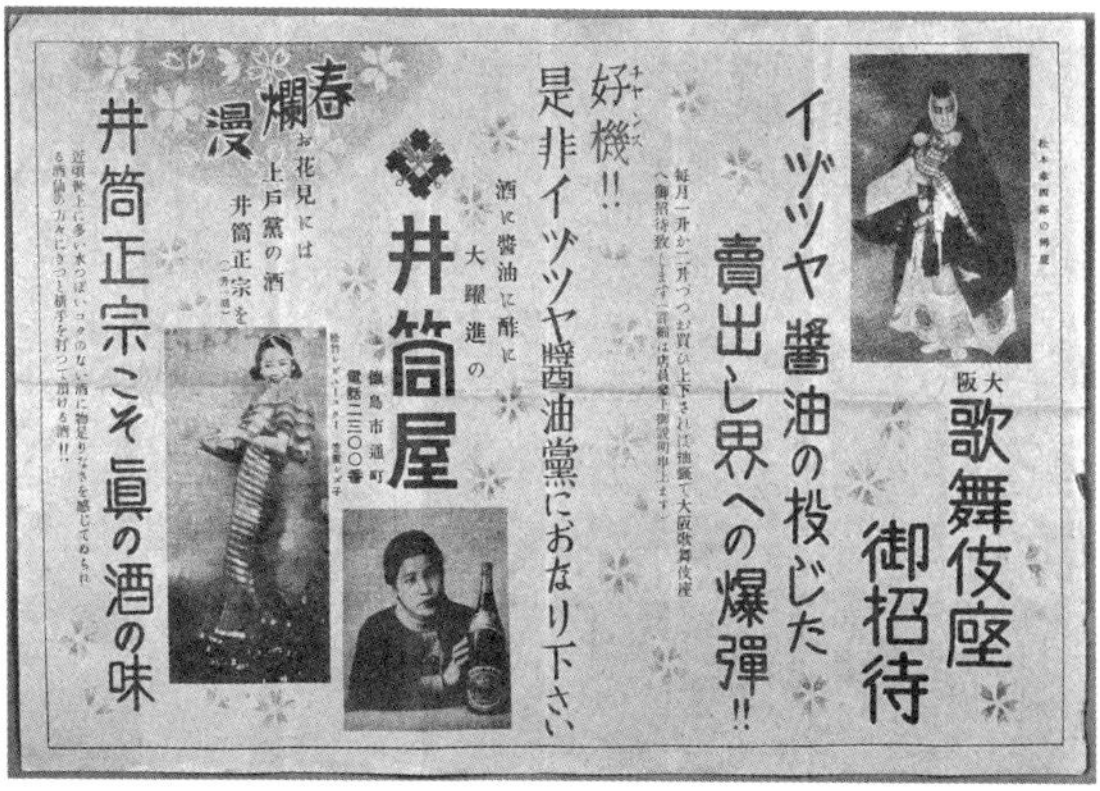

写真4・5：井筒屋の引札（右＝写真4）に松竹レビュースターと掲載された笠置シズ子（左＝写真5）

宝塚に行くものだと自分も思って受けました。ところが、身長が足りなくて不合格になってしまうのです。それがものすごく悔しかったのです。

スタートとは違う路線を探す

大正2年、1913年に兵庫県宝塚市に宝塚少女歌劇ができました。今でもありますが素晴らしいところです。最初は温泉に作られた舞台でかわいい女の子が歌ったり踊ったりするというので、次第に人気が出てきて、それから歌劇の学校が作られて、昭和になると、みんなが受験するようになってきました。そういう積み重ねが大正時代にはありました。庶民としては大変な時代で苦労は多かったと思いますが、夢もあったんでしょうね。こうしてシヅ子さんは着実にスターの座に登るのです。でも宝塚に落とされたのですから、そんなに大スターにはならないけれども、上から2番目か3番目ぐらいは努力したらなれるだろうと思って、シヅ子さんは頑張るのです。そこが、バイタリティーがあるというか讃岐人というか、秘められた情熱というものが感じられます。

彼女は、チャーミングはチャーミングですけれど、はっきり言いまして、飛び抜けて美人というわけでもないですよね。でも、私はそのときに宝塚に入らなくて良かったなと思うのです。宝塚はどういうコンセプトか知っていますか。「清く正しく美しく」です。優等生。でも松竹のコンセプトはもっと庶民的。大体スターというのは、決まった型があるのです。笠置さんは自分はそうではないと、松竹に入ったときから違う路線を自分で探すのです。やはり上には上がいましたから、自分はどうやればいいのか、ものすごく努力するのです。自分の個性というか、人と違うところを見つけたのが、三枚目な役だったのです。ちょっとコミカルで、スターが華を出すような見せ場にちょこちょこっと出て来る。でもこれがないと困るのです。本当は重要な役割を果たす、三枚目的なコミカルな役を目指したと後で言っていましたけれど、それがすごいなと思います。努力すれば志というのは果たせるのだということがよく分かります。笠置シヅ子さんはむしろそれを楽しんで、夢を捨てずにあきらめずにやっている。だから作り笑顔ではなくて、何か自然な笑顔が見えるような気がするのです。

それで、次の写真はすごいです（写真６）。もうスターです。これは当時の高級な雑誌で『映画と演芸』です。昭和の初めは、昭和モダニズムの時代で映画産業がどんどん上り坂になるのです。メディアもすごく発達しました。新聞、雑誌がどんどん売られるのです。印刷技術も素晴らしい。ちょっとかっこいいでしょう。足もきれいです。これは１９３７（昭和12）年、先ほどの引札と同じころだと思います。その横に、雑誌の表紙がちょっと見えないのですけれど、「進め龍騎兵」と書いてあります。調べてみたのです。ハリウッドの戦前のエロール・フリンという、日本で言えば長谷川一夫のような人の映画でした。それで大体年代が特定できるわけです。雑誌の巻頭のグラビアに載るということはスターです。もう松竹のスターになりました。

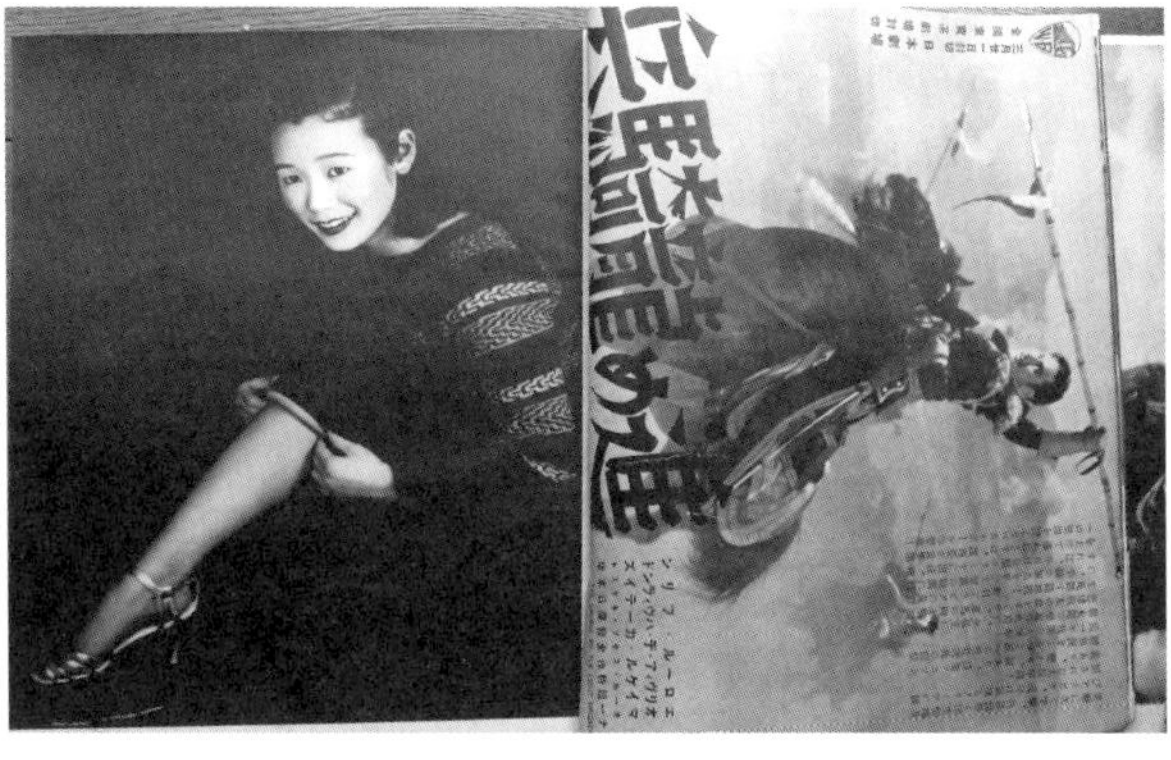

写真６：雑誌『映画と演芸』のグラビア（1937年）

1938、39（昭和13、14）年には、笠置シズ子さんはジャズ歌手としてデビューするのです。さっきの写真の翌年の1938（昭和13）年に、松竹が東京に帝国劇場（帝劇）を本拠地とする松竹楽劇団という歌って踊る、新しい劇団を作るのです。その劇団員に選ばれて上京します。出世です。

そこで出会ったのが、なんと服部良一さんなんです。当時新進の、コロムビアの専属になったばかりの作曲家です。でもまだ、淡谷のり子さんの「別れのブルース」ぐらいしかヒットしていなくて、まだ若くてなかなかヒット曲がありませんでした。会って二人は分かったのです。これが運命的な出会いでなくてなんであろうと。こういうことってあるんですね。笠置シズ子さんが服部良一さんを選んだのか、服部良一さんが笠置シズ子さんを選んだのか分かりませんが、とにかく会ったときに、お互いが自分のものにできると分かる出会いはそうはないです。「自分のもの」というのは、つまり、自分の才能でこの人を輝かせることができる、向こうも自分を輝かせてくれるという、お互いにWin－Winの関係。会った瞬間にそれが分かる。笠置さんも絶対にそう思っていたと思います。

互いの才能を察知する能力、これは芸術家です。これがないと表現者にはなれません。スターというのは、一人の力ではなれないのです。どうやったらスターを作れるのか私も考えてみたのですが、スターは自分一人ではなれなくて必ず誰かがいる。もちろん自分の才能もある、努力も必要、それを支えてくれる人、ありとあらゆるまわりの人間をとりこにする力。それともう一つあるのです。何か分かりますか。スターになるのに自分ではどうにもならないもう一つの条件、それは運なんです。運としか言いようがない。運ということをもう少し探ってみると、時代なのです。その時代に大衆がこの人を必要としているかどうか。これは自分の努力ではどうにもなりません。それから、例えば事務所やプロダクション、そういうまわりの思惑が働くのですけれど、やはりなんと言っても時代なのです。スターは時代の象徴なのです。だから面白い。人間は時代の子とよく言われますが、スターは時代の象徴です。

コンビ組んだ服部良一氏

もうすぐ「東京ブギウギ」にいきますので、ちょっと待ってください。これはまだ戦前の話です。服部良一さんが、「こいつだ。この子が自分のジャズやブギウギを具現化するんだ。歌わせるんだ。自分の作曲の能力はこの子にかかっている」と閃くのです。デビュー曲は「ラッパと娘」というジャズです。本格的なジャズ。SGD（松竹楽劇団）に行った翌1939（昭和14）年にはもう「ラッパと娘」でデビューし、コロムビアからレコードも発売しています。ですから、戦前から笠置シヅ子さんは知る人ぞ知るジャズ歌手だったのです。

シヅ子さんは1938（昭和13）年に東京の帝劇で華やかにスターの仲間入りをしたのですが、ところが、SGDは1941（昭和16）年、3年で閉鎖となります。たった3年しかもたなかったのです。その理由は戦争です。あんなものはいかがわしいとか、ジャズは歌うなとか、どんどん日本が軍国主義化していきます。笠置シヅ子さんはその時代に、敵性歌手の烙印を押されるのです。アメリカみたいな歌手は許さない。「ラッパと娘」とか「センチメンタル・ダイナ」とかジャズを吹き込んでいたけれど、ジャズは歌っていけないといわれるのです。SGDも閉鎖になりました。そこで、独立します。服部良一さんはずっとコンビを組んで支えてくれるのです。ありがたいですね。この頃、服部良一さんが作曲した「アイレ可愛や」などを歌いました（写真7）。

　さて、戦争が終わりました。戦争が終わって、ではどうするか。曲名は最初、「東京ブキー」だったのですね。ややこしいのですよ（写真8）。題名の表記が「ブギウギ」「ヴギー」「ブギ」と分かれていて、後でちゃんと統一されますが、当時はバラバラだったのでしょう。たとえば最初は「東京ブキー」だったものが、後に、「東京ブギウギ」という名前に正式に統一されます。

　「東京ブギウギ」が初めて歌われたのが1947（昭和22）年の秋です。そこから「ブギの女王」が誕生しますが、笠置シヅ子さんは実は自伝で、自分はブギの女王になるはずではなかったと正直に書

写真7：戦時中に歌われた服部良一作曲の楽譜

写真8：「東京ブキー」「買物ブギー」「ヘイヘイヴギー」など
タイトルはバラバラの表記だった

いているのです。歌をやめようと思っていたのです。「東京ブギウギ」はなぜ生まれたか。名曲が生まれたらエピソードがいっぱいありますが、笠置シヅ子さんは、１９４３（昭和18）年にある人と恋をします。9歳も年下ですが、とてもハンサムで運命的だったのでしょう。服部良一さんは師弟関係。これも運命の出会い。恋愛はまた別ですね。相手は吉本頴右さんという人で、吉本興業という大阪に本拠地のある興行会社のボンボンです。当時はお母さんの吉本せいさんが社長で、二代目になるはずでした。東京にも進出しまして、東京吉本は戦前からどんどん発展していくのです。大阪ではお母さんのあと林正之助という人が社長になりまして、東京ではその弟の林弘高という人が社長になっていました。頴右さんのおじさんです。

早稲田の学生だった20歳の頴右さんは、戦前からジャズ歌手で、29歳、30歳に手が届く笠置シヅ子さんと名古屋で恋をします。名古屋の御園座で、辰巳柳太郎という新国劇のスターの方が出ていらっしゃって、笠置さんは共演するので楽屋にあいさつに行くのです。そうしたら、そこにいたのが頴右さんでした。多分、どっちも一目惚れだったと思います。戦争が深くなっても二人は恋愛関係になります。ラブラブでした。日本中が空襲で悲惨な目にあっているときに、笠置さんは後で、そのつらい時期が私が人生で一番うれしいときだったと正直に書いています。そうだったんでしょう。戦後が始まって、どんなに反対されても結婚すると二人は決めていました。

ところが、１９４７（昭和22）年5月に、吉本頴右さんは結核で死んでしまうのです。戦時中に結核にかかっていたのです。だから学徒動員からも外されていて、そうなる運命だったのかなと思えば悲しいですけれど。亡くなったのが5月で、6月にヱイ子さんという娘さんが生まれるのです。なんとも悲しい出来事です。自分は頴右さんと結婚したら、引退して歌手を辞めると決めていたのですけれども、死なれてしまうと辞めるわけにいかないです。赤ちゃんを抱えて。それでまた、服部良一さんに頼むのです。「先生頼んまっせ。私はこれから赤ちゃんと生きていくので」「よし、またなんか作ってやる」と。そこで生まれたのが「東京ブギウギ」なんです。私が自分のことのように、見てきたように話すのも恥ずかしいですけれど、感動的でしょう。

そこで、「どうしようか。どんな歌にしようか」と迷ったと、服部良一さんの自伝にも出てきます。服部良一さんは、従軍記者として上海に戦前何度かいたことがあるのです。上海というのは、戦時中はもうとてもハイカラな国際都市でした。欧米の文化、ジャズやいろんなスイングを毎晩歌い踊る、華やかな国際都市だったのです。ちょっと奥地に行けば日中戦争で悲惨なことになっているのに。上海にいた服部良一さんは、そこでブギを知るのです。ブギの楽譜を取り寄せて研究して、自分にピッタリだ、これを作曲しようと若い服部良一さんは決めるのですが、当時、そのバンドに李香蘭という人がいました。華やかな満鉄の映画スターでした。この李香蘭さんは戦後は本名の山口淑子さんになるのですけれど、李香蘭さんがちょうど上海に来ていたのです。それで、この人にブギを歌わせてみようと考えました。それから、大谷冽子さんという人もいました。この人も素晴らしい美人で、当時はまだ音楽学校の学生だったと思います。すぐ後に、藤原義江さんの歌劇団に入ってトップスターの歌手になります。でも二人ともクラシック調なのです。ところがクラシック調の可憐な美人のスターにブギを歌わせたら、全然合わないのです。李香蘭さんにも、「先生、これ歌いにくいわ」と言われたと自伝に書いていました。だから戦後、やっぱり笠置シヅ子しかいないと思ったのでしょう。明るいし。

さっき、スターになるには時代という運だと言ったでしょう。それにピッタリ合ったんです。日本が戦争に負けたというのも、笠置シヅ子さんを生み出す大きな要素だったのです。もし勝っていたら、ブギの女王は生まれなかったかもしれません。

それから、もう一つあるんです。「東京ブギウギ」の作詞者は、鈴木勝さんという人です。通信社の記者でした。ちょうど上海に赴任していて、服部良一さんと友達になるのです。鈴木勝さんは、お父さんがイギリス人、お母さんが日本人のハーフで、英語が堪能。ブギウギやアメリカナイズされた曲をよく知っているので、服部さんは「ブギの曲を俺が作るから、作詞をお前がやってくれ」と頼んでみるのです。作詞は鈴木勝さんとなっています。なっていますが、私が調べたところ、実はそうではなかったようです。違うと言い切れるかどうか分かりませんが。後に離婚しましたが、その当時の鈴木勝さんの奥さんは宝塚のスターだった池真理子さんという人でした。当時、池真理子、松竹歌劇のスターだった暁テル子とか、きら星のようなジャズ歌手がどんどん出てくるのですけれど、池真理子さんが鈴木勝さんの奥さんだったのです。鈴木勝さんが、ブギの曲の歌詞を作るのに「日本語はこれでいいか」と尋ねました。池真理子さんは、本当は私が書いたと後に話しているのですけれど、もう亡くなってしまっています。「実はブギウギは私が歌うはずだった、ブギの女王は本当は私だったかもしれない」と後に語っています。そういうエピソードもあります。

大谷冽子、李香蘭、池真理子、みなさん素晴らしい歌手です。でも私は、やっぱりブギの女王は笠置シヅ子以外にいないのではないかと思うんです。どう辛く見積もっても、やっぱり笠置シヅ子さんの勝ちですね。みんな素晴らしいのだけれど。それを言っていると時間がないのでどんどん先にいきましょう。

「東京ブギウギ」が大ヒットして、シヅ子さんは大スターになります。引っ張りだこです。歌手として一枚看板のパンフレットもできます（写真9）。日劇（日本劇場）、有楽座、帝劇（帝国劇場）、浅草国際（国際劇場）などの有楽町や浅草かいわいの大劇場で、毎週のように笠置シヅ子さんは引っ張りだこになります。１９４７（昭和22）年にスターになって、ブギの女王になるのは１９４８（昭和23）年、映画にも出るのです。おそらくこのパンフレットは貴重でどこにもないものでしょう。１９４７（昭和22）年10月に日劇で「東京ブギウギ」が歌われた時のものです（写真10）。素晴らしい。これは「踊る漫画祭　浦島再び竜宮へ行く」という、歌って踊るだけのとても楽しいショーだったようです。これを描いた画家は、落合登さんという方です。皆さんご存じないと思いますが、笠置シヅ子さんの楽譜や舞台のイラストを描いていて、シヅ子さんとそっくりです。うまいですね。そのままみたいです。日劇で一枚看板で大ホールで歌って、当時1週間満席。ロングランで1カ月やったのは、戦時中の李香蘭さんと長谷川一夫さんしかいません。その次が笠置シヅ子なんです。その後はいません。その後に、日劇のロングランで大人気だったのは平尾昌晃さんとか

写真９：ワンマンショーのパンフレット

のロカビリーです。それは１９５５（昭和30）年を過ぎてからのことですから、何といっても笠置さんは昭和20年代の大スターなのです。ちなみに昭和40年代になると、グループサウンズが大人気になり、ファンが日劇に押しかけました。

これは実は、私が古本屋をあさっていて見つけましたもので、その当時の「人気者まんが双六」（写真11）です。笠置シヅ子さんはここにいます。子ども相手の双六です。あと、めんこやパッチンがいっぱいありました。笠置シヅ子さんの上が岸井明さん、この方もボードビリアンで歌って踊れる。エノケン、堺駿二さんじゃないかな。トニー谷さん、徳川夢声さんですね。こういうのもあります。みなさん、もう押すな押すなの大人気の状態の頃の双六です。

ブギを歌った次の年に自伝が発売されました（写真12）。１９４８年（昭和23）です。シヅ子さん34

写真 10：日劇のパンフレット

写真 11：「人気者まんが双六」

才で早くも自伝が発売されるのですけれど、これも落合登さんの挿絵です。とても豪華で挿絵もいっぱいあって、写真もいっぱいあるのです。素晴らしい。ところが、1948（昭和23）年はまだまだ物不足でして、これは紙が酸性紙です。仙花紙というのを知りませんか。薄っぺらくてすぐ破れる本ですけど、今見ても素晴らしいものです。

1949（昭和24）年には、もうトップスターで、レコードや舞台だけではなくて映画にもたくさん出ています。この写真の左は映画『脱線情熱娘』です（写真13）。とても有名で私の本の表紙にも使わせてもらいました。あの笑顔がいいでしょう。笠置シヅ子さんは最高の笑顔と言われたのです。

写真12：笠置シヅ子自伝『歌う自画像』(1948年)

写真13：映画のパンフレット

世界で最高の笑顔は誰か知っていますか。ルーブル美術館のモナ・リザです。あれは笑っているのか笑っていないのかよく分からないですけれど、一応微笑と付けられています。シヅ子さんはあんなのではないですね。もろに笑っていますから、最高の笑顔です。右は映画「エノケン・笠置のお染久松」。相手役は榎本健一さん。喜劇王、エノケンさんです。こちらの写真は、きものを着て「ジャングルブギー」を歌っています（写真14）。ハチャメチャだけれど、大衆のスターという意味がよく分かるでしょう。うけたと思いますよ。

それでは、こちらのエノケンとの写真（写真15）。エノケンは戦前から大スターでした。当時の新聞社がエノケンの相棒は誰かというと、これより前は古川ロッパさんです。「エノケンロッパ」で、エノケンと言えばロッパだったのです。ところが、１９４８（昭和23）年以降はエノケンといったら笠置シヅ子になるのです。それで古川ロッパが怒った。

写真 14：ジャングルブギーを踊る
笠置シヅ子（1949 年）

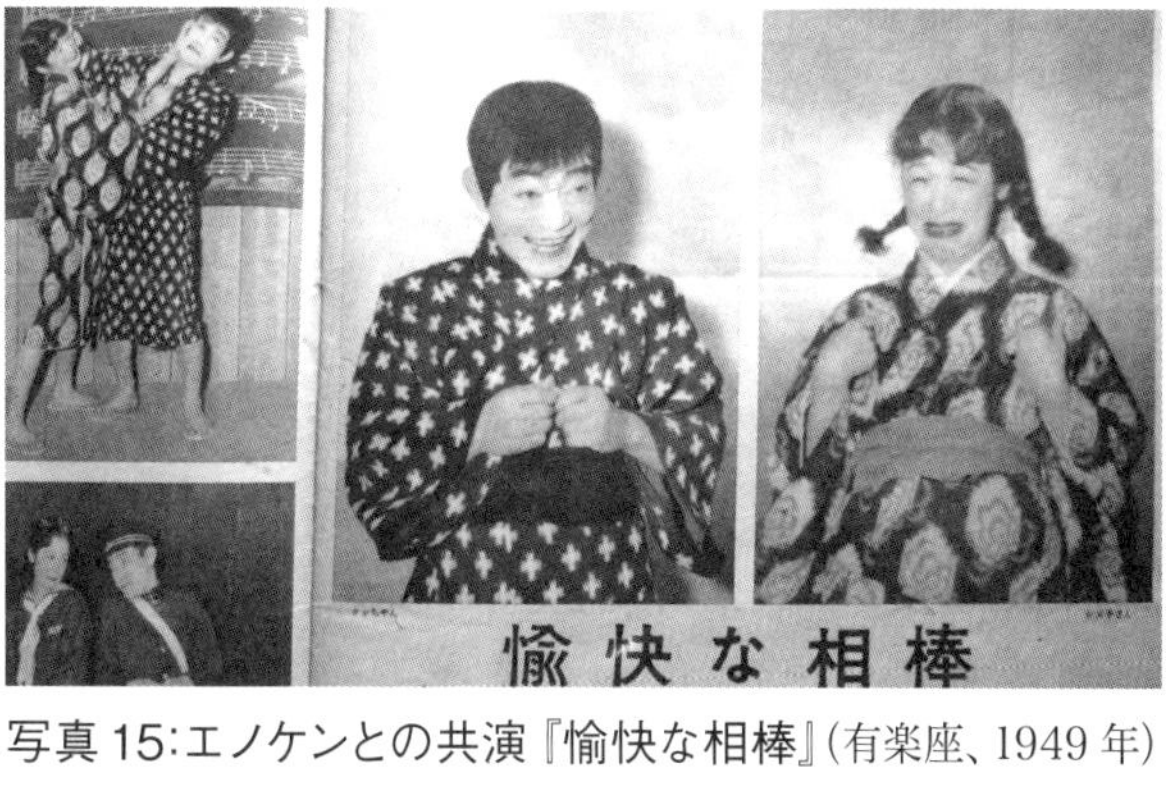

写真 15：エノケンとの共演『愉快な相棒』（有楽座、1949 年）

古川ロッパさんは素晴らしいインテリで、日記が残っているのです。こんなに分厚いのが4冊あるのですが、その中に一番多く出てくるのがエノケンさんの悪口なのです。「エノケン、なんで俺との相棒を解消したんだ」「稼ぎが全然違う　かせぎシヅ子」。人の悪口と食べるものとを正直に書いていて、私はこの人が大好きなんです。当時大スターだった意味がよく分かります。歌もうまいし、いろいろな人と共演して映画も残しています。大スターでした。そのエノケンさんに対する嫉妬も兼ねて、笠置シヅ子のことをいっぱい書いていますが、実はほめているのです。笠置シヅ子はいくら悪口を言っても足りないくらい憎たらしいけれど、実は彼女の才能を認めているのです。ロッパさんも偉いです。見てみたいですね。有楽座の『愉快な相棒』、どんな舞台だったでしょうね。楽しそうですね。

それから1950（昭和25）年になりますと、6月に笠置シヅ子さんは、服部良一さんほか何名かでアメリカに行きます。これを見てください（写真16）。大きな花束を抱えて舞台に立っているのが笠置シヅ子さんで、前にいるのが女の人なのですけれど、この女の人たちがどういう職業の人たちだったか。ラク町のお姐さんと雑誌にも書かれているのです。当時シヅ子さんのファンクラブのほとんどは、「ラク町のお姐さん」だ

写真16：「笠置・服部渡米歓送ショー」（日劇、1950年）

ったのです。みなさん分からないでしょう。私も分からなかったのですけれど、戦後、アメリカ兵とかの相手に、有楽町のガード下に夜立っていた街娼です。そうしないと食べていけなかったのです。シヅ子さんは、その人たちを大事にしたのです。

実は、水の江瀧子さんや淡谷のり子さんは彼女たちを嫌いました。淡谷のり子さんは、「こんな女に誰がした」という歌を歌えと最初にオファーがあったときに、「これはパンパンの歌じゃないか。ラク町のお姐さんの歌なんか私は歌わない。私は私のプライドがある」と断ったのです。それでタイトルを変え、歌手も変えて「星の流れに」という歌ができました。笠置さんはそんなこと関係ないです。戦争でみんなつらい思いをしているんだ。私だってつらい思いをしている、と。自分の歌を喜んでくれるファンを大事にしたのです。一人一人に「おおきに」「おおきに」と握手をして回った。それが新聞にもちゃんと載っているのです。ところで水の江瀧子さん（写真17）の名前が出ましたが、笠置シヅ子さんがどんなスターだったかを説明するのに、水の江瀧子さんや淡谷のり子さんと比較すると分かりやすいと思います。水の江さんはシヅ子さんより松竹少女歌劇の一期下ですが、１９３２（昭和７）年には「男装の麗人」といわれて脚光を浴び、以後10年、ＳＳＫの大スターとして、数

写真 17：水の江瀧子（左）と笠置シヅ子（1949 年）

多くの商品広告にも起用されるなど、大活躍します。1933（同8）年には団員たちが松竹に待遇改善を求めた〝桃色争議〟ではリーダーとして先頭に立ちました。戦後は映画プロデューサーに転身しています。ですから水の江さんはいわば戦前の軍国主義時代の大スター。一方、笠置シヅ子さんは戦後の大スター。淡谷のり子さんは戦前・戦後を通して歌手として人生を全うしたスターです。このようにスターにはいろんなタイプがあり、この三人は生き方や性格など全くタイプが違いますね。

こちらは服部良一さんです。二人ともうれしそうですね。シヅ子さんは振り袖を着ているのです（写真18）。ほかの写真も見たのですけれど、刺繍などもあってとても豪華な振り袖で、女優の田中絹代さんからもらった振り袖を羽田空港で着たのです。自分は誇りを持ってアメリカに行ってくる、田中絹代さんからもらったそうです。田中絹代さんありがとうと語っているようなものです。こういう人たちにも支えられるし、師匠や自分のファンとかみんなに支えられて。笠置シヅ子さんのファンはいっぱいいました。当時、高峰秀子さんも追っかけだったと自伝に書いています。アメリカ公演は、ホノルル、ロサンゼルス、サンフランシスコ、その後ニューヨークにも行くのですが、ニューヨークにはどうも服部良一さんと二人で行ったようです。シヅ

写真18：渡米する笠置シヅ子（左）と服部良一

子さんの絶頂期ですね。

共演できなかった美空ひばり

１９５０年代にアメリカに行った有名人は他にもいるのですが、最年少のスターがいました。美空ひばりさんです。この写真（写真19）は１９５１（昭和26）年、ＮＨＫのスタジオです。この雑誌は、神田の古本屋で嫌というほど見てあきらめていたときに出てきました。『アサヒ芸能新聞』。二人でブギを踊っているのですね。まさに「大ブギ小ブギ」ですね。話せば長いのですが、なぜか前年にアメリカに行った美空ひばりさんは、実は服部良一さんから、ブギは歌うなと差し止められていたのです。曲にはちゃんと著作権があるのに、その当時、あいさつもなく、興行主、レコード会社とかを全く無視して、アメリカに行ってブギを歌ったのです。そういういきさつは今で言えば、礼儀を踏まなかったことです。本人同士がケンカしたわけでは全然なくて、美空ひばりさんは全く知らないことです。でもいい写真でしょう。二人はこのときが最後になります。

今もそうかもしれないけれど、芸能界に付随する、事務所、レコード会社、いろい

写真19：NHK ラジオで共演した笠置シヅ子（左）と美空ひばり

ろなビジネス上の問題、大人の社会のあれこれ、礼儀、しきたりなどがありました。それを無視してだめにしてしまったコンビなのです。美空ひばりさんも笠置シヅ子さんも、他の大物スターと映画や舞台でいっぱい共演しているのに、していないのはこの二人だけなのです。これは芸能界の損失であり、私は大変残念だと思います。この二人が映画や舞台で共演していたら、芸能史に残るものになっていたと思います。ひばりさんも笠置シヅ子さんも実にうまい。昭和20年代の映画を全然放映しないというのは不思議なくらいで、ものすごく二人とも芸達者なんです。そういういきさつがあって、二人のコンビの映画は作られなかったですね。残念でした。

そうして、1952（昭和27）年、帝劇の舞台で大当たりのヒットをします。シヅ子さんもエノケンさんも大スターで、本当は人気が二人とも陰っていくのですけれど、スターですから無理するのです。スケジュールが詰まって、アメリカまで行って、舞台が毎日毎日待っている。でも、とても楽しそうな舞台ですね。見てみたいです。エノケンの源氏は絶対いいと思いますね。

それと同じころ、この帝劇の「浮かれ源氏」（写真20）の舞台を見に来たスターがいました。ペティー・ハットンさん（写真21）。知りませんか。アメリカの笠置シヅ子と言われた素晴らしいハリウッドのミュージカルスターです。

写真20：帝劇舞台「浮かれ源氏」のパンフレット

「アニーよ銃をとれ」という大当たりした歴史的なミュージカル、「史上最大のショー」などがあります。ミュージカルの最後のほうのメロディー「ショウほど素敵な商売はない」という唄はみんな知っているでしょう。１９５０（昭和25）年には大スターで、実はハリウッドで二人は会っているのです。その2年後に帝劇にハットンさんがやってきて、日米のスター同士ですから、ロビーでの写真がいっぱいあります。ところが、これが二人の絶頂期だというのが後でだんだん分かってくるのです。ペティー・ハットンさんはこの後、実は行方不明になるのです。どこに行ったか分からない。80何歳かまで生存されたようですが、当時は大スターでした。

写真 21：ペティー・ハットンと
（帝劇ロビー、1952 年）

それから次第にブギ人気も落ち着いてきて、アメリカに行った翌年に、世田谷に３００坪の豪邸を建てます（写真22）。平屋なのですが、とてもおしゃれです。今よく出てくるお城みたいな家ではありません。とても瀟洒でかっこよくセンスがいい。残念ながらこの家は今はもうなくて、マンションになっています。

１９５７（昭和32）年に、経済白書で日本はもう戦後ではないと言われて、時代が大転換してしまいます。そのときに、笠置シヅ子さんは歌手を廃業します。「大物歌手と言われてギャラが高いのはもういいんです。これからは1年生のタレント。どうぞ使ってください。端役でもなんでもいい。なんでもやります」と、テレビ局や放送局、映画会社といろいろなところをまわって宣言するのです。ところが、そのあとどんどんテレビのレギュラー番組、ラジオと、いっぱいオファーが来るのです。笠置シヅ子さんは、多分そんな計算はしていなかったと思うのです。スターをつづけるというのは難しいのですね。年もとるし、いつまでも人気にしがみつきたくない。スターの中でも、笠置シヅ子さんは潔いのです。頭がいいから、自分がこの時代に何をするべきか分かっていたのだと思うのです。

南原繁さんをご存じですか（写真23）。東大の戦後初めての総長なのですけれど、この人は実は笠置シヅ子さんに、「僕はあんたが生まれたときに、君の本当のお父さんと友達だったんだ」と、びっくりするような電話を直接するの

写真 22：東京・世田谷に新築された笠置邸

です。これも運命的ですよね。1951（昭和26)年に出会って、南原さんは笠置シヅ子後援会の会長を引き受けました。二人はそれ以後ずっと交流を持ちました。そしてこれは田中絹代さんとの対談(写真24)。

シヅ子さんは歌手をやめてからでも、どんどん忙しくなるのです。自分は娘と二人でほそぼそと食べていったらいいと言いながら、仕事は増える。こちらはNHKです。たぶんラジオ番組です。私は東京大阪の古本屋、ネットと、いろいろと写真を買いあさったのですけれど、この写真（写真25）はとても面白いです。右から二人目は浜口庫之助さんではないかと。楠トシエさん、高英男さん、高島忠夫さん、朝丘雪路さんもいます。それくらいは分かるのですけれど、すごいでしょう。ここにNHKの方はいらっしゃいませんか。いても分からないでしょうね。シズ子さんは歌手を廃業した年に、ラジオ東京テレビ（TBS系列）連続ドラマ

写真 23：NHK ラジオ「朝の訪問」の録音シーン
左は南原繁（1957 年）

写真 24：田中絹代とのラジオ対談

『雨だれ母さん』に主演します。監督は戦前から活躍した映画監督の五所平之助（写真26）。シヅ子さんは「監督からは、ぴったりの母親像といわれて少し緊張しましたが、とても楽しくやらせてもらった」と語っています。最後は晩年の、私の知っている「家族そろって歌合戦」のころの笠置シヅ子さんです（写真27）。

それで、最後にはこういう言葉を残しています。「ラ

写真 26：五所平之助監督と

写真 25：ラジオ番組の収録

ク町でも靴磨きでもなんでもいい　そういう民衆の底の底の人たちにまで　わたしはわたしの芸を理解してもらい　そして一緒に喜んでもらいたい。これが私の生き甲斐です。笠置シヅ子」。いい言葉ですね。笠置シヅ子さんはこういう人なのです。

私はいつもそうなのですけれど、ぶっつけ本番で脱線もしました。今日はご清聴どうもありがとうございました。

写真 27：晩年の笠置シヅ子

編集担当より

本編では笠置シヅ子の名前を、原則として、より広く知られていた「笠置シヅ子」と記述しています。

講演2

目玉の松ちゃん、泥芝居一代記

映画批評 映画研究者

世良利和（せら　としかず）

1983年岡山大学大学院ドイツ文学専攻科を修了。福山大学専任講師、会社役員を経てフリーライター及び映画研究者として活動。現在、法政大学沖縄文化研究所の研究員を務めるほか、岡山大学大学院と岡山理科大学で非常勤講師を兼務している。琉球新報などに映画エッセイを連載中。博士（芸術学）。

著書に『沖縄劇映画大全』『笠岡シネマ風土記』、共著に『まぁ映画な、岡山じゃ県①～③』など。

松之助の来歴と岡山

皆さんこんにちは。映画史や映画批評を手掛けております世良と申します。どうぞよろしくお願い致します。本日私は、明治・大正期に活躍をした岡山市出身の芝居役者であり、日本映画史上最初の国民的映画スターでもあった尾上松之助についてお話をさせていただこうと思います。

実は、この能楽堂ホールがあります一帯は、明治の20年代後半に浅草を模した亜公園という遊興施設があったところです。いわゆる小さなテーマパークのようなものですが、当時としてはなかなかの規模で、一時は大変賑わったそうです。その亜公園の中には天神座という芝居小屋もありました。ですから、本日ここで尾上松之助についてお話をさせていただくというのは、そういった歴史的な背景もあって、まさにうってつけの場所ではないかと思います。

その尾上松之助は、天神座や亜公園ができるよりずっと前の、1875（明治8）年9月12日に西中島で生まれたということです。ただし生誕年については明治9年あるいは10年とした資料もあり、はっきりしません。この顔は、皆さんも一度はご覧になったことがあるのではないでしょうか（写真1）。あるいは、「目玉の松ちゃん」という松之助の愛称もどこかで聞いたことがあるなという感じだと思います。先ほど申し上げましたように、松之助は明治から大正にかけて活躍した役者です。今日来られている方の中には、まさか明治・大正生まれの方はいらっしゃいませんよね？　自分の知らない時代のことを、さも見てきたかのようにお話させていただくことになりますので、もし当時をご存じの方がいらしたらちょっとやりにくいなと思っていましたが、いらっしゃらないようで、ひとまず安心しました。

写真1：尾上松之助

さて、松之助が生まれたとされる1875年ですが、ちょうどこの頃に岡山で初めての本格的な芝居小屋の建築が許可され、1877（明治10）年には西中島に旭座が、野田屋町に後の柳川座（当初は花海軒）が、相次いで落成しています。ご存じのように、江戸時代の岡山城下といいますか備前国では、歌舞音曲が禁じられ、芝居興行はできませんでした。もちろん抜け道や目こぼしのようなことはあったと思いますが、本格的な芝居を堂々と観るためにはわざわざ国境《くにざかい》の向こう、備中の吉備津まで出かけなくてはなりませんでした。

明治になって興行が許可されると旧岡山城下でも芝居が行われて人気を集め、東山付近には常打ち小屋も設けられます。ただしこれは舞台の上だけ藁葺きの屋根があって、客席は露天だったそうです。本格的な芝居小屋は先ほど申し上げた旭座や柳川座が最初です。ですから、松之助は偶然にも、ちょうど岡山で常打ち小屋の芝居興行が盛んになり始めた、そういう時代に生まれてきたということになります。

松之助の本名は中村鶴三《つるぞう》です。兄がいたらしいのですが、若くして亡くなったそうです。松之助の下には年の離れた弟と妹が一人ずついました。父は幾三郎、母はハナという名前ですが、両親の家系と言いますか来歴などはまったくと言っていいほど分かっておりません。松之助の生まれ育ちとか、一族の系譜や血縁などを客観的に確認できるような資料は、残念ながら今のところ見当たらない状況です。

その一方で、松之助自身が『自伝』を残しています。『自伝』は何度か出版されていますが、基本的には大正時代のものですので、入手は困難です。現在入手しやすいのは、地元岡山が誇る岡山文庫のシリーズでしょう。岡山文庫は３００巻を超えて現在も刊行中ですが、その第１７８巻が『目玉の松ちゃん　―尾上松之助の世界―』（１９９５年　日本文教出版）という一冊です。今ここに持ってきているのですが、1冊目はボロボロにしてしまいまして、これは2冊目です（写真2）。この中に松之助の『自伝』が現代かな遣いで収録されています。もちろん『自伝』と言いましても本人が直接書いたものではなく、編集者や出版者が聞き書きをまとめたものです。

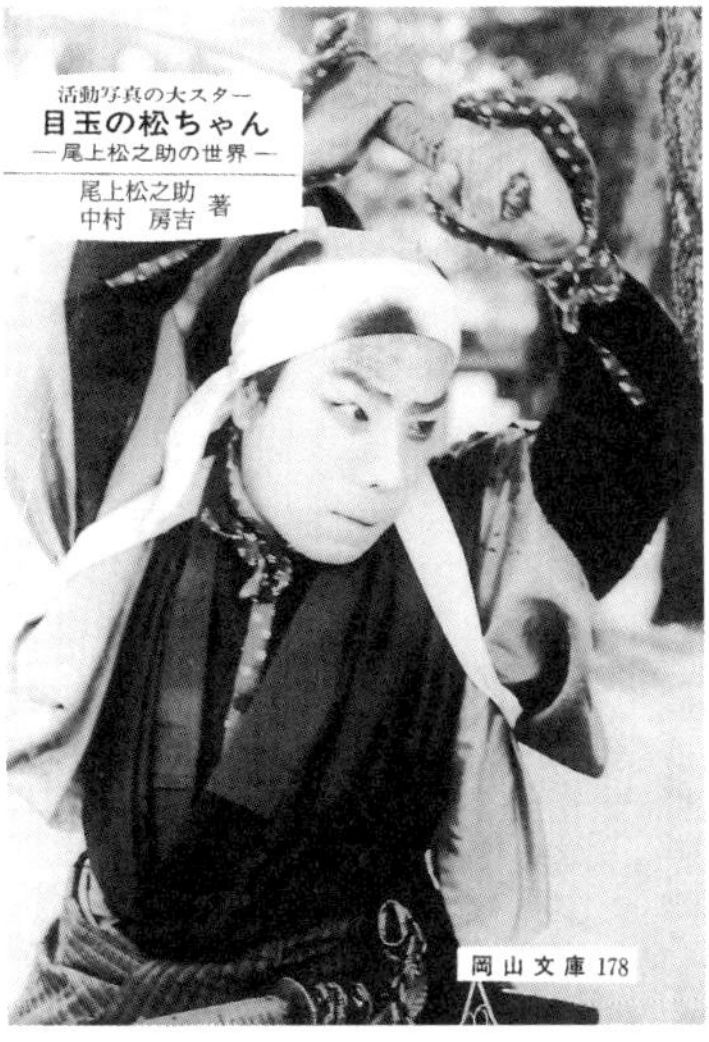

写真２：『目玉の松ちゃん』の表紙

それから、松之助の養子である房吉さんが、父の思い出ということで回想録を書かれていまして、それもこの岡山文庫版『目玉の松ちゃん――』に収録されています。松之助の生涯をたどる上で参考になる二つの資料が収録されているわけです。さらに、この文庫を編集された石井省三という方が非常に細かな注釈を付け、色々な関連資料も再録されています。加えて房吉さんから提供を受けた貴重な写真も数多く収録されています。ですから、松之助のことについてちょっと気になるという方も、これ一冊でかなりのことが分かる、非常にお薦めの一冊になっています。現在版元では品切れですが、書店やネットで入手可能です。

本日の私の話も、この岡山文庫の一冊を手がかりにしながら進めることになります。ただし、多くの自伝や回想録がそうであるように、松之助の『自伝』や房吉さんの回想録にも、はっきりしない部分や裏付けの取れない記述、あるいは意図的に触れられなかったと思われる点などがあります。また松之助の『自伝』は存命中に書かれたものですから、当然晩年についての記述はありません。

さて、その『自伝』の語るところによれば、松之助は岡山市の西中島で備前池田藩の下級藩士だった中村幾三郎の息子として生まれたということです。西中島は明治になってから遊郭として認可された地区です。藩政時代の幾三郎は21俵3人扶持だったと言いますから、生活は苦しかったと思いますが、明治になると廃藩によってそうした収入すらなくなってしまいます。幾三郎は色々な仕事に手を出したようですが、ちょうど松之助が生まれた時は、西中島で貸座敷業を営んでいたという記述があります。貸座敷ですから、娼妓を抱えて客を取らせていたわけです。ただしこれについては、果たしてどこまで確認できるのかというと、結構危ういところがあります。

と言いますのも、西中島が遊郭として正式に認可された時期については、1878（明治11）年とする説があり、もしそうだとすれば松之助が生まれた時点では非合法な商売だったことになります。また高取久雄の『岡山秘帖』（1931年　吉田書店）という本の中に松之助のことが少し出てきますが、幾三郎の稼業は口入れ屋だったと記されているのです（注1）。一般に口入れ屋というのは奉公人などを斡旋するわけですが、場所が西中島ですからこれは芸妓や娼妓が主な対象だったと考えられます。いわば貸座敷業に深く関わる稼業です。ですから、そういった口入れ屋稼業をしていて貸座敷を営むようになったのか、逆に貸座敷をやっていたけれども口入れ屋のほうが本業になったのか、さらにはそもそも貸座敷業をやっていたのかどうか。そのあたりのことはまだはっきり確証が得られていません。

また松之助は『自伝』で「西中ノ島町七十番地」に生まれたと述べています。写真3は現在の岡山市中区西中島を北から南に通っているメインの表通りです。写真奥に見える赤い橋が新京橋という位置関係になっていて、それを北から見ているところです。この表通りから東に向かって横に入る路地が何本かあります。写真4はその路地の中の一本で、写真奥の右側辺りが、松之助が育った家のあったところではないかと推定されています。これは、今そこにお住まいの石野さんという方が、「自分の先代から、ここが松ちゃんの家だったと聞いている」と教えてくださいました。これは先ほどご紹介した『岡山秘帖』の中にある「生家は現在下駄屋石野半次郎の家がそれであった」という一文とも一致しますので、信憑性はかなり高いのではないでしょうか。

　ただし石野宅の番地は、松之助が『自伝』に書いている「西中ノ島七十番地」ではありません。ですか

写真3：西中島の表通り（岡山市中区）

写真4：生家跡付近

ら番地の変更があったのか、あるいは先ほど触れた父・幾三郎の稼業が貸座敷業から口入れ屋に変わって七十番地から石野宅の場所に引っ越したとか、色々な可能性がありますので、ここはもう少し調べる必要があります。

もっとも、松之助が西中島に生まれ育ったことは間違いないでしょう。つまり西中島一帯は、日本の映画草創期に登場した最初の国民的大スターの生誕地であり、いわば日本映画の特別な聖地の一つなのです。勝手なことを申し上げれば、西中島全体が松之助記念公園になっていても決しておかしくはないと思います。

子ども芝居から旅役者へ

西中島という遊郭の地に生まれ育ったことは、松之助が芝居役者になる上で見逃せない背景だと思います。花街ですから、当然いつも着飾った芸妓や娼妓がおしろい粉の匂いを漂わせ、座敷からは三味線の音色や粋な小唄が聞こえてきたことでしょう。そうした中で松之助は育ったわけです。また西中島には宿屋や料理屋も軒を連ねていましたから、雑多な人が出入りして、当時の新聞を読みますとケンカや食い逃げ、姦通に足抜け、心中、身投げ、強盗など、西中島を舞台に様々な事件が報じられています。松之助は幼少期

写真５：尾上松之助

からそういった人生模様を間近に見聞していたことになります。これらの環境や見聞は芝居役者・松之助にとっての原風景となったのではないでしょうか。

さらにはこれも花街ならですが、山村イチという踊りや三味線のお師匠さんが、芸妓たちに稽古をつけるために西中島に通って来ていました。松之助もそれをそばで見ていてなんとなく覚える、そういったことをきっかけとしてでしょうか、やがて本格的にイチのところへ通って踊りの稽古をするようになります。この山村イチは芸に取り組む心構えを厳しく指導したようで、松之助は『自伝』の中で、自分にとって芸の上の師匠は彼女だけだ、と述べています。そして踊りを習い始める前なのか、あるいはすでに習い始めていたのかはっきりしませんが、西中島に生まれ育ったことが芝居との縁をもたらすことになります。

どういうことかと言いますと、話の冒頭でちょっと触れましたが、松之助が生まれてから2年後の1877（明治10）年に、西中島に旭座が落成しました。場所は先ほどの写真3で言いますと、赤い橋の向こう側あたりで松之助の家のすぐ近くです。当時としては非常に大きな本格的な芝居小屋です。こうした遊郭と芝居小屋のセットというのは、各地でしばしば見られます。もちろん全てを調べたわけではないのですが、私が知っている例で申し上げますと、江戸時代初期の江戸・人形町辺りもそうですし、お伊勢参りで賑わった伊勢・古市の辺りもそうでした。さらにはずっと南に行って、沖縄の那覇市の一角には辻遊郭がありましたけれども、その周辺にも芝居小屋が幾つか建てられていました。

また、岡山県内の例で言いますと、皆さんご存じかと思いますが、かつて吉備津神社の門前には規模の大きな歓楽街が形成され、遊郭がありました。そしてそこでは、常打ちの小屋ではなく小屋掛け芝居ということになりますけれども、宮内芝居と呼ばれる西国筋では非常に有名な歌舞伎の芝居興行が行われていました。このように、芝居小屋と遊郭は繋がりが深いのですが、この西中島の旭座もまさにそういった例の一つだったということです。ついでに申し上げますと、吉備津は備中でしたが備前との国境ですので、江戸時代には歌舞音曲や芸妓・娼妓が禁じられていた岡山城下から遊興客が集まって大変賑わいました。

さて西中島の旭座ですが、ある時ここで尾上多見蔵の一座が芝居興行を打ちました。その際、子役が欲しいということで、すでに踊りを習っていたのかどうか分かりませんが、恐らく父の稼業との縁もあって松之助に声がかかります。松之助の役は菅原道真の息子・菅秀才《かんしゅうさい》ということですから、人形浄瑠璃や歌舞伎の代表的な演目の一つである『菅原伝授手習鑑《すがわらでんじゅてならいかがみ》』の『寺子屋』の段かと思われます。この時松之助は「尾上多雀」という芸名をつけられていたそうです。もちろんまだ幼い本人は意識していなかったと思いますけれども、これが後に芝居役者となり、映画草創期の大スターとなる尾上松之助の初舞台ということになります。

『自伝』によれば、この初舞台は松之助が6歳（注2）の時です。6歳というのは数え年でしょうから、１８８０（明治13）年という計算になります。残念ながらこの年に尾上多見蔵が旭座に来たという資料は確認できませんが、岡長平の『岡山始まり物語』（１９７７年　岡山日日新聞社）には、その前年の１８７９（明治12）年旧暦4月に多見蔵が旭座に来たとする記述があります。また多見蔵の一座ではありませんが、１８７９年頃には旭座で子ども芝居も行われていたことが分かっていますので、多少の誤差はあっても松之助の初舞台はこの頃だったと考えられます。

初舞台以降、松之助は芝居に興味を強め、子ども芝居にも出て稽古もするようになっています。もちろんまだ子どもの素人芸ですから、日々学校にも通っていました。松之助が通っていた環翠小学校（現旭東小学校）は、小橋からすぐ北にある今の岡山市福祉文化会館のところにありました（写真6）。それから、高等小学校にも通っています。小橋町に国清寺という寺がありますけれども、その寺に教室が開設されていたということです（写真7）。卒業後は父親の方針もあって、上之町の呉服屋に丁稚奉公することになります。当時の上之町には大小の呉服商が幾つもありました。松之助が奉公した店の屋号を挙げている資料もありますが、これに該当する呉服店は今のところ特定できていません。

松之助には芝居から切り離されての丁稚奉公が耐えられなかったようです。旭座でまた子ども芝居があると聞いて、居ても立っても居られず、「もう一回だ

写真6：1879（明治12）年の環翠小学校

写真7：国清寺山門

け」ということで両親に頼み、世話役の口利きもあって再び舞台に立つことができました。けれども、芝居の打ち上げの後は家にも奉公先にも帰らず、そのまま神戸の知人を頼って家出し、浅尾與作一座に加わるという出奔事件を起こします。結局父親が迎えに来て、いったん岡山に帰って来るのですが、芝居役者になりたいという松之助の意志を確かめた父親は、どうしてもなりたいならなれ、ただし一人前になるまでは帰ってくるな、と言って家宝の守り刀を松之助に渡したと、『自伝』にはそういうエピソードが書かれています。

以上が松之助の生い立ち、岡山で過ごした少年時代までということになります。この他にも、松之助の前職が岡山の散髪屋だったという有名役者の記述や、松之助の父は巡羅（警官）だったが松之助の幼少期に亡くなり、母が旭座の前で小料理屋をやっていたとする記述もありますが、今のところ検証は困難です。

さて、15の歳に念願かなって芝居役者となった松之助ですが、役者と言っても旅から旅の巡業、いわゆる「ドサ回り」の旅役者ですから、各地を巡る面白さの一方で、生活は苦しく辛いことも多々あったはずです。松之助自身は、その性格から推測するとまじめに芝居に打ち込んでいたと思われ、18歳の時には「尾上鶴三郎」と改名し、20歳前になると自ら一座を組織するこ

写真8：松之助 21 歳頃

ともあったようです。ただ、18歳のときに父親の幾三郎が亡くなってしまい、幼い弟と妹を連れた母親が松之助を頼って巡業先にやって来ます。よく旅巡業の苦楽などと言いますが、それはあくまでも独り身ならではの話です。松之助の場合は18歳でいきなり３人の扶養家族ができたのですから、これは旅役者としては非常に厳しく、重荷だったと思います。

さらに悪いことは重なるもので、１８９４（明治27）年に日清戦争が始まると、芝居にお客さんが来なくなります。どこに行って幕を開けても不景気で閑古鳥が鳴きます。そういった事態の中で色々と努力はするのですが、最終的に山口県の熊毛《くまげ》郡、山口県の一番南の辺りですけれども、その片田舎でついに松之助は着の身着のまま家族３人を抱えて立ち往生します。金はない、芝居もできないということで、どうにもならない。この時、土地の豪農が手を差し伸べてくれました。まず松之助の顔が立つように芝居興行の手配をしてくれる。そして、一文無しの松之助とその家族を自宅に迎え入れ、さらには出立に際して十分な旅費を手渡してくれたということです。この一件は、松之助の後の人生を考えたとき、非常に大きな経験だったと思います。

後に国民的大スターとして高給を取るようになってからも、松之助は非常に質素な暮らしを通しました。煙草は吸わない、酒もたしなむ程度で、博奕はやらないという、非常に規則正しい生活を送っています。これは芝居や映画の非常に派手な世界の中では異色の生活スタイルでしたが、それを貫きました。ですから、業界内では「ケチ松」というあだ名を付けられたり、陰口をたたかれたりもしました。おこぼれに与れない連中の勝手な言い草であり妬みですが、松之助の心中には本当に苦しかった当時のことがずっとあったのだと思います。

その証拠にと言いますか、晩年になって松之助は、京都府や京都市などに多額の寄付をしています。中でもよく知られているのは、松之助の寄付金を基に京都府が低所得層向けの集合住宅を建て、「松之助出世長屋」（写真9）と呼ばれたことでしょう。また関東大震災のときには救援物資を送ったり、困っている人の話を聞くと手を差し伸べたりしていました。そうすると、今度は「ケチ松の人気取り」みたいなことを言われるわけですけれども、それに対する反論はあえて必要なく、松之助の質素な暮らしぶりが全てを物語っていたと思います。生涯を通じて、そういう生活を貫いた人だと言えるのではないでしょうか。

それはともかく、母や弟妹を抱えて窮地を経験しながら、旅巡業の世界ではありますが、松之助もそれなりに名前を知られるようになっていきます。大阪に家を構えて家族はそこに住まわせ、自分は巡業に出るという暮らしになります。彼は立ち回りが非常にうまかったと、いろんな方が証言をされています。そして、身が軽くて楽々とトンボを切る、宙返りのことですね、そういった身軽さも評価を受けていたようです。ですから、時には立ち回りの助っ人として声がかかることもありました。

もちろん映像はない時代ですし、松之助がどんな役者だったのか、それを知る詳しい資料はちょっ

写真9：建設中の松之助出世長屋

と見当たりませんが、ここでは演劇批評家で文楽の専門家として知られた三宅周太郎という人の松之助評を紹介しておきます。この人は加古川の寿座という芝居小屋の大株主の息子でしたが、その三宅が少年時代に尾上松之助の立ち回りの良さに魅了され、ファンになったと回想しています(注3)。また別なエッセイで三宅は「彼の舞台はいつも実にきちんとしていた。俗受け、ケレン、あて気、不勉強、それ等は全く見当らなかった」と述べています(注4)。

写真10:珍しい水着姿

写真11:自宅で武具の手入れ

牧野省三との出会い

さて、ここからはいよいよ映画スターの道へという話に入っていくのですけれども、何よりもまず牧野省三(写真12)との出会いという大きなポイントがありました。牧野の方が2、3歳若かったと思いますが、この牧野との出会いがなければ、映画スター尾上松之助は生まれていなかったということになります。牧野省三というのは、皆さんご存じだと思いますけれども、後に「日本映画の父」と呼ばれることになるプロデューサーと言いますか映画監督と言いますか、そういったことの草分け的な存在です。

牧野の息子たちは映画監督の松田定次、同じく映画監督のマキノ雅弘、さらには東映の敏腕プロデューサーだったマキノ光雄と、それぞれ映画界で活躍をします。さらに、孫の世代になりますと、俳優の長門裕之・津川雅彦兄弟、それからこれは養子関係だったと思いますけれども松田寛夫という有名な脚本家、さらに沖縄アクターズスクールを開設したマキノ正幸、こういった人たちを輩出した映画・芸能家族の一門ということになりますが、その一門の出発点は牧野省三です。そういうすごい人なのですが、ここで牧野の話をし始めると終わりが見えなくなりますので、先に進みたいと思います。

写真12：牧野省三

『自伝』には1904（明治37）年に大阪九条の繁栄座という芝居小屋で初めて牧野と出会ったと書かれています。松之助の『自伝』に寄せた牧野の一文の中にも同じようなことが書かれています。牧野は尾上松之助の身軽さ、立ち回りのうまさに注目して、自分が経営していた京都の千本座という芝居小屋に招いたのでしょう。もちろんそれ以前からお互いに名前や評判を知っていた可能性はあると思います。なお『自伝』にはこの明治37年の牧野との出会いの直前に「二代目・尾上松之助」を襲名したとありますが、その襲名の経緯や襲名披露についての詳細は不明です。

また二人の出会いについては、１９０４年の大阪・繁栄座説以外にも、いくつかの説が流布しています。特に有名なのは、牧野が金光教本部に参詣した時に近くの芝居小屋で松之助を見出した、という説です。我々岡山県民としてはぜひ推したい説ですが、牧野は母親の代からの熱心な金光教の信者でした。松之助が舞台に出ていたのは金光座だったとも玉島の芝居小屋だったとも言われています。玉島だとすれば、甕港座《おうこうざ》が有力な候補となります。もちろん甕港座の建物は残っていません。現地には「甕港座澆花園跡」という石の標柱が建てられていますが、関係者の方に伺ったところ、標柱は甕港座があった場所から少しずれているそうです。

またその関係者の方に写真をいただいたのですが、甕港座は戦後玉映劇場という映画館になっていました。１９５０年代から60年代初めにかけての映画黄金時代には、いつも観客でいっぱいだったそうです。写真13が初期の玉映ですが、どう見ても芝居小屋の建物ですね。後に改装されるのですが、この時代はかつての甕港座の建物がそのまま残っていたということです。もう一枚の写真14はまさに甕港座の舞台で芝居が行われている様子です。ただし、明治時代の玉島には他にも芝居小屋がありましたので、牧野が松之助を見出したとされる小屋を甕港座と断定するわけにはいきません。

いずれにしても芝居番付、今で言うプログラムやパンフレットですね、そうしたものが出てくるか、あるいは新聞に「松之助一座が甕港座で」といったような記事や広告が見つからないと、岡山説はなかなか強く推すことができないと思います。また牧野だけでなく松之助も金光教の信者だったという伝聞は以前からありましたが、どうもはっきりしませんでした。この件については、金光図書館の方が調査をされていますので、いずれそのあたりの詳しいことが判明すると思います。

さて、松之助は京都・千本座に招かれて舞台を務めていた時、横田商会の依頼で映画制作を再開することになった牧野から出演の誘いを受けます。当時は映画ではなく活動写真と呼んでいましたが、映画が日本に入ってきたのは1896（明治29）年から翌1897（明治30）年の初めにかけてのことでした。さらに2年後の1899（明治32）年になりますと、日本人による映画撮影も始まっています。当初は風景風物や何かのイベント、あるいは戦争などのニュース映画的なものが多かったのですが、やがてそこから物語映画が作られるようになってきます。その際、映画に大きな影響を与えたのは歌舞伎や演劇の世界でした。歌舞伎の演目が次々に映画に撮られ、映画に出演する俳優も歌舞伎や演劇の世界から供給されました。

その一方で歌舞伎の側、特に一流の歌舞伎役者たちは、新参者である映画を一段も二段も低く見ていました。自分たちが檜舞台で演じるのに対して、映画は地べたで演技をする「泥芝居」だという蔑

写真13：玉映劇場（旧甕港座）

写真14：甕港座内部

みがあったのです。本日の私の演題にある「泥芝居一代記」というのは、そこから拝借したものです。もちろん、いくら三流扱いのドサ回りとはいえ、松之助も歌舞伎役者としてのプライドは持っていたでしょうから、映画出演をめぐっては葛藤があったに違いありません。

ただ、このとき松之助は35歳です。今なら40代後半に近い感覚でしょうか。関西あたりで多少名前が売れていると言ったところで、歌舞伎界の家柄も血縁もなければ、有力筋の師弟関係もない。そういう後ろ盾がない限り、東京や大阪、京都の大《おお》歌舞伎の華やかな世界に立つことはできないわけです。どんなにがんばっても、千本座の座頭や地方芝居の人気役者止まり、市川團十郎や尾上菊五郎にはなれません。松之助はそれが身に染みている三流扱いの役者だったからこそ、思い切って映画の世界へと踏み出すことができた、そういう見方もできるのではないかと思います。なお、ドイツ語圏の初期の映画に対する演劇側からの蔑みというのは日本に限った話ではなく、たとえばドイツ語圏の演劇界も同様でした。初期の映画には演劇だけでは食えない駆け出しや二流、三流とされた俳優が主に出演し、生活の糧を得る状況がありました。

これに対して牧野の方は、すでに他の役者を使って何本かの映画を撮っていましたので、その経験から松之助の演技にそれまでの役者とは違う可能性を感じていたのではないでしょうか。立ち回り、身軽さ、立ち姿など色々な要素があったと思いますが、それを見抜いた牧野の眼力は「すごい」のひと言です。そして1909（明治42）年10月17日に、千本座のすぐ北隣にあった大超寺の境内で、松之助主演作の撮影が行われました。演目は歌舞伎や浄瑠璃でよく知られた『基盤忠信《ごばんただのぶ》 源氏礎《げんじいしずえ》』の中の二場で、これが後に1000本超の映画に出演することになる松之助の記念すべき第一作となりました。

初期の映画は10分前後と短く、また当時は照明も何もないので、撮影は明るいうちに終わり、夜は千本座の舞台で芝居をするわけです。なかなかハードなスケジュールだと思いますけれども、そういう芝居と映画の掛け持ちの日々が始まっていきます。また牧野と松之助は1912（明治45）年に横田商会を含む4社合併で成立した日活に入り、そのドル箱コンビとなります。

写真15：『忠臣蔵』の衣装を持つ牧野（右）と松之助（1909年頃）

　この『碁盤忠信』の評判は良かったようですが、残念ながらフィルムは残っていません。松之助作品は部分的なものを含めてもわずか10作品ほどしか確認できない状況です。『碁盤忠信』については、後に映画のシナリオ作家となる八尋不二《やひろふじ》という人が7、8歳の頃に見たという回想を残しています。その中で八尋は、本作の立ち回りが従来の様式化された歌舞伎ものとは違い、「異常な迫力をもって、強烈な印象を植えつけた」と述べ、「激しい殺陣《たて》のスピード」が「映画の持つ特質を遺憾なく表現していた」と指摘しています（注5）。舞台と映画の違いはありますが、八尋もまた三宅周太郎と同じく松之助にぞっこんになるわけです。そういった魅力を松之助という役者が持っていて、牧野もおそらくそれを感じ取っていたのではないでしょうか。

最初の国民的映画スター

私の話ばかりではつまらないでしょうから、ここでちょっと実際に松之助作品を見ていただこうと思います。作品は国立映画アーカイブのサイトで公開されている『忠臣蔵』（１９１０〜15頃＝写真16）です。松之助の『忠臣蔵』は何本か撮られていますが、これはその初期の作品です。

（★映画『忠臣蔵』(https://meiji.filmarchives.jp/works/05_play.html) を上映中）

サイレントの時代ですので、音は出ません。

この公開映像の中で、松之助は浅野内匠頭と大石内蔵助の両方を演じています。これは、とにかく松之助が常に登場していれば観客も喜ぶ、そういった感覚だと思います。それからもう一つ、ご覧になっていてお気付きかと思いますけれども、カメラはそれぞれの場面ごとにほぼ据え置きで固定されています。映画の技法が発達しますと、クローズアップがあったり、あるいは切り返しがあったりするのですが、そういう技法がほとんどなかった時代の撮影ということになりま

写真16：映画「忠臣蔵」(1910〜15年)

す（注6）。

そして、もう一つ申し上げますと、松之助は体つきに比して明らかに顔が大きいですよね。クローズアップという技法がない時代には、顔が大きい方が観客に表情がよく分かるわけです。また背が高いと、全身をフレームに収めるためには、カメラを後ろに下げなくてはなりません。これに対して松之助は1メートル50センチぐらいと小柄でしたので、カメラを近づけることができますし、しかも顔が大きいので目の動きも含めて表情が分かりやすい。こういった点で、松之助は初期の映画に向いていたという分析もできるでしょう。

はい、『忠臣蔵』のごく一部を見ていただきましたが、先ほど申したようにこの作品は国立映画アーカイブのサイトで公開されていますので、気になる方はぜひそちらでご覧になってください。50分の映像です。

松之助は第一作の『碁盤忠信』以降、多いときには月に9本の映画に主演します。一本ずつは短いのですが、それにしても月に9本の主演作を撮って別々の役をやるのはなかなか大変だと思いますけれども、それくらいのペースで映画を撮っていきます。そして生涯に1000本超の映画に出演したと言われています。映画俳優としての松之助は実働16年半ぐらいですけれども、これで1000本となると、大体5日か6日に1本映画を撮っていないと追い付かない計算になるかと思います。本当に1000本なのかという点については、少なくとも922本までリスト化されています（注7）。

しかもこれは「1000本の映画に出ました」ではなく、そのほとんどすべてが「主演」なのです。これはもうとんでもないことと申しますか、日本映画史上松之助ただ一人です。映画のネタは歌舞伎、

写真 19：トリック映画『怪鼠伝』(1915 年)

写真 20：『曽我兄弟』(1915 年)

写真 21：『後藤又兵衛と猿飛佐助』(1922 年)

写真 17：『狐忠信』 の1シーン

写真 18：
トリック忍術劇『天竺徳兵衛』(1921年)

浄瑠璃、浪曲、講談などから手当たり次第に取り、松之助は鞍馬天狗、児雷也、中山安兵衛、荒木又右衛門、国定忠治、大石内蔵助などなど、実在の人物から伝説上の人物まであらゆるヒーローを演じました。肉襦袢を着て相撲取りに扮したり、女装して女侠客の役を演じたりもしています。

松之助は日本人なら誰もが知っている国民的俳優、映画界のスーパースターになったわけです。ただその人気はどこから来たのか、という点になりますと、私もどうもうまく説明できません。写真や映画を見ても、決して目がぱっちりした美男でもなければすらりとした立ち姿というわけでもありません。個性的な顔には違いありませんが、阪東妻三郎や大河内伝次郎、片岡千恵蔵といった、松之助に続く剣戟スターたちのような美丈夫には程遠いでしょう。しかもデビュー時点ですでに中年のおじさんでした。ですから先ほどご紹介したような、三宅周太郎や八尋不二を魅了し、牧野が可能性を見出した松之助の芝居の特長に、時代的な状況といいますか幾つかの外的要因が絡み合ってその人気を高めたとしか言いようがありません。

その外的要因としてしばしば指摘される二つを紹介しておきたいと思います。一つは1911（明治44）年頃に大阪の出版社が刊行し始めた「立川《たつかわ》文庫」というシリーズです。この少年向けシリーズは非常に人気を呼び、中でも「猿飛佐助」や「霧隠才蔵」らが活躍する忍術ものには少年たちが熱中しました。そして映画の中では松之助がそういったキャラクターに扮したわけです。そうすると、子どもたちの中では松之助と猿飛佐助が一体化してしまいます。なおかつ、映画の中で忍術として様々なトリック撮影が使われ、子どもたちはそれに憧れます。姿が消えたり、高いところから飛び降りたり、空を飛んだりするわけですが、それを子どもたちが真似て怪我をするといったことも発生しました。松之助が映画に出演し始めて人気が高まり始めた頃に、ちょうどタイミングよく発刊されたこの立川文庫が、松之助人気を一層押し上げる要因の一つになったと考えられます。しかも立川文庫は、1924（大正13）年頃まで刊行されますから、その刊行期間は偶然にも松之助の全盛期とほぼぴったり重なっていたことになります。

もう一つの外的要因は、歌舞伎界の対応です。言うまでもないことですが、歌舞伎界には血筋も実力もあって人気もある一流どころ、松之助など足元にも及ばない役者がたくさんいたわけです。けれども、先ほど申し上げたように、そういう人たちはあまり映画に出たがらない。加えて、これまた1911年のことですが、東京の劇場組合というところが所属している俳優に対して、映画に出たら芝居の舞台には出さないという方針を打ち出します。ちょうど映画の需要が高まり始めてどんどん作品を撮りたい、そういった時期にこういう方針が打ち出されたわけですが、そこには新興の大衆娯楽だった映画に対する歌舞伎側の警戒がよく顕れています。いずれにしてもこうした歌舞伎界の対応が、結果として人気の出始めていた松之助の需要をさらに高めたと言えるでしょう。

松之助は先ほど申し上げた忍術映画で子どもたちの人気をさらったのですが、子どもだけでなく幅広い年代に支持されていました。たとえばこの写真22は「テイコクカン」

写真 22：那覇にあった帝国館

と書いてありますけれども、大正時代になると日本の一番南の沖縄県にも映画館が誕生していました。那覇にあった帝国館は日活系でしたから、いつも松之助の映画を上映していましたが、ここに「松之助パーパー」と呼ばれる常連客がいたそうです。パーパーというのは沖縄の庶民言葉で「おばあさん」という意味です。彼女は松之助の新作が封切りになると必ず初日にやって来て、いつも決まった席で松之助の作品を楽しむ熱心なファンでした。それを伝え聞いた松之助は、彼女を京都の撮影所見学に招待したそうです。残念ながら彼女の京都訪問は実現しなかったのですが、帝国館の従業員が語ったというこのエピソードからも、松之助の人気が全国津々浦々にまで及び、そのファンは老若男女を問わなかったことが覗えます(注8)。映画俳優として成功を収めた松之助は、やがて牧野と袂を分かち、自身は1921(大正10)年に日活大将軍撮影所の所長、さらに1923(大正12)年には日活の取締役に就任して「重役スター」と呼ばれるようになります。

後楽園ロケと台覧芝居

さて話は晩年に入ってきますけれども、1925(大正14)年10月、松之助は1000本出演記念映画ということで、岡山の後楽園で凱旋ロケを行いました。『荒木又右衛門』(1925年)という作品です。写真23はその時の地元紙『山陽新報』の記事に添えられたものですが、記事では岡山での動向やロケの様子が報じられています。当時の映画は7巻から10巻くらいが一般的でしたが、本作は全17巻という超大作となりました。2時間以上、もしかすると2時間半くらいの上映時間だったかも知れませんが、そのロケの一部が岡山城を背景に後楽園で行われたわけです。ただし物語上の舞台は岡山ではなく、姫路城での御前試合の場面だったと推測されます。この時松之助は岡山市田町の蓮昌寺、かつてここの境内は非常に広かったのですが、その境内にあった錦館という日活系の映画館で舞台挨拶にも立っています。

　ところでこの『荒木又右衛門』という作品ですけれども、実はそれまでの松之助映画とはちょっとテイストが違っていました。この作品は映像が一部残っていまして、殺陣のシーンが非常にリアルに展開されています。それまでの松之助の立ち回りは、当時の子どもたちを熱中させるような動き、従来の殺陣にはないスピードや新しさを持っていたのだとしても、現在の目から見れば、そこにはやはり歌舞伎の影響が残っていました。これに対して『荒木又右

写真 23：映画『荒木又右衛門』の岡山ロケ（1925 年）

写真 24：『荒木又右衛門』の1シーン（1925 年）

衛門』ではそうした印象が払拭されています。その違いは同じ年に公開された松之助主演の『中山安兵衛』（1925年）と見比べると一目瞭然です。

実はこの時期、さすがの松之助人気にも翳りが見えていました。映画自体が変わり始めていたのです。1923（大正12）年9月1日の関東大震災を契機に、首都圏の映画会社や映画人が大挙して関西に移り、旧劇中心の京都にもさまざまな影響を与えます。中にはヨーロッパの影響を受けて芸術をめざす動きもありました。またそれまでの日活映画では歌舞伎と同じく女形が出演していましたが、この時期になると女優が本格的に出演し始めます。さらには若い世代のライバルも登場します。日活を去った牧野が率いるマキノ映画からは「白面《はくめん》の美剣士」阪東妻三郎が出て人気を集め、よりリアルでテンポのある殺陣を披露しました。そして観客も松之助が演じてきたような、単純な勧善懲悪の紋切り型ヒーローにはあきたらず、寿々喜多呂九平《すすきたろくへい》の脚本のように、ヒーローの人間性や内面性に踏み込み、反権力を盛り込んだ作品が若い世代に受け入れられていました。

ですが第一人者の常として、松之助がそうした動きを積極的に取り込もうとすることはありませんでした。また日活も大きな会社であり、まだまだ集客が見込めるドル箱スターにわざわざ変化を求めるリスクは冒しません。このままでは松之助も時代に取り残されるところでしたが、幸いなことに、彼の身近に危機感を持った人がいました。それが池田富保監督です。この人は役者時代に松之助から目をかけられて映画界入りしています。しかも松之助の妹と結婚していますので、義理の弟でもありました。池田は先ほど述べたような映画界の変化に敏感に反応して役者から監督に転向し、日活の時代劇では初めて女優を使った『渡し守と武士』（1924年）を手がけました。続いて池田監督が自身の脚本で撮ったのが『荒木又右衛門』でした。本作は松之助の1000本記念ということで大々的な宣伝も行われ、日活創設以来の観客動員を記録して松之助晩年の代表作となりました。当時の『キネマ旬報』でも好意的に評価されましたが、それもやはり新時代を意識した池田監督の演出があってこそだったと思います。

しかしながらその半年後に松之助は心臓病で倒れ、5カ月間の闘病もむなしく1926年9月11日にこの世を去ります。写真25は、松之助が亡くなったときの『山陽新報』の記事です。彼は非常に几帳面な人でしたが、きっかり51年の人生ということになりました。葬儀は日活の社葬として行われたのですが、『日活四十年史』(日活　1952年)は会葬者が5万人、松之助の自宅から葬儀会場の大将軍撮影所までの葬列を見送る京都市民が20万人と伝えています。本当かどうか、数えたのかどうかも分かりませんが、

松之助逝く
十日昏睡狀態となり
京都の自邸で息を引取る

写真 25：死亡を報じた『山陽新報』

そのときの様子が記録映画として撮影されていまして、それを見ると決してオーバーな表現ではなく、本当に鈴なりの人が沿道を埋め尽くしていたという記録が残っています（写真26）。チンチン電車も立ち往生したという記録が残っています。こうして大超寺の境内から始まった松之助の泥芝居人生は、52歳のときに大勢の人に見守られて幕を閉じることになったのです。そして松之助が亡くなるのを待っていたかのように、その3カ月後には大正という時代も終わります。尾上松之助はまさに一つの時代を画した役者であり映画俳優だったと言えるでしょう。

その松之助の泥芝居人生で最大のハイライトとなったのは、1921（大正10）年に文部省が東京博物館（現国立科学博物館）で主催した活動写真展覧会において、『史劇 楠公訣別』（写真27）を演じたことでしょう。これは楠木正成父子によるいわゆる「桜井の別れ」という有名な場面です。その時の様子を撮影した映像が残っておりますので、最後に少しだけ見ていただこうと思います。この映像は現在、文化庁の「文化遺産オンライン」というサイトで公開されています。

写真26：松之助の葬送に集まった群衆

（★映画『史劇　楠公決別』（https://bunka.nii.ac.jp/heritages/movie_stream/401841/1）を上映中）

今、ここに映っているのは誰だかお分かりでしょうか。白い手袋をしている人です、皇太子時代の昭和天皇ですね（写真28）。この時松之助は皇太子の前で芝居を演じるという名誉に恵まれ、なおかつそれがフィルムに記録されたということになります。ちょっと先送りして飛ばしますね。これが楠木正成父子の別れの場面ですが、ある新聞でしたか雑誌でしたか、この場面が皇太子の落涙を誘ったという記事もあったかと思います。いずれにしてもこの時、歌舞伎界から「泥芝居」と蔑まれてきた映画は大衆文化の一つとして、かつまた新しい一種のニュースメディアとして、国家的なお墨付きを得ることになったのです。国民的スタ

写真 27：映画「史劇 楠公訣別」(1921 年)

写真 28：松之助の演技を見る摂政宮（のちの昭和天皇）

ーである松之助が演じ、それを皇太子がすぐ側で見学し、その様子が映画として残されたわけです。そうした映画文化史上の意義に加えて、フィルム自体が現存するもっとも古い時期のオリジナルネガを含むということで、今ご覧いただいた映像の原本フィルムは、映画でたった3本しかない国の重要文化財の一つに指定されています。

おわりに

以上、ここまで松之助について話をして参りましたが、実は岡山市には松之助を顕彰するようなもの、たとえば記念碑といった物理的なものも、松之助記念日といった制度的なものもない、というのが現状です。あるのはこの岡山文庫の一冊だけです。松之助の生誕130年、140年の時には大規模な回顧展やシンポジウムが東京などで催されましたが、その中でも岡山のことはまったくと言っていいほど無視されておりました。まもなく生誕150年と没後100年を相次いで迎えますが、今度は岡山にも注目が集まって欲しいと思います。京都の鴨川公園には、松之助の社会貢献をたたえて胸像が建っていますが、出身地の西中島にも何かあっていいのではないか、あるいは年に1回でもいいから、松之助の名前を私たちが思い出すような催しといいますか仕組みといいますか、そういったものがあってもいいのではないかという私の勝手な思いを再度お伝えして、本日の「目玉の松ちゃん泥芝居一代記」の話を終わりとさせていただきます。どうもご清聴ありがとうございました。

注

(1) この資料については金光図書館の皃山陽子氏に教えていただいた。記して感謝したい。
(2) 以下本稿では松之助の年齢について『自伝』に従い、数え年で示す。
(3) 三宅周太郎『演劇評話』１９２８年　新潮社
(4) 三宅周太郎「聲」――尾上松之助の思ひ出――」「映画時代」（映画時代社）１９２６年11月号所収
(5) 八尋不二『百八人の侍』１９６５年　朝日新聞社
(6) フィルム冒頭の場面にはクローズアップや切り返しが見られることから、この部分については後年撮影の別なフィルムが編集で加えられたと考えられる。
(7) 大矢敦子「尾上松之助フィルモグラフィー」（『尾上松之助――日本最古の映画スター〝目玉の松ちゃん〟のすべて』東京国立近代美術館フィルムセンター２００７年所収）
(8) 『那覇市史 資料編第2巻中の7那覇の民俗』１９７９年　那覇市役所

質問に答えて

ノンフィクション作家　砂古口早苗
映画評論 映画研究者　世良利和
司会
RSK山陽放送アナウンサー　武田彩佳

司会：それでは質問コーナーに移ります。皆さまから向かって右側が、ノンフィクション作家の砂古口早苗先生です。左側は映画研究者の世良利和先生です。お二人に質問に答えていただきます。よろしくお願いします。

まず、砂古口先生に伺います。講演でもありましたけれど、もう一度美空ひばりさんとの関係を詳しく教えてください、という質問が来ています。

砂古口：分かりました。あまり言ってなかったので、すみませんでした。

美空ひばりさんとのことは、実は残念な関係なのです。スター同士の運命的な出会いだったはずなのに、二人に罪はないのですけれど、その成果や才能をぶつけあって素晴らしい作品を残すことができなかったんです。そういう出会いもあるのですね。本当に出会いって、互いのものにできるか、芸術的な作品を二人で残せるかどうかというのは別なのです。出会っていながら、残念ながら成就できなかったケースはいっぱいほかにもあると思うのです。残念なことに、それは後で分かるものなのですね。

美空ひばりさんがまだ正式なデビューをしていない10代のとき、「ベビー笠置」といううたい文句を付けられて、勝手にというわけではないけれど、笠置シヅ子の歌が大好きで歌っていた時期があるのです。それがとても評判で、横浜のベビー笠置という名前で呼ばれたりして、本人もそれをとても喜んでいて、歌が大好きな10代の少女でした。

二人が出会ったのは、笠置シヅ子さんがブギウギが大当たりした翌年の１９４８（昭和23）年で、シヅ子さんはもう大スターでした。その前年に「東京ブギウギ」がヒットして、お正月から映画に出るわレコードも発売されるわ、舞台も次から次へと引っ張りだこ。そんなときに横浜の舞台に呼ばれたことがあります。それが横浜国際劇場。ここは松竹系統の劇場で、日劇よりはワンランク下なのですけれど、その劇場に呼ばれたときに、ベビー笠置さんがいたのです。本物のブギの女王の笠置のほうはひばりさんを全然知らなかったんだけれど、二人は楽屋で仲良しになるのです。そして、美空ひばりさんが、楽屋で笠置シヅ子さんのものまねをして歌ったんです。とてもまわりが喜んで、二人は仲良しになったんですね。その写真もあるのです。私の本でも使いたかったのだけれど、どういうわけかどこの資料にも転載不可になっていました。残念ですね。でもすでに著作権切れになっていると思われますので、ご紹介します（写真1）。美空ひばり著『虹の唄』（1957年、講談社発行）に載っていた写真です。

とてもかわいい美空ひばりさん（加藤和枝さん）と笠置シヅ子さんがひばりさんの肩を抱いているショットです。このときお母さんが喜んで、この子はあなたの大ファンなんですよと言ったとか、美

写真1：11歳の美空ひばり（左）と笠置シヅ子
（横浜国際劇場の楽屋、1948年）

空ひばりさんの自伝に載っています。そのときにお友達になって、「あんたは歌が上手や。天才や」と。笠置シヅ子さんは嘘は言わなかった。でも、笠置シヅ子さんはその頃は大忙しだったので、美空ひばりさんのことをあまり覚えていなかったのだと思います。

そしてその翌年の1949（昭和24）年春に、美空ひばりさんは「河童ブギウギ」という歌を歌うのです。まだ正式なデビューはしていない時で、12歳の彼女は、9月の「悲しき口笛」で正式にはメジャーデビューしたのです。やっと横浜のベビーではなくて日本中のスターになるのですけれど、その半年前に「河童ブギウギ」を歌います。自分はこの曲が大嫌いだったと、美空ひばりさんは後に語っていますけれど、それほどブギがはやったのです。ひばりさんはブギウギが上手に歌えたのですね。まわりが歌わせたんでしょうね。

その年の初めに「びっくり五人男」（のちに「ラッキー百万円娘」に改題）という映画がありまして、アチャコさん（写真2）やロッパさんなど出ていて、底抜けに明るい映画なんですが、今ではなかなか見ることができない映画です。そこで、美空ひばりさんが、当時はおそらく11歳だったと思いますが、ブギを歌っているのです。「ジャングル・ブギー」「河童ブギウギ」など歌っているんです。めちゃくちゃうまい。隣でギターを弾いているのが、川田晴久さん。この二人はコンビになって、アメ

写真2：花菱アチャコ（左）と横山エンタツ

リカにも一緒に行くのです。ひばりさんは川田さんのことを師匠と呼んでいます。

そうして美空ひばりさんは横浜から東京に進出するのですが、その年にやっとメジャーデビューした。でも芸能界のしきたりというか、著作権の問題があって、カバー曲を歌うというのはそれなりに礼儀が必要で、ちゃんと申し出なければいけません。今もそうですけど、当時もそうだったのです。それをまったく無視してしまったのです。そのあたりのことをあまり知らなかったのかもしれません。お母さんやマネージャーさんとか、まわりにいっぱい人もいたのでしょうが、ほとんど無視してしまったのですね。

そういういきさつがあって、二人の関係はそれっきりになってしまった。メジャーデビューした美空ひばりさんは、まだ「河童ブギウギ」、「悲しき口笛」の2曲しかないときですから、公演ができません。どうかブギを歌わせてくれと頼むのですけれど、コロムビアや興行会社、服部良一さんなどの関係者から認めてもらえませんでした。当時、笠置さんは「ヘイヘイブギー」を歌っていて大ヒット曲です。ひばりさんが日劇にデビューするとき、その「ヘイヘイブギー」を歌わせてくれと美空ひばりさんは申し込むのだけれど、「東京ブギウギ」はいいが、それはちょっとやめてくれと言われます。後で分かることですけれど、そんないきさつがあって、疎遠になると言いますか。二人がケンカをしているわけではないですが、そこにはビジネス上の問題があって、二人がコンビを組むといったことがなかったのです。それともう一つあります。1950（昭和25）年5月、ひばりさんはシヅ子さんより一ヶ月早くアメリカ公演に行き、許可されていないブギを歌いました。アメリカで本家本元より先にブギを歌うのは、関係者から見ればこれはやはり問題でした。そういういきさつがありました。

司会：ありがとうございます。
砂古口先生に最後にもう一つ。ブギの女王が生まれたいきさつについて、簡単にご説明いただいてもよろしいでしょうか。

砂古口：「東京ブギウギ」ですか。

司会：はい。「東京ブギウギ」が生まれたいきさつについて。

砂古口：笠置シヅ子さんは、1947（昭和22）年のはじめに日劇で「ジャズカルメン」という公演をしていたときには妊娠していたのです。妊娠5カ月くらいで、だんだんおなかが大きくなってくる。自分は吉本頴右さんと結婚するから引退するとまわりに言っていました。これで自分は歌手として終わるんだ、もういいんだと。「東京ブギウギ」はまだ歌っていないのですよ。戦前ジャズでヒットして寿退社みたいな感じ。妊娠中なんとか頑張っていたのに、5月に吉本頴右さんが死んでしまいます。びっくり仰天です。そして6月にヱイ子さんという娘さんが生まれます。お父さんが亡くなって、〝私生児〟になってしまったのです。頴右さんは結婚も子どもの認知も当然すると約束していて、結核にかかったので静養のために大阪に帰るのですけれど、そのまま亡くなってしまうのです。シヅ子さんはおなかが大きい、来月臨月のようなときに、ものすごくショックだったと思います。

そして6月にエイ子さんを生みます。これからどうするか。女の子一人抱えて、もう自分は歌手をやめるつもりだったのに、これから頑張らなくてはいけない。それで、また服部良一先生に、「頼んまっせ。私はまた歌手に戻って生きていきます」と。引退するはずだったのに。それで服部良一さんは、シヅ子さんのためにヨッシャと頑張って「東京ブギウギ」を書いたといういきさつがありました。

司会：ありがとうございます。

続いて世良先生にお伺いいたします。質問は、松之助が、阪妻（阪東妻三郎、写真3）と大河内傳次郎をどう見ていたか、さらには大河内傳次郎が松之助をどう見ていたかという関係性を教えていただきたいということです。

世良：私の記憶が定かではないのですが、大河内傳次郎が本格的に映画デビューをしたのは、1925、26年頃だったかと思いますので、松之助は彼のことをおそらくあまり知らなかったかもしれないですね。阪妻は、マキノ映画でスターになった人ですし、同じ時代に同じようなタイトルの作品を撮ったりしていて、当然松之助の方も意識をしていました。これは、松之助自身が書いているのではなくて、他の人にそういうふうに言っていた

写真3：阪東妻三郎

という話なのですけれども、「これからは阪妻の時代だ。ああいう人がスターになるんだ」というようなことを周囲に漏らしていたということです。ですから、松之助は阪妻の力量といいますか、スター性といいますか、あるいは出演作品のクオリティみたいなものをよく分かっていたと思います。

それから、阪妻が松之助について何か言っていたかというのは不勉強でちょっと思い当たらないのですが、もちろん松之助の葬儀には阪妻もやってきていまして、先ほど申し上げた葬儀のフィルムにも阪妻が写っていたと思います。そんなところでよろしいでしょうか。

司会：ありがとうございます。

そして、牧野省三と、その後どういった関係になったのかという質問も来ております。

世良：これは、先ほど私は多分話を飛ばしてしまいましたね。ごめんなさい。牧野と松之助は、一緒に出世稲荷の鳥居を奉納したりするような、非常に固い信頼関係があったのですけれども、1920年ごろからかちょっと雲行きが怪しくなっていきました。それは一つには、当たり前だと思いますけれど、松之助には自分こそがスターであるという思いがあって、しかも非常に研究熱心な俳優ですので、こう撮りたい、こんなふうにやりたいという思いは当然抱えていたと思うのです。後には別名義で監督も一応やっております。ですから、牧野演出に対する自分の考えみたいなものが、どこかにあっただろうということですね。

それからもう一つ、日活の重役だった横田永之助という人、この人は牧野を映画界に引っ張り込んだ人で、後に日活の社長にも就任しますが、この人が松之助と牧野を組ませたくなかったという裏事情もあったと思います。もし二人が組んで新しい会社でも作られたらたまらない。なんとなく付かず離れず、お互いに牽制し合うような関係を作っていたということも一部には言われています。

また牧野からすると、いつまでも忍術映画ではだめだ、と。忍術映画を撮っていることで社会的な非難も受けていましたので、そこから脱却して新しい映画を撮りたいという思いがあったのですが、松之助はそれを受け入れなかったようです。そういった関係の中で二人はだんだん疎遠になっていきます。同じ日活にいながら一部と二部に分かれて、一部は松之助主演の映画、二部は牧野監督の映画、みたいなことになって、お互いにライバルになってしまう。さらに牧野はそこから飛び出して、独自の映画制作会社を作ったという流れになるかと思います。

司会：ありがとうございました。

残念ではありますが。ここでお時間となりました。質問コーナーを終了とさせていただこうと思います。

本日は、砂古口早苗先生、世良利和先生にご講演をいただきました。誠にありがとうございました。

図版所蔵・提供一覧　講演1

220頁　写真1：笠置シヅ子　映画「銀座カンカン娘」、1949年
222頁　写真2：ブギを踊る笠置シヅ子　映画『春爛漫狸祭』(1948年)　砂古口早苗氏蔵
224頁　写真3：17歳頃の笠置シヅ子(引田にて、1931年)『引田町史』より
225頁　表1：笠置シヅ子関連年譜　砂古口早苗氏作成
227頁　写真4：井筒屋の引札　香川県立文書館蔵
写真5：井筒屋の引札に松竹レビュースターと掲載された笠置シズ子　香川県立文書館蔵
229頁　写真6：雑誌『映画と演芸』のグラビア(1937年)　砂古口早苗氏蔵
232頁　写真7：戦時中に歌われた服部良一作曲の楽譜　砂古口早苗氏蔵
写真8：「東京ブギー」「買物ブギー」「ヘイヘイヴギー」など　タイトルはバラバラの表記だった　砂古口早苗氏蔵
236頁　写真9：ワンマンショーのパンフレット　砂古口早苗氏蔵
237頁　写真10：日劇のパンフレット　砂古口早苗氏蔵
写真11：「人気者まんが双六」　砂古口早苗氏蔵
238頁　写真12：笠置シヅ子自伝『歌う自画像』(1948年)　砂古口早苗氏蔵
写真13：映画のパンフレット　砂古口早苗氏蔵
239頁　写真14：ジャングルブギーを踊る笠置シヅ子(1949年)『毎日グラフ』1949年1月1日号　砂古口早苗氏蔵
写真15：エノケンとの共演『愉快な相棒』(有楽座、1949年)『毎日グラフ』1949年2月10日号、砂古口早苗氏蔵
240頁　写真16：「笠置・服部渡米歓送ショー」(日劇、1950年)『毎日グラフ』1993年12月5日号　砂古口早苗氏蔵
241頁　写真17：水の江瀧子(左)と笠置シヅ子(1949年)スクリーンステージ(1949年10月4日)、砂古口早苗氏蔵
242頁　写真18：渡米する笠置シヅ子(左)と服部良一　朝日新聞、1950年6月、砂古口早苗氏蔵
243頁　写真19：NHKラジオで共演した笠置シヅ子(左)とひばり　アサヒ藝能新聞(1951年2月25日)、砂古口早苗氏蔵
244頁　写真20：帝劇舞台「浮かれ源氏」のパンフレット　砂古口早苗氏蔵
245頁　写真21：ペティー・ハットンと(帝劇ロビー、1952年)　砂古口早苗氏蔵
246頁　写真22：東京・世田谷に新築された笠置邸『画報文化生活』1953年10月号、砂古口早苗氏蔵

247頁　写真23：NHKラジオ「朝の訪問」の録音シーン　左は南原繁（1957年）　砂古口早苗氏蔵

248頁　写真24：田中絹代とのラジオ対談　砂古口早苗氏蔵

写真25：ラジオ番組の収録　砂古口早苗氏蔵

写真26：五所平之助監督と　砂古口早苗氏蔵

249頁　写真27：晩年の笠置シヅ子　『毎日グラフ』1993年12月5日号、砂古口早苗氏蔵

図版所蔵・提供一覧　講演2

251頁　写真1：尾上松之助　国立国会図書館蔵

253頁　写真2：岡山文庫『目玉の松ちゃん』の表紙

255頁　写真3：西中島の表通り（岡山市中区）　世良利和氏撮影

写真4：生家跡付近　世良利和氏撮影

256頁　写真5：尾上松之助　国立国会図書館蔵

259頁　写真6：1879（明治12）年の環翠小学校　岡山市立旭東小学校蔵

写真7：国清寺山門　世良利和氏撮影

260頁　写真8：松之助21歳頃　岡山文庫『目玉の松ちゃん―尾上松之助の世界―』より

262頁　写真9：建設中の松之助出世長屋　岡山文庫『目玉の松ちゃん―尾上松之助の世界―』より

263頁　写真10：珍しい水着姿　岡山文庫『目玉の松ちゃん―尾上松之助の世界―』より

写真11：自宅で武具の手入れ　岡山文庫『目玉の松ちゃん―尾上松之助の世界―』より

264頁　写真12：牧野省三　『日活五十年史』より、1962年9月10日

写真13：玉映劇場（旧甕港座）　世良利和氏蔵

266頁　写真14：甕港座内部　世良利和氏蔵

268頁　写真15：『忠臣蔵』の衣装を持つ牧野（右）と松之助（1909年頃）　岡山文庫『目玉の松ちゃん―尾上松之助の世界―』より

269頁　写真16：映画「忠臣蔵」（1910～15年）　国立映画アーカイブ提供

271頁　写真17：『狐忠信』の1シーン　岡山文庫『目玉の松ちゃん―尾上松之助の世界―』より

写真18：トリック忍術劇『天竺徳兵衛』（1921年）『日活五十年史』より

写真19：トリック映画『怪鼠伝』（1915年）　『日活四十年史』より

写真20：『曽我兄弟』（1915年）　『日活四十年史』より、1952年9月10日

写真21：『後藤又兵衛と猿飛佐助』（1922年）　『日本映画最初の大スター「目玉の松ちゃん」展図録』より

273頁　写真22：那覇にあった帝国館　那覇市歴史博物館提供

275頁　写真23：映画『荒木又右衛門』の岡山ロケ（1925年）『山陽新報』1925年10月9日、岡山県立記録資料

館提供

277頁　写真24：『荒木又右衛門』の1シーン（1925年）（右）

尾上松之助遺品保存会提供

『荒木又右衛門』の1シーン（左）　『日活四十年史』より

278頁　写真25：死亡を報じた『山陽新報』　1926年9月11日、岡山県立記録資料館提供

279頁　写真26：松之助の葬送に集まった群衆　『日本映画最初の大スター「目玉の松ちゃん」展図録』より

写真27：映画『史劇 楠公訣別』（1921年）　国立映画アーカイブ提供

写真28：松之助の演技を見る摂政宮（のちの昭和天皇）

国立映画アーカイブ提供

図版所蔵・提供一覧　質問に答えて

284頁　写真1：11歳の美空ひばり（左）と笠置シヅ子（横浜国際劇場の楽屋、1948年）　美空ひばり『虹の唄』より、講談社、1957年

285頁　写真2：花菱アチャコ（左）と横山エンタツ　『おおさか100年』より

288頁　写真3：阪東妻三郎　国立国会図書館蔵

※出版にあたり一部加筆修正しました。
※文中の書籍・論文等からの引用は原文のままとしました。
※本文中、現在ではあまり使われていない用語も含まれている場合もありますが、当時の時代背景など知る点からそのまま使用しています。

公益財団法人 山陽放送学術文化・スポーツ振興財団

山陽放送学術文化・スポーツ振興財団は科学技術の発展と文化の向上に寄与するため1963年に山陽放送学術文化財団として設立。以来、科学の基礎研究に対する助成のほか、学術調査や文化講演会などを実施し、地域の歴史の発掘・再発見と文化の継承に努めています。

2013年に公益財団法人に移行。2020年地域のスポーツ活動を支援する事業を加え、現在の名称に変更しました。

輝《かがや》ける讃岐人《さぬきびと》 3

― 柴野栗山、玉楮象谷、二宮忠八、浮田幸吉、平賀源内、笠置シヅ子、尾上松之助 ―

2023年7月12日　第1刷発行

編 著 者　公益財団法人 山陽放送学術文化・スポーツ振興財団

発 行 人　越宗孝昌

発　　行　公益財団法人 山陽放送学術文化・スポーツ振興財団

〒700-0823 岡山市北区丸の内二丁目1番3号 RSKホールディングス株式会社内

電話 086-225-2770　ファクス 086-225-5525

ホームページ　www.rsk.co.jp/company/zaidan.html

発　　売　吉備人出版

〒700-0823 岡山市北区丸の内二丁目11番22号

電話 086-235-3456　ファクス 086-234-3210

ウェブサイト　www.kibito.co.jp

メール　books@kibito.co.jp

印　　刷　株式会社三門印刷所

製　　本　日宝綜合製本株式会社

ISBN978-4-86069-712-9　C0021

輝ける讃岐人《びと》 1

定価1,500円＋税 A5判

写真提供：中野 武営（石井裕晶氏）、空 海（総本山善通寺）、久米 通賢（公益財団法人鎌田共済会郷土博物館）
西嶋八兵衛イラスト（©kosaka）

輝ける讃岐人《びと》 2

定価1,500円＋税 A5判

小西　和《こにし　かなう》

田村　剛《たむら　つよし》

大久保諶之丞《おおくぼ　じんのじょう》

景山甚右衛門《かげやま　じんえもん》

菊池　寛《きくち　かん》

保井《やすい》コノ

第4回　内海の価値を訴えた人々……小西 和、田村 剛

第5回　四国をひとつにした男……大久保諶之丞、景山甚右衛門

第6回　文学賞と科学賞を残した2人……菊池 寛、保井コノ

写真：小西 和（個人蔵）、田村 剛（個人蔵）、大久保諶之丞イラスト（©kosaka）、景山甚右衛門（多度津町教育委員会蔵
菊池 寛（菊池寛記念館蔵）、保井コノ（お茶の水女子大学歴史資料館蔵）

楠本イネ
緒方洪庵
箕作阮甫
岸田吟香
久原洪哉